高等职业教育"互联网+"新形态一体化系列教材
城市轨道交通类高素质技术技能型人才培养教材

城市轨道交通
行车组织

主　编 ◎ 常　博　刘建利　牛林杰
副主编 ◎ 宋　薇　孙　悦　李　晨　赵　颖
编　委 ◎ 高熙贺　宋丽梅　赵　敏　郭夜啼　段玉琼

华中科技大学出版社
http://www.hustp.com
中国·武汉

内 容 简 介

本书共分11个模块,包括行车组织基础、行车组织基本原理、车站行车组织、车辆段行车组织、列车开行计划、列车运行图编制、行车调度工作、正常情况下的行车组织、非正常情况下的行车组织、施工及工程列车运行组织、行车事故处理与预防等内容。

本书既可作为职业教育城市轨道交通相关专业的教材,也可供相关人员学习参考。

图书在版编目(CIP)数据

城市轨道交通行车组织/常博,刘建利,牛林杰主编. —武汉:华中科技大学出版社,2021.6
ISBN 978-7-5680-7252-6

Ⅰ.①城… Ⅱ.①常… ②刘… ③牛… Ⅲ.①城市铁路-行车组织 Ⅳ.①U239.5

中国版本图书馆 CIP 数据核字(2021)第 117834 号

城市轨道交通行车组织 常 博 刘建利 牛林杰 主编
Chengshi Guidao Jiaotong Xingche Zuzhi

策划编辑:张 毅
责任编辑:白 慧
封面设计:杨玉凡
责任监印:朱 玢
出版发行:华中科技大学出版社(中国•武汉)　　电话:(027)81321913
　　　　　武汉市东湖新技术开发区华工科技园　　邮编:430223
录　　排:华中科技大学惠友文印中心
印　　刷:武汉市籍缘印刷厂
开　　本:787mm×1092mm　1/16
印　　张:14.75
字　　数:366千字
版　　次:2021年6月第1版第1次印刷
定　　价:43.00元

本书若有印装质量问题,请向出版社营销中心调换
全国免费服务热线:400-6679-118　竭诚为您服务
版权所有　侵权必究

前　言

建设交通强国是党的十九大做出的重大战略决策,加快建设交通强国正式上升为国家战略。近年来,为了缓解城市交通问题,我国各大城市在大力发展地面交通的同时,也加快了城市轨道交通建设。根据中国轨道交通网统计数据显示,截至2020年12月31日,中国大陆地区共包括上海、北京、天津、广州、深圳、南京、武汉、西安、成都等39座城市开通运营城市轨道交通线路,总线路里程达7122.35 km,46座城市在建城市轨道交通线路,在建总线路里程达5306.05 km。

城市轨道交通行车组织工作作为城市轨道交通运营的核心内容之一,需要多工种协同工作才能顺利完成,无论是站务员、值班员、行车调度员、司机,还是检修等岗位,都需要掌握城市轨道交通行车组织的相关知识。

本书依据目前我国高等职业教育教学改革的需求,按照教育部职业教育国家规划教材编写指导思想和有关原则编写而成,以城市轨道交通系统行车专业岗位所需知识和操作技能为主,对城市轨道交通行车组织进行了全面详细的讲解。

本书具有如下特色:

(1) 严格遵循国家和行业现行标准和规范,同时结合国内各大城市轨道交通建设运营的实际情况编写。

(2) 注重理论与实践相结合,根据需要和实际情况有针对性地设置内容。

(3) 注重职业教育特点,采用模块化编写模式,侧重实际工作岗位操作技能的培养。

本书由陕西交通职业技术学院常博、西安市轨道交通集团有限公司刘建利、陕西交通职业技术学院牛林杰担任主编,陕西交通职业技术学院宋薇、孙悦、李晨、赵颖担任副主编,杨凌职业技术学院高熙贺、宋丽梅、赵敏、郭夜啼、段玉琼担任编委。具体编写如下:常博编写模块1~模块3,刘建利编写模块4,牛林杰编写模块5,宋薇编写模块7,李晨编写模块8、模块9,孙悦编写模块10,赵颖编写模块11,高熙贺、宋丽梅、赵敏、郭夜啼、段玉琼共同编写模块6。

由于编者水平有限,加之时间仓促,书中难免存在疏漏和不足之处,敬请广大读者批评指正。

编　者
2021年4月

目 录

模块 1　行车组织基础 ·· 1
　1.1　城市轨道交通对行车组织的要求 ·· 2
　1.2　城市轨道交通系统的行车组织特点 ··· 2
　1.3　城市轨道交通系统的主要行车设备 ··· 3
　1.4　城市轨道交通行车组织的基本工作制度 ·· 30

模块 2　行车组织基本原理 ··· 33
　2.1　行车信号基础 ··· 34
　2.2　行车闭塞法 ··· 38
　2.3　联锁及联锁设备 ··· 54

模块 3　车站行车组织 ·· 60
　3.1　车站概述 ··· 61
　3.2　车站行车设备 ··· 68
　3.3　车站行车作业标准 ··· 86

模块 4　车辆段行车组织 ·· 93
　4.1　车辆段概述 ··· 94
　4.2　车辆段行车组织作业 ··· 96
　4.3　车辆段调车作业 ··· 100

模块 5　列车开行计划 ·· 123
　5.1　列车开行的基本概念 ··· 124
　5.2　全日行车计划 ··· 126
　5.3　列车开行方案 ··· 129

模块 6　列车运行图编制 ·· 136
　6.1　列车运行图的含义及表示形式 ··· 137
　6.2　列车运行图的意义与符号 ··· 138
　6.3　列车运行图的分类及车次规定 ··· 140
　6.4　列车运行图的组成要素 ··· 144
　6.5　列车运行图的编制 ··· 147

模块 7　行车调度工作 151
7.1　行车调度概述 152
7.2　行车调度控制方式 156
7.3　行车调度组织工作 157

模块 8　正常情况下的行车组织 164
8.1　行车组织指挥体系 165
8.2　列车运行组织方式 166
8.3　列车驾驶模式 168
8.4　列车司机作业 170
8.5　行车指挥自动化时的列车运行组织 173
8.6　调度集中控制下的行车组织 177
8.7　调度监督下半自动控制的行车组织 178

模块 9　非正常情况下的行车组织 183
9.1　ATC 系统发生故障时的行车组织 184
9.2　信号联锁设备发生故障时的列车运行组织 186
9.3　特殊情况下的行车组织 187

模块 10　施工及工程列车运行组织 194
10.1　施工组织 195
10.2　工程列车的运行组织 209

模块 11　行车事故处理与预防 216
11.1　城市轨道交通行车事故的定义及分类 217
11.2　城市轨道交通行车事故的处理原则 219
11.3　城市轨道交通行车事故的调查处理原则 220
11.4　城市轨道交通行车事故处理流程 221
11.5　城市轨道交通行车事故预防 224

参考文献 228

模块 1　行车组织基础

 学习目标

(1) 了解城市轨道交通对行车组织的要求。
(2) 熟悉城市轨道交通系统的行车组织特点。
(3) 知道城市轨道交通系统的主要行车设备。

 学习重点

(1) 城市轨道交通系统的行车组织特点。
(2) 城市轨道交通系统的主要行车设备。

1.1　城市轨道交通对行车组织的要求

行车组织是城市轨道交通系统完成运营任务的核心，它担负着指挥列车运行、保证行车安全、提高运输效率的主要任务，它的优劣直接影响着乘客运输任务的完成情况。城市轨道交通对行车组织工作提出了很高的要求，主要表现在以下几个方面。

1. 安全性要求高

由于城市轨道交通，尤其是地下隧道部分空间较小，行车密度较大，故障排除难度大，若发生事故难以救援，将会造成非常严重的损失，因而，保障行车安全是行车组织工作的首要任务，这也对行车组织工作的安全性提出了更高的要求。

2. 通过能力要求大

城市轨道交通一般不设站线，进站列车均停在正线上，现行列车停站时间直接影响后续列车接近车站，所以要求信号设备必须满足通过能力的要求。另外，不设站线使得列车正常运行的顺序是固定的，这有利于实现行车调度自动化。

3. 计划性要求强

城市轨道交通运营单位要制定完善的行车计划且在日常运营过程中严格遵守。在运营期间，各部门都要以列车运行图为依据，按照行车组织规则组织列车运行，即按图行车。关于列车发车时刻、停站时间、发车密度、运行交路等都需要提前做出安排。

4. 可靠性要求高

由于城市轨道交通隧道净空小，且装有带电的接触轨或接触网，行车时不便维修和排除设备故障，因而要求信号设备具有很高的可靠性，应尽量做到平时不维修或少维修。

5. 信号显示要求高

城市轨道交通地面信号机少，地下部分背景暗且不受天气影响，虽然直线地段瞭望条件好，但曲线地段受隧道壁的遮挡，信号显示距离受到限制，所以保证信号显示也是一个重要的方面。

6. 自动化程度要求高

城市轨道交通站间距短，列车密度大，行车工作十分频繁，而且地下部分环境潮湿，空气不佳，没有阳光，工作条件差，所以要求尽量采用自动化程度高的先进技术设备，以减少工作人员的数量，并减轻他们的劳动强度。

7. 限界条件要求严格

受土建限界的制约，城市轨道交通的室外设备及车载设备必须要做到体积小，同时兼顾施工和维护作业空间。

1.2　城市轨道交通系统的行车组织特点

城市轨道交通的信号系统沿袭铁路的制式，但由于其自身的特点，与干线铁路有所不同。城市轨道交通在整个运输生产过程中调车作业甚少，行车组织基本上只从事列车运行组织和接发列车工作,由调度所(或中央控制室)和车站(车场)两级控制完成。城市轨道交通系统的行车组织具有以下特点。

1. 具有完善的列车速度监控功能

城市轨道交通承担着巨大的客运量,对行车间隔的要求远高于干线铁路,行车间隔最短可达 1.5 min 甚至更短,因此对列车运行速度监控的要求极高。

2. 联锁关系较简单,但技术要求高

城市轨道交通的大多数车站没有配线,不设道岔,甚至也不设地面信号机,仅在少数有岔联锁站及车辆段才设置道岔和地面信号机,故联锁设备的监控对象远少于干线铁路车站,联锁关系远没有干线铁路复杂,除折返站外,全部作业仅供乘客乘降,非常简单。通常一个控制中心即可实现全线的联锁功能。

城市轨道交通信号自动控制最大的特点是把联锁关系和列车自动防护系统的编发码功能结合在一起,且包含一些特殊的功能,如自动折返、自动进路、紧急关闭、扣车等,增加了技术难度。

3. 车辆段独立采用联锁设备

城市轨道交通车辆段的功能类似于干线铁路区段站的功能,包括列车编解、接发列车和频繁的调车作业,线路较多,道岔较多,信号设备较多,一般独立采用一套联锁设备。

4. 行车调度自动化水平高

由于城市轨道交通的线路长度短,站间距离短,列车种类较少,行车规律性很强,因此它的调度系统通常包含自动排列进路和运行自动调整的功能,自动化程度高,人工介入极少。

1.3 城市轨道交通系统的主要行车设备

城市轨道交通系统是由各种先进的设施和设备组成的,行车设备主要由车辆、线路、车站、车辆基地、轨道、信号系统、列车自动控制系统、通信系统、供电系统等构成。

一、车辆

车辆是城市轨道交通系统完成乘客运输任务的工具,具有技术含量高的特点,同时是整个城市轨道交通系统中最关键且集中的机电设备。从行车组织的角度来说,车辆是城市轨道交通行车组织工作的直接管理对象。根据功能的不同,车辆分为客车和工程车两种。

1. 客车

客车型号和技术参数不仅是确定线路技术标准的基础,也是确定系统运营管理模式和维修方式的基本条件,还是进行系统设备选型和确定设备规模的重要依据。城市轨道交通车辆的类型有所不同,其技术参数也不同,但其结构基本相同。城市轨道交通车辆一般主要由车体、车门、车钩及缓冲装置、转向架、制动装置等组成。

(1)车体。城市轨道交通车辆的车体采用大断面铝合金型材或不锈钢全焊接结构,底架、侧墙、车顶、端墙分别组焊后再在总焊装台上被焊接成整个车辆壳体。车体采用整体承载结构,可充分发挥车体各个构件的强度,提高车体的整体刚度,减小车辆自重,降低牵引能耗。

车体客室内装包括地板、预制成型的顶板、侧墙板、端墙板、侧顶盖板、车窗、空调系统的进气和排气口等,客室内一般安装有乘客座椅、照明灯、立柱扶手、灭火器、文字信息显示器或图像显示屏、广播扬声器、对讲装置、紧急开门装置、车门状态指示灯、安全监控摄像头、电气控制柜等。

(2) 车门。城市轨道交通车辆的车门包括客室车门、司机室侧门、客室与司机室通道门、司机室前端疏散门。

客室车门主要有内藏门、外挂门、塞拉门3种结构形式。由于客室车门关系到乘客的安全,要求在运行中可靠锁闭,在设计上通过监测装置将车门状态与列车的牵引指令电路联锁。同时,为了应对故障或意外的紧急情况,每个车门都配置了可现场操作的切除装置和紧急开门装置。

(3) 车钩及缓冲装置。车钩及缓冲装置装在底架牵引梁上,是车辆的一个安全部件,其作用体现在以下几个方面:

①将车辆互相连挂,连接成为列车。
②传递纵向牵引力和冲击力。
③缓和车辆之间的动力作用。
④实现电路和气的连接。

(4) 转向架。转向架是车辆中的一个关键系统,关系到车辆的运行品质及乘客运输安全,是列车牵引力、车辆载荷和轨道外力的直接承受者。

转向架主要由构架、轮对、一系悬挂、二系悬挂、中央牵引装置、牵引电机(动车)、齿轮箱、联轴节、空气管路、制动单元等组成。

(5) 制动装置。城市轨道交通车辆必须安装制动系统,制动系统的作用就是根据需要使车辆按规定减速、停车。制动系统由制动控制系统和制动执行系统组成。其中制动执行系统分为摩擦制动、电气制动和磁轨制动等形式。

①摩擦制动。摩擦制动又称为机械制动,分为闸瓦制动和盘型制动。闸瓦制动又称为踏面制动,是由闸瓦压紧车轮的踏面产生阻力实现制动;盘型制动就是在车轴上安装制动盘,通过闸片夹紧制动盘产生的阻力实现制动。

②电气制动。电气制动分为能耗制动和再生制动。能耗制动也称为电阻制动,是将列车的动能经牵引电机及控制转换为电能消耗在电阻上。再生制动就是将列车的动能经牵引电机及控制转换为电能反馈到供电线路上。电气制动须与机械制动相配合。

③磁轨制动。磁轨制动是用电磁铁与钢轨间的作用力实施制动的。

2. 工程车

在城市轨道交通车辆中还有一种工程车,它的作用是维护线路设备设施,并负责突发事件处理、事故救援工作。按照用途的不同,工程车可分为内燃机牵引车、轨道牵引车、接触网线车、起重车、清扫车、平板装卸车等。

二、线路

线路是保证城市轨道交通系统中车辆运行的基础设施,它不仅确定了车辆在城市三维空间的走向,而且是城市轨道交通安全、快速运行的前提条件。

1. 城市轨道交通线路的特点

城市轨道交通线路具有以下特点：

（1）城市轨道交通线路一经建成，无论是在地下、地面还是在地面以上，要改变其位置都十分困难，建成后的改建会引起周围建筑、道路等很大的拆迁工程，并破坏多年来逐渐形成的协调的环境。因此，线路设计要做长期的考虑。

（2）城市轨道交通线路一般为双线，通常每条线路设有一个车辆段和一个停车场。线路车站没有经常性的调车作业，为节省用地，一般车站不设到发线，车辆集中停放在车辆段或停车场。

（3）市内客运的运距短，且全面地分布在整个城市区域内，为保证线路的客流吸引力，通常将站距设置为 1～2 km，因此站点设置密，停车频繁。

（4）由于线路各站点的吸引范围小，城市客流可容忍的等待时间较短，因而要求发车间隔时间不能太长，一般不超过 10 min。又因为短时间内聚集的客流量有限，所以列车编组长度通常为 4～8 节车厢，较城际列车的编组长度要短。

2. 城市轨道交通线路的分类

城市轨道交通线路可分别按线路铺设的空间位置和线路在运营中的作用进行分类。

（1）按线路铺设的空间位置分类。城市轨道交通线路按其铺设的空间位置来分，主要有地下线路、地面线路、高架线路 3 种类型，如图 1-1 所示。同一条轨道交通线路根据实际走向及线路区域分布可采用上述 3 种不同的空间布置方式。较为理想的铺设方式是在人口、建筑密集，土地价值较高的城市中心区域，采用地下方式设置城市轨道交通线路，也可适当布置为高架方式；而在城市边缘区或郊区，宜采用地面线路或高架线路。

(a) 地下线路

(b) 地面线路

(c) 高架线路

图 1-1 线路按其铺设的空间位置分类

①地下线路。地下线路常用于地下铁道系统，铺设于地下隧道内。隧道分为圆形隧道和矩形隧道，一般区间隧道为圆形隧道，站台两端为矩形隧道。隧道的开挖一般有明挖法和暗挖法，目前国内外普遍采用的是暗挖法中的盾构法。根据线路与城市道路的关系，城市轨道交通地下线路的平面位置主要有线路位于道路规划红线范围内和线路位于道路规划红线范围外两种情况（道路规划红线是指道路用地的边界线）。

地下线路与地面完全分离，基本不占城市地面空间，且不受气候影响，建成运营后对道路交通及城市景观没有影响。但由于线路设于地下，需要较高的施工技术，较先进的管理方法，完善的环控、防灾措施，因而工程造价较高，运营成本较高，而且建设过程会影响地面交通，线路改造、调整与维护均有一定的困难。

目前，地下线路大多采用混凝土整体道床，主要由隧道、整体道床、侧沟、轨枕（混凝土长枕、混凝土短枕、支撑块等）、钢轨、扣件、钢轨联结零件等组成。

②地面线路。地面线路直接铺设于路面上,占用路面面积,对地面交通有很大影响。地面线路普遍采用碎石道床。碎石道床线路造价低,道床弹性好,但稳定性较差,运行噪声较大。由于地面线路直接铺设在地面上,因而施工简便,工程造价较低,运营成本也低,线路调整与维护方便,但占地面积较多,会破坏城市道路,且运营速度难以提高,容易受气候影响。

在城市道路上铺设地面线路,一般有两种位置:一种位于道路中心带上,另一种位于快车道一侧。地面线路设置如图 1-2 所示。

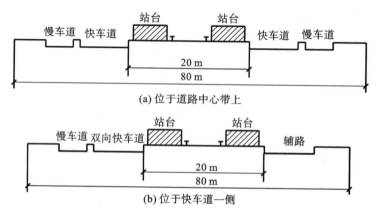

图 1-2　地面线路设置

地面线路主要由路基、碎石道床、侧沟、轨枕(木枕、混凝土枕)、钢轨、扣件、钢轨联结零件等组成。

③高架线路。高架线路铺设于城市高架桥上,是城市轨道交通中一种重要的线路铺设方式,一般沿城市道路一侧或中央铺设。桥面轨道线路大多采用混凝土整体道床。高架线路的工程造价介于地下线路和地面线路之间。

高架线路结构稳定,比地面线路占地少,不影响地面交通,且在施工、维护、管理、环境控制、防灾等方面较地下线路方便。但高架桥的形式会影响城市景观,高架线路容易受气候变化影响,占用一定的城市用地,列车运行时的噪声对沿街区域影响较大。

高架线路主要由高架桥、整体道床、侧沟、混凝土支撑块、钢轨、扣件、钢轨联结零件等组成。

(2) 按线路在运营中的作用分类。城市轨道交通线路按其在运营中的作用分为正线、折返线、渡线、停车线、联络线、检修线、试验线、出入段(场)线、洗车线、安全线等。城市轨道交通线路的整体布置如图 1-3 所示。

①正线。正线是指连接所有车站、贯穿运营线路始终点、供车辆载客运行的线路,如图 1-4 所示。正线行车速度高,密度大,需要保证行车安全和乘车舒适性,对线路标准要求较高。正线与其他交通线路的相交处一般采用立体交叉;在特殊条件下(如运营初期),两条交通线路的运量均较小时,若经过计算,通过能力满足要求,也可考虑采用平面交叉。

城市轨道交通系统的正线是独立运行的线路,大多数线路为全封闭式,一般设计为双线,采用上、下行分行,实施右侧行车规制,以便与城市地面交通的行车规则相吻合(世界上绝大部分国家的城市道路交通均实行右侧行车规则,也有部分国家的城市道路交通实行左侧行车规则)。一般南北走向的线路,向北的为上行,向南的为下行;东西走向的线路,向东的为上行,向西的为下行;环形线路的内圈为上行,外圈为下行。

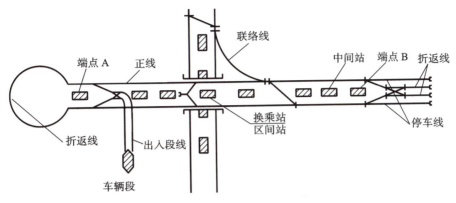

图 1-3　城市轨道交通线路的整体布置

图 1-4　正线

②折返线。折返线是指在线路两端的终点站或准备开行折返列车的区间站所设置的,方便列车调头、转线及存车等的线路。

城市轨道交通线路一般较长,全线的客流分布不太均匀,这时可组织区段运行。区段运行是指列车根据运行调度的要求,在端点站与中间站之间或在中间站与中间站之间进行列车折返。故需要在这些地方设置折返线,折返线的形式应能满足折返能力的要求。折返线除了供运营列车往返运行时的调头转线使用外,有些也可以供夜间存车使用。

折返线有以下几种折返方式。

a. 环形折返线。环形折返线俗称灯泡线,如图 1-5 所示。

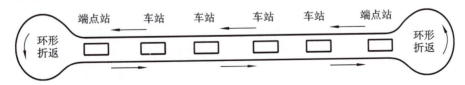

图 1-5　环形折返线

环形折返线将端点折返作业转化为沿一个环形单线区段运行的作业,实质上取消了折返过程,变为区间运行,有利于列车运行速度的发挥,消除了因折返作业而形成的线路通过能力限制条件,是一种有利于提高运营效率的折返方法。

环形折返线的缺点在于环线占地面积较大,尤其是在地下修建时难度更大,费用较高;丧失了一端停车维护、保养、检查的机动线路,对车辆技术要求和运行组织工作要求较高;线路机动性下降,线路延伸可能性甚微。环形折返线一般只适用于线路较短、线路延伸可能性较小且端点站在地面的情况。图 1-6 所示为天津地铁 1 号线的"灯泡线"局部。

图 1-6　天津地铁 1 号线的"灯泡线"局部

b. 尽端折返线。尽端折返线可分为单线折返、双线折返与多线折返等不同布置办法,如图 1-7 所示。尽端折返线弥补了环形折返线的不足,使端点站既可有效组织折返(如双线折返可明显缩短折返时间),又可备有停车线供故障停车、检修、夜间停车等作业使用。尽端折返线对于线路延伸也十分方便,比较适合于地下结构的端点站,以及线路较长或有延伸可能,不宜多占用土地的情况。

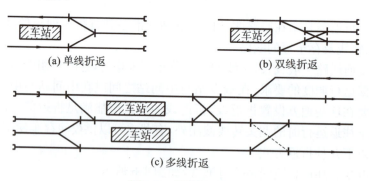

图 1-7　尽端折返线

c. 渡线折返。渡线折返即在车站前或车站后设置渡线来完成折返作业,分为站前渡线折返、站后渡线折返和区间站渡线折返 3 种形式,如图 1-8 所示。

很明显,利用渡线折返需要修建的线路最少,费用下降。然而,列车进出车站与折返作业有严重的干扰,尤其是在区间站利用渡线进行区间列车折返时,需占用正线进行作业,故对运营管理要求十分严格。同时,列车运行间隔时间因受其制约而需要延长,导致线路通行能力下降,安全可靠性存在隐患。所以,列车运行速度较高、运行间隔时间较短(发车频率较高)、运量较大的线路不宜采用渡线折返。

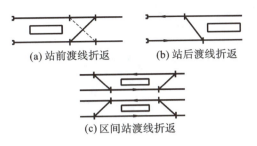

图 1-8 渡线折返

d. 单轨线路折返。单轨线路与双轨线路不同,必须采用专门的转线设备来完成折返,如图 1-9 所示。

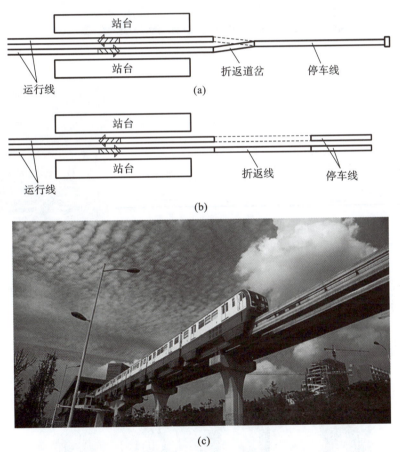

图 1-9 单轨线路折返

单轨线路折返设备需要承载线路,使列车做转动或平移(包括单轨线路间的分岔连接均需转动承载台的道岔),故有一定的建造难度,投资费用也较高,是制约单轨交通发展的因素之一。

③渡线。渡线是指利用道岔将线路上下行正线(或其他平行线路)连接起来的线路。渡线分单渡线和交叉渡线,分别如图 1-10 和图 1-11 所示。图 1-8 所示的渡线折返是渡线的一种。

图 1-10　单渡线

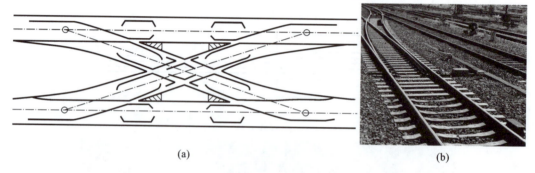

(a)　　　　　　　　　　　　　　　　(b)

图 1-11　交叉渡线

④停车线。停车线一般设置在端点站,是专门用于停车和进行少量检修作业的尽端线,如图 1-12 所示。

图 1-12　停车线

车辆基地拥有众多的专用停车线，供夜间停止运营后的列车停放。需要进行检修作业的停车线设有地沟。城市轨道交通线路运输量大，列车运行间隔较密，运营过程中列车可能会发生故障，为了不影响后续列车的运行，在设计上应能使故障列车及时退出运营正线。一般在轨道交通线路沿线每隔 3～5 个车站的站端应加设渡线或停车线。

⑤联络线。联络线是城市轨道交通线路之间为方便调动列车等而设置的连接线路，主要是两条正线间的连接线，如图 1-13 所示。联络线按其布置形式可分为单线联络线、双线联络线和联络渡线。

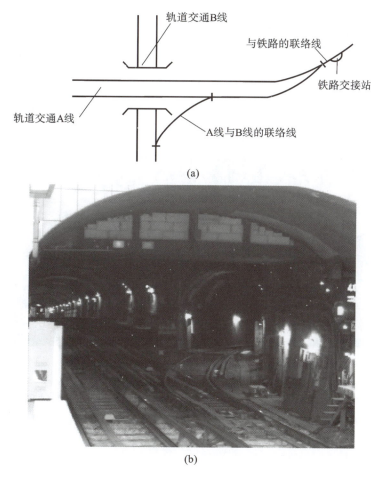

图 1-13　联络线

联络线因连接的轨道交通线路往往不在一个平面上，因此有较大的坡道与较小的曲线半径，故列车运行速度不会太高。如果在地下建设，则施工难度较大，建造费用也随之增加。

⑥检修线。检修线是指设在车辆基地检修库内，专门用于检修列车的线路，如图 1-14 所示。检修线设有地沟，配有架车设备、检修设备。

⑦试验线。试验线是指设在车辆基地，用于对检修完毕的列车进行状态检测的线路，如图 1-15 所示。为达到必要的运行速度，试验线需符合一定的长度标准和平纵断面设计标准。

图 1-14　检修线

图 1-15　试验线

⑧出入段线。出入段线是专供列车进出车辆段的线路,如图 1-16 所示。为保证运行列车的停放和检修,应在城市轨道交通沿线的适当位置设置车辆段。车辆段与正线连接的线

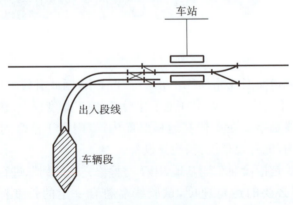

图 1-16　出入段线

路为出入段线，是车辆段与正线之间的联络通道。出入段线可以设计为双线或单线，与城市道路或其他地方的交叉处可采用平交或立交。

⑨洗车线。洗车线是专门用于清洗车辆的线路，如图 1-17 所示。

图 1-17　洗车线

⑩安全线。在出入段线、折返线、停车线和岔线上应根据情况设置安全线，安全线的长度一般不小于 40 m。

例如，当出入段线上的列车在进入正线前需要一度停车，且停车信号机与警冲标之间的距离小于列车制动距离时，应设安全线，如图 1-18 所示。

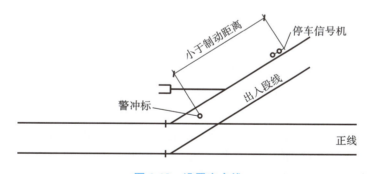

图 1-18　设置安全线

上述分类中的折返线、渡线、停车线、联络线、安全线也可称为辅助线，辅助线是城市轨道交通系统的重要组成部分，直接关系到系统运营组织的效率；检修线、试验线、出入段线、洗车线也可统称为车场线，是车辆段内进行厂区作业与停放列车的线路。

三、车站

城市轨道交通车站是客流的节点，是乘客出行的基地，乘客上下车及相关的作业都是在车站进行的；城市轨道交通车站是列车到发、通过、折返、临时停车的地点；城市轨道交通车站是轨道交通线路的电气设备、信号设备、控制设备等集中的场所,也是运营、管理人员工作的场所。

根据车站建筑的空间位置不同,车站一般包括主体、出入口、通道、通风道及风亭(地下)和其他附属建筑物。根据功能的不同,车站主体可分为站厅层、站台层和设备区。车站的主体是列车的停车点,它不仅是供乘客上下车、集散和候车的地方,一般也是办理运营业务和放置运营设备的地方。

(1) 出入口。出入口用于吸引和疏解客流,其规模与出入口的乘客总设计流量有关。出入口一般布置在街道交叉口,以便大范围地吸引和疏解客流。

(2) 站厅层。站厅层用于售票、检票,是布置部分服务与控制设备的场所,一般分为付费区和非付费区。根据客流量的大小,在不影响客流集散的同时,可以在站厅层设置商业用房。有些车站的站厅还可考虑与地下商业街连接在一起布置。在站厅层的两端一般有设备用房、管理用房及辅助用房。

(3) 站台层。站台层是供乘客上下车的平台,是分散上下客流、供乘客乘降的场地。站台的大小取决于远期预测的高峰小时客流量。站台层也设有设备用房及管理用房,一般不设辅助用房。站台层常用的站台形式有岛式站台、侧式站台和岛、侧混合式站台。

(4) 设备区。设备区是安置各类设备、进行日常维修及设备保养的场所,主要包括环控机房、事故风机房、通信机械室、信号机械室、通信测试室、环控电控室、消防泵房等。

(5) 通道。通道是乘客进出车站、出入站台及换乘列车的必由之路。通道的数量和宽度不仅要方便乘客出入车站,满足高峰小时的乘客通行需求,还要满足紧急情况下乘客快速疏散的要求,同时要兼顾与城市公路互通的功能。因此,通道的设计要与车站的总体设计相适应。

(6) 通风道及风亭。车站是乘客非常集中的地方,尤其是地下车站,人流密集,环境相对封闭,很容易造成车站环境空气污浊。为保证乘客及车站工作人员的健康,地下车站都设置了环境控制系统,可以不间断地进行空气置换,以满足车站空气清新的要求,因此要设置相应的通风道和风亭以进行通风换气。

(7) 管理用房。管理用房是车站工作人员的办公用房,包括车站控制室(简称车控室)、站长室、站务室、广播室、票务值班室、售票亭、会议室及警务办公室等。

(8) 辅助用房。车站的辅助用房包括卫生间、洗手间、更衣室、清扫工具室等。

为保证城市轨道交通车站上述各功能区的正常运营,需要配备相应的设备,如自动售检票系统、屏蔽门系统、环境控制系统、消防系统、给水排水系统、车站低压及照明系统、站内客运设备、环境与设备监控系统等,以满足各功能区为乘客提供优质服务的要求。

对于城市轨道交通系统最常见的地下车站,其出入口设置在地面,一般应尽量设于地面交通车站、停车场附近,以形成较好的换乘组合,并保证高峰时段客流通畅。地下车站的站厅一般设置于地下一层,地下站台则设置于地下二层,地面出入口、站厅、站台之间要设置快捷可靠的乘降设备,如楼梯、自动扶梯等。

四、车辆基地

车辆基地又称为车辆停放及维修基地,也叫车辆段,是车辆停放、保养、修理的专门场所,主要由停车场(库)、列检所(库)、站场线路、信号控制楼等组成。为了便于统一管理,往往将机电设备、通信设备、工务段、仓库、教育培训中心等与车辆基地组建在一起,成为更大的车辆综合维修基地。

1. 车辆基地的组成

车辆基地以车辆运用、检修为主,但考虑到城市轨道交通系统的管理需要,为了方便组织系统中各专业的维修工作,可以将工务所、电务所、机电所、材料仓库、教育培训中心、行车控制中心等全部或部分与车辆基地建在一起,这样有利于协调各专业接口,对各专业的维修工作进行有效的管理,可以合理规划、统一使用场地和设备,节约土地和投资,同时有利于实现计算机网络和现代化管理。

车辆基地根据功能和规模的不同可划分为停车场、车辆段、列检所。

(1) 停车场。停车场是供车辆停放的场所,承担的任务有车辆的停放、洗刷、清扫,以及车辆列检和乘务工作;停车场所在正线运营列车的故障处理和救援工作;车辆定修(年检)以下车辆的各级日常检查、维修,若遇到车辆的重大临修则采用部件互换的修理方式。每条线路按其长短和配属车辆的多少设置停车场,根据需要再增加辅助停车场,辅助停车场仅设置停车、列检设施,只承担车辆的停放、清洁、列检工作。

停车场配备了车辆运用、整备和日常维修及配套设施,主要有停车列检库、调机库、临修库、车辆自动洗刷库和出入段线、洗车线、试车线、车库线,以及牵出线、存车线、走行线等各种辅助线路。主要设备有调车机(内燃机)、不落轮镟床、自动洗车机、车辆救援设备,以及为车辆重大临修服务的架车机、起重机等。

停车场不仅要有足够的轨道停车位,还要设置供管理人员、乘务员工作、活动和休息的场所。

(2) 车辆段。车辆段是城市轨道交通系统中对车辆进行运用、管理、停放及维修保养的场所。车辆段除具有停车场的功能外,还是承担城市轨道交通车辆较大修程的场所。

①车辆段的主要功能。

a. 承担所属线路的车辆停放、清洁、列检工作。

b. 承担所属线路车辆的定修(年检)及以下车辆检查、维修和临修工作。

c. 承担所属线路和由多条联络线互相沟通的线路的车辆架修、大修工作。

d. 承担车辆部件的检测、修理工作,满足车辆各修程对互换部件的需求。其维修能力的设置也可使其成为地铁网络的车辆部件维修点,为其他车辆段服务。

②车辆段的设备设施。车辆段要在停车场的基础上增加车辆架修、大修的设施设备,车辆检修方式主要采用部件互换修。同时,根据工艺要求,要具备车辆部件的检修能力。

车辆段配备的车辆检修设施主要有架修库、大修库、静调库和部件检修间,以及油漆间、机加工间、熔焊间和必要的辅助间等。车辆架修、大修主要设备有架车机、移车台或车体吊装设备、公铁两用牵引车、转向架、车钩、电机等各种部件的试验和修理设备,车辆油漆设备,列车静态和动态调试设备。承担列车转向任务的车辆段还应设置列车的回转线。车辆段内无物资总库时还要设置材料库,并配备必要的运输和起重设备。

车辆段主要划分为检修区和运营区,所有的检修工作均集中在检修区进行,运营区主要负责所属线路车辆的停放、列检和乘务工作。

车辆段一般还兼有综合检修基地的功能,是保障线路各系统正常运行的基地和管理部门。

一般在停车场设置的各系统的维修工区,属综合检修基地管辖。

(3) 列检所。列检所的任务是利用列车停放时间和停放场地,对车辆的重要部件进行例行技术检查,对危害行车安全的一般故障进行重点修理。因此,列检所一般设在停车场或列车折返段(指列车折返时停留和准备的场所)的停车线上。

2. 车辆基地的主要线路

(1) 车库线。车库线要满足线路所有运营车辆的停放需要,线路长度根据车辆编组的需求进行设计,一般为列车长加 8 m,可设计为一线一列位或一线二列位,线路间隔通常为 3.8 m,通常设检修坑道。

(2) 出入段线。出入段线位于车辆段或停车场与正线的结合处,是段(场)与正线的过渡线路,供车辆出入停车场或车辆段。除特殊条件限制外,出入段线都要设置为双线,并避免切割正线,根据行车和信号要求留有必要的段(场)线路与运营正线的转换长度。其有效长度至少能保证停放一列列车。

(3) 牵出线。牵出线适应段(场)内调车的需要,牵出线的长度和数量根据列车的编组长度、调车作业的方式与工作量确定。

(4) 静调线。静调线设在静调库内,列车检修完毕到试车线试车之前,要在静调库对列车进行静态调试,检查列车各部分的技术状态,对各种电气设备、控制回路的逻辑动作和整定值进行测试与调整。静调线全长设置地沟,地沟内设置照明光带。静调线为平直线路,静调库内还要设置车间牵引电力电源和相关的测试设备。车辆段在车辆检修后进行车辆的尺寸检查,其中要对车辆的水平度进行检查,要求轨道高差精度等标准较高的线路(称为零轨),宜设在静调线。

(5) 试车线。试车线供定修、架修、大修后列车在验收前的动态调试。试车线的有效长度应满足列车最高时速和全制动的需求。试车线一般为平直线路,线路中间要设置不小于一单元列车长度的检查坑,供列车临时检查用。为进行列车车载信号装置的试验,试验线还应设置信号地面装置,试车线旁应设置试车工作间,内设信号控制机和试车必须配置的有关设备、设施与仪器。试车线应采取隔离措施。

(6) 洗车线。洗车线供列车停运时洗刷车辆用,洗车线中部设有洗车库。洗车线一般为贯通式,尽量和停车线相近,这样可以缩短列车行走时间,并减小对车场咽喉地区通过能力的压力。洗车库前后要设置不小于一列列车长度的直线段,以保证列车平顺进出洗车库。

(7) 检修线。检修线是指用于车辆各种不同修程的专用线路,检修线为平直线路,布置在检修、定修、架修、大修库内,包括架修线、大修线、定修线、临修线、静调线等。这些线路设有 1.4~1.6 m 深的检修坑道,中间设有维修平台,根据需求配有架车机、悬挂式起重机、转向架、转向盘等设备。

(8) 临修线。当列车发生临时故障和破损时,可在临修线上完成对车辆的临修工作,临修线的长度应能停放一列列车,并考虑列车解编的需要。

以上线路是保证列车运行和检修的主要线路,除此之外,维修基地内还必须按需要设置临时存车线、检修前对列车清洗的吹扫线、材料装卸专用线、内燃调机车及特种车辆(如轨道车、接触网架线试验车、磨轨车、隧道冲洗车等)停车线、联络线和与铁路连通的地铁专用线等。

3. 车辆运用、检修库房和车间及其主要设备

(1) 停车列检库及其附属车间。停车列检库兼有停车、整备、清扫、日常检查、司机出乘等多种功能,为实现这些功能,停车列检库除设有停车线外,还设有运用车间、运转值班室、司机待班室等司机出乘用房,以及列车及列车车载信号检修用房。

由于列车价格昂贵,且在地铁运行中占据着重要地位,因此在停车列检库都设置有自动防灾报警设备,和整个消防系统连接在一起。架空接触网或接触轨应进库,接触轨应加防护装置,每条库线两端和库外线之间及停车台位之间设置隔离开关,以便对每条停车线的接触网(接触轨)独立停、送电。每条停车线还应有接触网(接触轨)送电的信号显示和列车出、入库的音响报警装置。停车线兼作车辆列检线,应有检查地沟。

地铁车辆除了由自动洗刷机洗刷外,对自动洗刷接触不到的部件应进行人工辅助洗刷。每日还要对列车室进行清扫、洗刷和定期消毒。这些工作在清扫库进行,清扫库一般毗邻停车列检库,库内应设置上、下水及洗刷平台。

在停车列检库两端应有一段平直硬化地面,作为消防、运输通道,通道应该设置可动防护栏杆,平时封锁,仅在特殊情况下使用。

(2) 检修库及其辅助车间。检修库及其辅助车间的平面布置情况主要取决于车辆的配属情况,车辆的修程、检修方式及其工艺流程,同时要综合考虑自然地形条件、工件运输线路,以及安全、防火和环保要求等因素。

① 双周、双月检库。双周、双月检都要在库内对列车的走行部、车体及车顶设备进行检查,为便于作业并保证安全,线路采用架空形式。除线路中间设置地沟外,在检修线两侧设有 3 层立体检修场地。底层地坪低于库内地坪(若以轨面标高为±0.00 m,其地坪标高约为 −1.00 m),可以对走行部及车体下布置的电气箱、制动单元、蓄电池进行检查;中间为标高 +1.10 m 左右的平台,可对车体、车门进行检查;车顶平台标高为 +3.50 m,主要对车辆顶部的受电弓、空调设备进行检修,车顶平台设有安全栏杆。双周、双月检库立体检修平台如图 1-19 所示。

图 1-19　双周、双月检库立体检修平台

双周、双月检库根据作业的要求可设有悬臂吊,可以对需要进行拆、装作业的受电弓和空调设备进行吊装,还配置了液压升降车、蓄电池搬运车、电气框搬运车等运输车辆。

为了对车辆进行双周检、双月检、定修(年检),还应设置受电弓、空调装置、车载信号、试验设备等辅助车间及备品工具间。

②定修库。定修库和双周、双月检库一样,线路采用架空形式,线路中间设置检修地沟,线路两侧设置3层检修场地,车库内设2 t起重机。车辆的定修和临修有时也可以在一个车库进行,合并为定修、临修库,这时必须根据列车编组在库内设置架车机组,在列车解钩后可以同步架起一个单元的车辆。车库内设10 t起重机,可吊装车辆的大部件。定修库的辅助车间应和其他检修库统一考虑。

③架修、大修库。架修、大修库的布置应根据车辆检修工艺流程确定。车辆设备和部件的检修方式主要采用互换修,作业流程根据实际情况一般采用流水作业和定位修方式相结合。采用部件互换修可以减少列车的停库时间,并且可以合理地安排计划,做到均衡生产,避免因某一部件检修周期长,而影响列车的整体检修进度。联合检修厂房内设有车辆的待修部件、修竣部件和备用部件的存放场地。

架修、大修库内的主要设备有地下式架车机(见图1-20)、移车台、假转向架、桥式起重机、公铁两用牵引车及必要的运输工具、工作平台等。

图1-20　地下式架车机

④辅助检修车间及其设备。地铁车辆是一种涉及多种专业、极其复杂的设备,在对车辆进行架修、大修时,都要架车、分解,以便对部件进行检修,这些检修工作都是在辅助检修车间进行的。这些辅助检修车间根据列车架修、大修的工艺流程,大部分都布置在检修主库的周围。

a. 转向架、轮对间。转向架、轮对间通过轨道和转向架、转盘架、大修库相连接,主要由转向架检修区、轮对检修区和轮对等部件的存放区组成。

• 转向架检修区。转向架检修区对转向架进行分解,分解后的部件被送到相应检修位置进行检修,恢复技术状态,然后进行组装。

• 轮对间检修区。轮对间检修区主要对轮对、轴箱、轴承进行检修。因为轴承的检修工作专业性强,需要大量的设备和较大的占地面积,但是每年的工作量很小,所以一般都将轴承检修工作委托给第三方专业单位进行。

• 轮对等部件的存放区。转向架、轮对间要适应互换修方式,应有足够的轮对、转向架及其他部件的存放场地,还应配备相应的起重设备。

b. 电机间。电机间是对车辆牵引电机、空气压缩机电机,以及其他车辆设备(如制动电阻冷却风机等)的动力电机进行检修的辅助车间。电机大修专业性强,检修量少,并且需要绕线、浸漆、烘干等设备,一般都委托专业工厂进行。

c. 电器、电子间。电器间承担对车辆电气组件的检修作业,包括对列车的主控制器、主逆变器、辅助逆变器、各类高速开关、直流接触器等进行试验、检修、检验。电子间主要对列车牵引、制动、空调等计算机控制系统的各类电子控制板进行检修作业。

此外,辅助检修车间还有车门、制动、车钩、受电弓、空调检修间等。

上述辅助检修车间一般都布置在架修、大修主库的周围,可以使检修工艺流程合理、紧凑、简洁,缩短运输路程,提高工作效率。

(3) 其他库房及车间。维修场地内有些库房及车间由于环境保护要求、劳动保护要求、检修的特殊要求等因素,或者由于设施和维修基地的检修共同使用,要单独设置。

① 不落轮镟床库。地铁车辆转向架的轮对在运行中有时会出现踏面擦伤、剥离和轮缘磨耗的问题,达不到技术要求,需要及时镟削。使用不落轮镟床可以不拆卸轮对而直接对车辆的轮对踏面和车缘即时进行镟削。运行实践说明,不落轮镟床是保证地铁车辆正常运行的重要设备,开始建设时就要对此做充分考虑。

不落轮镟床需要在温度、湿度得到控制的环境中使用,为减少投资,在库内为镟床单独设置隔离的环境空间。

不落轮镟床库及其前后一列车辆范围内的线路为平直线路。作业线的长度要满足列车所有车辆轮对镟削的要求,列车出入库和轮对的就位一般由专门的牵引设备承担。

② 列车洗刷库。列车洗刷库建在洗刷线的中部,库内设有自动洗刷机,可用化学洗涤剂和清水对列车端部与侧面进行洗刷。在洗刷过程中,列车以低于 5 km/h 的速度通过洗车设备,完成车体清洗作业,也可用专门设置的小车带动。目前,较高级的洗车设备具有喷淋、去污、上蜡、吹干等功能,减少了人工作业。为避免列车洗刷作业影响其他线路的进路,洗刷机前后线路的长度都不应小于一列车辆的长度。列车自动洗刷机如图 1-21 所示。

图 1-21　列车自动洗刷机

③蓄电池间。蓄电池间主要对地铁车辆的碱性蓄电池进行充电和检修,也对各种运输车辆的酸性蓄电池进行充电和检修。蓄电池间要配置相应的试验、充电、通风、给水排水和防腐设备。放碱性蓄电池和酸性蓄电池的操作间应分开设置,防止酸气进入碱性蓄电池,酸、碱发生中和作用,影响电池的质量。蓄电池间要单独设置,并布置在长年主导风向的下风侧,还要有防爆措施。

④中心仓库。中心仓库承担城市轨道交通全线各专业所需机电设备、机具、工具、材料、备品备件的供应工作,主要工作环节有采购、入库、仓储、发放。仓库中应有起重、运输设备和设施等,还应附有露天存放场和材料的专用轨道,还需要设置专门的环控库房,以存放对环境要求高的高精度配件。

关于易燃、易爆物品要单独设立危险品仓库,危险品仓库应单独设置在对周围建筑影响最小的位置,并与外界隔离。根据易爆、易燃物品的不同性质,应分不同房间分别存放,建筑物的通风、消防系统等要符合有关规定。有时为了减少与邻近建筑物之间的防火距离,危险品仓库也可设在半地下式或地下式的建筑内。

城市轨道交通设备配件种类繁多(仅车辆配件就有数千种),价格昂贵。仓库对物流的管理涉及社会流通领域和城市轨道交通内部生产领域。它既是各专业检修生产工艺的组成部分,与检修生产密不可分,要保证材料的供应;又有着非常强的"成本中心"的作用,材料、备件的消耗管理和物流本身对资源的占用、消耗都与检修成本有着直接关系。

随着现代物流技术、计算机信息管理技术和电子商务的发展,中心仓库采用自动化立体仓库仓储技术、建设城市轨道交通自动化综合物流系统成为可能。

除此之外,根据需要还可设置调机(内燃机车)库、消防间、污水处理站、配电站、变电站、机械加工中心、汽车库等库房,车间也需要单独设置。

五、轨道

轨道是城市轨道交通系统的重要组成部分。轨道作为一个整体结构铺设在路基之上,直接承受列车车辆及其荷载带来的巨大压力,对列车运行起着导向作用。

轨道是由钢轨、轨枕、道床、扣件、道岔及其他附属设备等组成的构筑物。

1. 钢轨

钢轨是指两条呈直线形平行分布,安装在轨枕或路基之上的由钢铁材料制成的金属构筑物。钢轨是轨道的组成部分,其作用是直接承受车轮传递的列车及其荷载的重量,并引导列车的运行方向。此外,在城市轨道交通系统中,钢轨要兼供轨道电路之用。

除上述功用外,钢轨有时还起到安全保护的作用,这时的钢轨被称为护轨,主要分为防脱护轨、桥上护轨和道岔护轨。

(1)防脱护轨。当列车以高速转弯时,外弯一面的轮缘承受着极大的压力,为防止轮缘负荷过重,在内弯的轨条处会装设一段钢轨,使另一边的轮缘分担列车转向时所产生的离心力,而这个附加的轨条通常会比正常的轨条高一些,以加强保护。

(2)桥上护轨。在钢轨两侧分别装设两段钢轨,以防止列车在桥上或高地出轨时继续向外冲。

(3)道岔护轨。在道岔区为防止车轮在岔心处进错路线而安装的护轨为道岔护轨。

2. 轨枕

轨枕是轨道的基础部件,它是承垫于钢轨之下,将钢轨所承受的重量或压力平均传递到道床上,同时能有效地保持钢轨轨距和方向、几何形位的轨道部件。轨枕具有必要的坚固性、弹性和耐久性,便于固定钢轨,有抵抗纵向和横向位移的能力,能阻止钢轨因列车行驶压力而被拖动,保持两条钢轨间的一定距离和方位。当列车经过时,它可以适当变形以缓冲压力,但列车通过后还得尽可能恢复原状。

3. 道床

道床是指路基、桥梁或隧道等下部结构之上,钢轨、轨枕等上部结构之下的碎石、卵石层或混凝土层。

道床是轨道框架的基础,主要作用是支撑轨枕,把来自轨枕上部的巨大压力均匀地传递到路基面上,大大减少了路基的变形。道床依靠本身和轨枕间的摩擦,起到固定轨枕的位置、阻止轨枕纵向或横向移动的作用。

六、信号系统

信号系统是城市轨道交通系统中重要的设备之一。城市轨道交通的基本任务是安全、准时、高效率、高密度地运送乘客。因此,必须采用可靠的列车运行控制设备来指挥列车的运行,以确保列车运行的安全。从传统的闭塞、联锁信号设备到现代化的列车自动控制系统,是长期实践与经验积累,以及技术不断改进和发展的结果。

1. 信号系统的作用

信号系统主要起到确保列车运行安全和提高轨道交通运行效率的作用。

(1) 确保列车运行安全。城市轨道交通信号系统是指挥列车安全运行的关键设备,只有满足在列车运行前方的轨道区段没有列车占用(列车进路空闲)、道岔位置正确、没有敌对或相抵触的信号等条件时,才允许向列车发出允许列车前行的信号。所以,列车只有严格按照信号的显示运行,才能确保列车运行的安全;反之,将导致事故的发生。在城市轨道交通运输中,确保乘客的乘车安全是最重要的,所以信号系统担负着确保运输安全的重要使命。有了信号系统的保障,可以减少列车运行事故,并可以降低事故等级,减小事故损失。

(2) 提高轨道交通的运行效率。在城市轨道交通中,信号设备对于提高行车效率有着极其重要的作用。轨道交通采用了列车运行自动控制技术,列车以最高的允许速度运行时,行车间隔大大缩短,甚至可以达到 1.5~2 min,这样便加大了行车密度,缩短了列车停站时间,大大提高了轨道交通的运行效率。

2. 信号系统的特点

城市轨道交通具有高密度、短间隔、短站距和快速等特点,因而对交通保障系统有着安全要求高、通过能力大、抗干扰能力强、可靠性高、自动化程度高等要求。城市轨道交通信号系统改变了传统的铁路以地面信号显示指挥行车的方式,实现了以车载信号为主体信号的方式,用计算机系统实现了速度控制、进路选择和进路控制等,并逐步向无人驾驶的方向发展。

3. 信号系统的组成

城市轨道交通信号系统通常由信号基础设备、联锁系统、列车自动控制系统等组成,用于列车进路控制、列车间隔控制、调度指挥、信息管理、设备状态检测等,是一个高效的综合自动化系统，如图 1-22 所示。

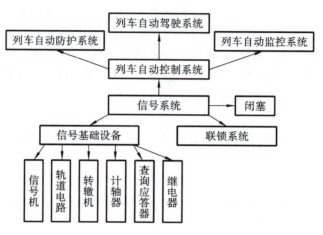

图 1-22　城市轨道交通信号系统的组成

七、列车自动控制系统

列车自动控制（automatic train control，ATC）系统是城市轨道交通列车的核心技术，也是城市轨道交通信号系统最重要的组成部分，如图 1-23 所示。它实现了行车指挥和列车运行自动化，最大限度地保证了列车运行安全，提高了运输效率，发挥了城市轨道交通的通过能力。

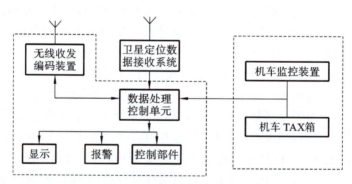

图 1-23　列车自动控制系统

1. ATC 系统

列车自动控制系统是对列车运行的全过程或部分作业实现自动控制的系统，是通过获取地面信息和命令来控制列车运行，并及时调整与前行列车之间必须保持的距离，以保证列车按照空间间隔制运行的技术方法。

（1）ATC 系统的组成。ATC 系统由列车自动防护（automatic train protection，ATP）系统、列车自动驾驶（automatic train operation，ATO）系统和列车自动监控（automatic train supervision，ATS）系统三个子系统组成，简称"3A"子系统。各子系统之间相互支持，实现对列车的控制，保障列车行驶的安全和运输效率的提高。

ATC 系统设备分布于控制中心、车站、轨旁设备及列车中。ATC 列车自动控制系统框图如图 1-24 所示。

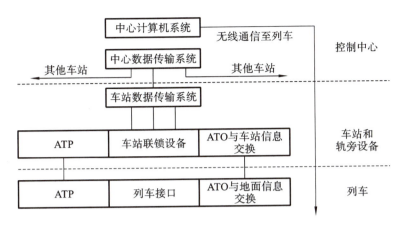

图 1-24　ATC 列车自动控制系统框图

(2) ATC 系统的功能。ATC 系统包括 5 个基本功能：ATS 功能、联锁功能、列车检测功能、ATC 功能和列车识别(positive train identification，PTI)功能。

①ATS 功能。ATS 功能可自动或人工控制进路，进行行车调度指挥，并向行车调度员和外部系统提供信息。ATS 功能主要由位于控制中心(operating control center，OCC)内的设备来实现。

②联锁功能。联锁功能响应来自 ATS 功能的命令，在满足安全准则的前提下，管理进路、道岔和信号的控制，将进路、轨道电路、道岔和信号的状态信息提供给 ATC 系统。联锁功能由分布在轨旁的设备来实现。

③列车检测功能。列车检测功能一般由轨道电路或相应的计轴设备等装置完成。

④ATC 功能。在联锁功能的约束下，根据 ATS 的要求实现对列车运行的控制。ATC 功能有 3 个子功能：ATP/ATO 轨旁功能、ATP/ATO 传输功能和 ATP/ATO 车载功能。ATP/ATO 轨旁功能负责列车间隔控制和报文生成；ATP/ATO 传输功能负责发送感应信号，包括报文和 ATC 车载设备所需的其他数据；ATP/ATO 车载功能负责列车的安全运营、列车自动驾驶，并且为信号系统和列车司机提供接口。

⑤列车识别功能。PTI 功能通过多种渠道传输和接收各种数据，在特定的位置传给 ATS，向 ATS 报告列车的识别信息、目的号码、乘务组号和列车位置数据，优化列车运行。

(3) ATC 系统的分类。城市轨道交通 ATC，按闭塞制式可以分为固定闭塞式 ATC、准移动闭塞式 ATC 和移动闭塞式 ATC，按通信方式可以分为点式 ATC 和连续式 ATC。

2. ATC 的子系统

(1) ATP 子系统。ATP 子系统是保证行车安全、防止列车进入前方列车占用区段和防止列车超速运行的设备。ATP 子系统不断将来自联锁设备和操作层面上的信息、线路信息、前方目标点的距离和允许速度信息等从地面通过轨道电路等传至车上，从而由车载设备计算得到当前允许的速度，或由行车控制中心计算出目标速度传至车上，由车载设备测得实际运行速度，依此来对列车速度实行监督，使之始终在安全速度下运行。当列车速度超过 ATP 装置所指示的速度时，ATP 车载设备就发出制动命令，使列车自动制动；当列车速度降至 ATP 所指示的速度以下时，可自动缓解。

①ATP 子系统的组成。ATP 子系统主要由 3 个部分组成，即用以实现控制列车运行的

车载设备、用以产生控制信息的轨旁设备、轨旁与车载两方互通信息的中间传输通道。ATS子系统负责监督和控制 ATP 子系统,联锁系统和轨道空闲检测装置为 ATP 提供基层的安全信息,ATP 的控制对象是列车。

ATP 子系统的车载设备主要包括车载主机、司机状态显示单元、速度传感器、列车地面信号接收器、列车接口电路、电源和辅助设备等。

ATP 子系统的核心设备安装在列车上,但是它所需要的主要信息都来自轨旁设备。根据城市轨道交通信号系统的不同制式,列车自动防护系统轨旁设备可以设置点式应答器、轨道电路或计轴器,向列车传递有关信息。安装在列车上的设备接收并处理这些信息。

②ATP 子系统的功能。ATP 子系统主要有以下功能:

a. 速度监督与超速防护。

b. 测速与测距。

c. 车门与站台安全门的控制。

d. 列车检测。

e. 停车点防护。

f. 提供人机界面(man machine interface,MMI)。

g. 折返/改换驾驶室。

(2) ATO 子系统。ATO 子系统主要用于实现"地对车控制",即利用地面信息实现对列车驱动、制动的控制,包括列车自动折返,根据控制中心指令自动完成对列车的启动、牵引、惰行和制动,送出车门和站台安全门开关信号,使列车以最佳工况安全、正点、平稳地运行。

ATO 子系统实现列车自动驾驶,需要 ATP 和 ATS 子系统提供支持。ATP 向 ATO 提供列车运行的速度、线路允许速度、目标速度和目标距离,以及列车当前所处位置等基本信息;ATS 向 ATO 提供列车运行作业和运行计划。

①ATO 子系统的组成。ATO 子系统由轨旁设备和车载设备组成。

ATO 轨旁设备通常也用作 ATP 轨旁设备,接收与列车自动运行有关的信息。地面信息接收、发送设备和轨道环线都属于 ATO 轨旁设备。这些轨旁设备,如点式应答器、轨道电路能够接收来自列车 ATO 车载天线发送的信息,也能够把 ATS 有关信息通过轨道环线或其他轨旁设备发送到列车上,由列车 ATO 车载设备进行接收并处理。地面信息接收、发送设备通常安装在线路旁,但是其调谐控制部分通常安装在信号设备室内,轨道环线则安装在线路上。

ATO 车载设备由设在列车每一端司机室内的 ATO 车载控制器(包括司机控制台)、安装在列车每一端司机室车体下的两个 ATO 接收天线和两个 ATO 发送天线组成,还包括 ATO 附件,这些附件用于测量速度、定位和给司机提供接口。ATO 车载设备通常和 ATP 车载设备安装在一个机架内。

②ATO 子系统的功能。ATO 子系统的功能分为基本控制功能和服务功能。

基本控制功能包括自动驾驶、自动折返、自动控制车门开闭等功能。自动驾驶又包含自动调整列车运行速度、停车点的目标制动、从车站自动发车、区间内临时停车等。

服务功能包括列车位置功能、允许速度功能、巡航/惰行功能、PTI 支持功能等。

(3) ATS 子系统。ATS 子系统主要用于实现对列车运行及所控制的道岔、信号等设备运行状态的监督和控制,为行车调度人员显示出全线列车的运行状态,监督和记录运行图的执行情况,在列车因故偏离运行图时及时做出调整,辅助行车调度人员完成对全线列车运行的管理。

ATS 在 ATP 和 ATO 子系统的支持下,根据运行时刻表完成对全线列车运行的自动监控,可自动或由人工监督和控制正线(车辆段、停车场、试车线除外)列车进路,并向行车调度员和外部系统提供信息。

①ATS 子系统的组成。ATS 子系统由控制中心设备、车站设备、车辆段设备、PTI 设备及列车发车计时器等组成。

a. 控制中心设备。控制中心设备是 ATS 的核心,用于状态表示、运行控制、运行调整、车次追踪、时刻表编制、运行图绘制、运行报告、调度员培训、与其他系统对接等。ATS 控制中心设备主要包括中心计算机系统、综合显示屏、调度员和调度长工作站、运行图工作站、培训/模拟工作站、绘图仪、打印机、维修工作站、局域网、不间断电源(uninterruptible power supply,UPS)及蓄电池。控制中心设备组成如图 1-25 所示。

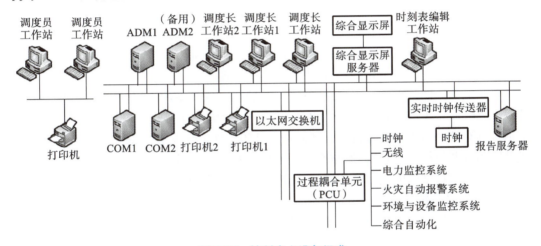

图 1-25 控制中心设备组成

b. 车站设备。车站设备由 ATS 分机及车站现场控制工作站组成。

c. 车辆段设备。车辆段设备由 ATS 分机及车辆段终端组成。

d. PTI 设备。PTI 设备是 ATS 车次识别及车辆管理的辅助设备,由地面查询环路和车载查询器组成。

e. 列车发车计时器(train depart timer,TDT)。TDT 设备设于各站,为列车运行提供车站发车时间、列车到站晚点情况的时间指示,提示列车按计划时刻表运行。

②ATS 子系统的功能。ATS 子系统具有下列主要功能:列车运行情况的集中监视和跟踪;列车运行的自动记录;时刻表自动生成、显示、修改并优化;自动排列进路,按行车计划自动控制道旁信号设备以接发列车;列车运行自动调整;列车运行和设备状态自动监视;调度员操作与设备状态记录、运行数据统计及报表自动生成;运输计划管理、输出及统计处理;实现沿线设备及列车与控制中心之间的通信;列车车次号自动传递;车辆修程及乘务员管理;系统故障复原处理;列车运行模拟及培训;乘客向导信息显示。

八、通信系统

通信系统是实现列车运输集中统一指挥、行车调度自动化、列车运行自动化,提高列车运输效率的有效手段。通信系统是既能传输语音信号,又能传输文字、数据和图像等信息的综合业务数字通信网。

通信系统按其用途可分为电话系统(公务电话、调度电话、站内电话和轨旁电话)、无线调度系统、闭路电视系统、广播系统、时钟系统、商用通信系统等。

1. 电话系统

(1) 公务电话。公务电话以数字程控交换机设备为核心,连接办公室、OCC、车站、设备室等电话分机,以满足城市轨道交通对内和对外的通信,为保证安全和减少成本,使用专网网络构建。

(2) 调度电话。调度电话为运营、电力、维护和救灾等提供有效的通信,为控制信息的行车调度员、环控调度员、电力调度员、设备维修调度员等提供专用直达通信。

(3) 站内电话和轨旁电话。

①站内电话。站内电话是为了适应站内岗位之间频繁通话而建立的独立的内部电话系统。站内电话主要提供车站内部通信和与车站相邻车站、联锁站间的直达通信。站内电话是一个车站内部的电话系统,一般采用小型交换机实现。

②轨旁电话。轨旁电话是根据系统运营、维护及应急需要,供列车司机和维修人员在紧急情况下及时联系车站及相关部门的电话系统。轨旁电缆连接轨旁电话与站内交换机,轨旁电话机具有抗冲击和防潮等特性。区间内每 150~200 m 安装一部电话,3~4 部轨旁电话机并联相接并使用同一号码,通常在一条区间线路是几部电话交叉配置,以提高可靠性。轨旁电话可同时接站内电话和公务电话,通过插座或开关实现号码转换。

2. 无线调度系统

无线调度系统是调度员与司机通信的唯一手段,也是移动作业人员、抢险人员实现通信的重要手段。无线调度系统有专用频道方式和集群方式两种形式。其中,专用频道方式是根据用途配置频道,每种频道只作一种用途,空闲时也不作他用。专用频道方式有着设备简单、通话速度快的特点,但是在话务负荷上分布不均,某些繁忙的信道经常阻塞,而某些信道又经常处在空闲状态。

3. 闭路电视系统

闭路电视系统方便控制中心调度管理人员、车站值班员、站台管理人员和司机实时监控车站客流、列车出入站、乘客上下车情况,以提高运营组织管理效率,保证列车安全、正点运行,同时借助车站和中心录像进行安全及事故取证。

4. 广播系统

广播系统是城市轨道交通运营行车组织的必要手段,它的主要作用有:对乘客进行广播,通知列车到站与离站、线路换乘、时间表变更、列车误点、安全状况;播放音乐,以改善站厅、站台、列车车厢等的候车和乘车环境;进行防灾广播,播放突发或紧急情况,组织与指挥事故抢险,提高应急响应能力;对运营人员进行广播,发布有关通知信息,协同配合工作,等等。

5. 时钟系统

时钟系统是为保证轨道交通运营准时、更好地为乘客服务、统一全线设备标准时间而设置的，系统采用全球定位系统（global positioning system，GPS）标准时间信息。

6. 商用通信系统

商用通信系统为乘客提供在城市轨道交通内的无线通信、广播、无线上网等服务，主要有城市广播、中国移动全球移动通信系统（global system for mobile communications，GSM）通信、通用分组无线服务技术（general packet radio service，GPRS）上网、中国联通 GSM 通信、码分多址（code division multiple access，CDMA）通信及 4G 服务等。

九、供电系统

城市轨道交通供电系统是由电力系统经高压输电网、主变电所降压、配电网络、牵引变电所降压、整流等环节向城市轨道交通系统输送电力的能源系统。因为城市轨道交通系统与一般电力用户有很大区别，所以其供电系统的功能、要求和构成也存在一定的特殊性。

1. 城市轨道交通供电系统的功能

城市轨道交通供电系统是城市轨道交通运营的动力源泉，负责为电动列车提供牵引用电，为车站、区间、车辆段、控制中心等建筑物提供动力和照明用电。因此，供电系统应具备安全可靠、经济适用、调度方便的特点，具备供电、故障自救、自我保护、防止误操作等功能。

（1）供电服务功能。保障城市轨道交通安全运营是城市轨道交通供电系统的最基本功能，即为所有用电设备提供安全、可靠的电能。城市轨道交通系统中的用电设备既有风机、水泵、照明灯具等固定设备，也包括运动着的列车。这些设备的电压等级、制式不同，对电源的要求也不同。城市轨道交通供电系统就是为这些用电设备提供合格的电力，使其正常运行，保证城市轨道交通安全运营。

（2）故障自救功能。系统的安全性、可靠性是供电系统的首要要求，城市轨道交通供电系统应设置必要的应急措施，以保证供电系统发生任何一种故障时都不影响城市轨道交通的正常运行。双电源是城市轨道交通供电系统的主要原则，两路电源互为备用，当一路电源发生故障时，另一路电源应能满足系统正常供电的要求。

（3）自我保护功能。城市轨道交通供电系统应设置完整、协调的保护措施，各级保护应相互配合和协调，保护装置应满足可靠性、灵敏性、速动性、选择性的要求。在系统某处发生故障时，应使最近的保护装置动作，只切除故障部分的设备，从而缩小故障影响范围。

（4）防止误操作功能。防止误操作是保证系统安全、可靠运行所不可缺少的环节。供电系统中任何一个环节的操作都应有相应的联锁条件，避免因误操作而发生故障。

（5）灵活的调度功能。城市轨道交通供电系统应能在控制中心进行集中控制、监视和测量，并根据运行需要方便、灵活地进行调度，变更运行方式，分配负荷潮流，使系统在更加经济合理的模式下运行。

（6）控制、显示和计量功能。系统应能方便地进行各种控制操作，各环节的运行状态应有明确的显示，各种电量的测量和电能的计量应准确。另外，应具备远距离控制、监视和测量功能，在控制中心即可根据运行需要方便地进行调度，提高系统运行的经济性。

（7）电磁兼容功能。城市轨道交通处于强电、弱电多个系统共存的电磁环境，为了使各种设备或系统在这个环境中能正常工作且不对该环境中其他设备、装置或系统构成不能承受的电磁干扰,各种电子和电气设备系统与其他系统之间的电磁兼容就显得尤为重要。供电系统既是电磁干扰源,又是电磁敏感设备,要在技术上采取措施抑制干扰,提高抗干扰能力。

2. 城市轨道交通供电系统的基本要求

城市轨道交通供电系统对保证城市轨道交通正常、安全运行具有很大的影响,它应达到安全可靠、经济适用和满足不同用户需求的基本要求。

(1) 供电系统必须安全可靠。城市轨道交通电动列车和车站设备都是为乘客提供服务的设备,在运营过程中,一旦供电中断,受影响最大的是行车和客运两个部门。所以,城市轨道交通供电系统必须具有高度的安全性、可靠性,以保证供电的连续性和稳定性。为此,各变电站均采用两路进线,并互为备用;设计电源容量时应为发展留有余地;应选用先进、可靠的电气设备,采用模块化的计算机控制系统,实现实时监控、调度自动化的运行模式;以专人定时巡视检查来进一步保障供电运行的安全可靠。

(2) 供电系统必须经济适用。经济是指在满足供电系统安全可靠的前提下,实现项目在全生命周期内供电费用的最低化。经济性不但要求节省初期的工程投资,还要尽量降低运营成本,以保证项目在全生命周期内实现最佳的技术经济效果。适用是指城市轨道交通供电系统的建设应满足业主的建设目的和对性能的要求,主要通过系统设计来实现。

(3) 供电系统必须满足不同用户的需求。无论是车站还是列车的用电设备,对供电都有不同的要求,为了分析其用电要求,首先要对供电负荷进行分类。按供电对象的重要性可将供电负荷分为3类。

① 一级负荷。一级负荷必须连续供电,不可间断,一旦停电将造成重大人员伤亡和经济损失。城市轨道交通电动列车、通信设备、信号设备、通风设备、消防设备等属于一级负荷,必须确保不间断供电。为此,必须采取两路电源供电,当任何一路电源失电后,应自动、迅速地切换至另一路电源。除由两个电源供电外,还应增设应急电源,并严禁将其他负荷接入应急供电系统。可作为应急电源的有独立于正常电源的发电机组、供电网络中独立于正常电源的专用馈电线路、蓄电池、干电池。

② 二级负荷。二级负荷为不可停电负荷,一旦停电将造成较大人员伤亡和经济损失。城市轨道交通车站照明、自动扶梯等设备属于二级负荷,应确保连续供电,如果停电,在一定程度上会影响客运服务质量,但并不影响列车运行安全。设计时,一般采用二路进线电源,再分片、分区供电。

③ 三级负荷。三级负荷是除一级、二级负荷以外的负荷。城市轨道交通的商业用电、广告照明等设备属于此类负荷,应确保正常供电,在维修保养期间或其他必要的时候,如负荷高峰期可以停电。停电后不会影响客运服务质量和列车运行,其用电可根据电网负荷情况进行调整。

城市轨道交通供电系统中的用电设备,必须依据不同用电需求区别对待,以满足和保障用户的需求,实现城市轨道交通的正常运营。

3. 城市轨道交通供电原理

城市轨道交通供电电源一般取自城市电网,通过城市电网一次电力系统和轨道交通供电系统实现输送或变换,最后以适当的电流(直流电或交流电)和电压等级供给用电设备。其中,牵引供电系统和动力照明系统是城市轨道交通供电系统中最主要的组成部分。从发电厂经升压变电站、高压输电网、区域输电网、区域变电站至主降压变电站的部分通常被称为城市电网一次电力系统。城市轨道交通供电原理如图 1-26 所示。

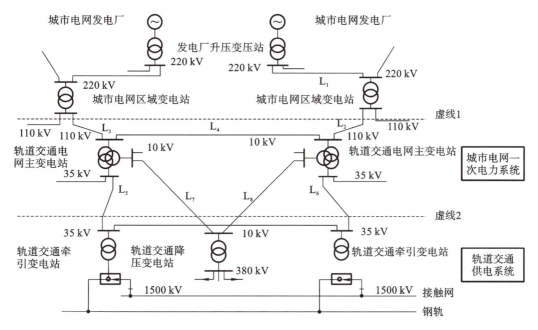

图 1-26 城市轨道交通供电原理

城市轨道交通是一个重要的用电部门,按规定须由两路独立的电源供电,当其中任何一路电源发生故障时,另一路应能保证一级负荷的全部用电需要。因此,轨道交通牵引变电站的电源进线来自两个区域变电站或来自一个区域变电站的两路独立电源,当一路电源失压时,另一路电源自动切入,使城市轨道交通系统能获得不间断的电源。

4. 牵引网供电制式

(1) 牵引网的电流制。直流馈电方式不但适用于电阻启动控制方式,也适用于斩波调压和变频调压等电子控制方式。采用直流供电的电动车辆具有调速范围大、调速方便、易于控制、启动制动平稳、接触网简单、投资少、电压质量高等优点,所以,目前城市轨道交通电力机车基本上都采用直流制。

(2) 牵引网的电压等级。目前,世界上城市轨道交通中的直流牵引电压等级繁多,如 570 V、600 V、625 V、650 V、700 V、750 V、780 V、825 V、900 V、1000 V、1100 V、1200 V、1500 V、3000 V,其发展趋向是国际电工委员会(International Electrotechnical Commission,IEC)标准中的 600 V、750 V 和 1500 V;我国国家标准规定为 750 V、1500 V 两种,其电压允许波动范围分别为 500~900 V、1000~1800 V。在选择电压等级时,要结合系统馈电方式,根据车辆、线路等的工程特点综合比较确定。

(3) 牵引网馈电方式及其与电压等级的关系。馈电方式与电压等级是牵引网供电制式中的关键点,两者密切相关。对于一个具体的城市轨道交通工程,馈电方式与电压等级的选择,应该结合起来统一考虑。牵引网的馈电方式有架空接触网和接触轨两种方式,我国牵引网供电制式有直流 1500 V 架空接触网、直流 1500 V 接触轨、直流 750 V 架空接触网、直流 750 V 接触轨 4 种方式。

与 750 V 电压等级相比，1500 V 电压等级的供电距离更远，电压损失和电能损耗更小，但防护要求更高。我国早期城市轨道交通项目中，1500 V 主要用于架空接触网，但随着支持、防护材料的不断发展，目前在接触轨系统中也有大量应用，而且直流 1500 V 接触轨在供电能力、施工难度、对城市景观的影响等诸多方面都更有优势。

1.4 城市轨道交通行车组织的基本工作制度

城市轨道交通行车组织类规章制度是城市轨道交通运营企业管理的核心，是规范所有行车组织工作从业人员生产活动的行为准则。

一、城市轨道交通行车组织规则

1. 城市轨道交通行车组织规则的内容

（1）技术设备包括限界、线路、轨道、道岔、信号机、电客车、屏蔽门、通信设备、供电设备、机电设备和车辆段等。

（2）行车组织指挥系统包括行车组织原则、运营组织指挥机构及功能、运营指挥执行层次等。

（3）行车闭塞法主要包括固定闭塞法、电话闭塞法。

（4）列车运行有关规定主要包括列车运行模式、电客车运行的准备和条件、电客车出入车辆段的组织、列车接发作业规定、电客车运行中的操作、工程车开行规定等。

（5）非正常情况下的行车组织包括列车反方向运行规定、列车退行规定、列车推进运行规定、信号系统设备故障时的行车办法、列车故障处理、救援列车的开行、屏蔽门故障的处理、NRM 模式运行的规定、隧道内线路积水时的行车规定、遇恶劣天气时的行车组织等。

（6）设备维修规定包括设备的日常养护维修、设备检修施工组织、运营时间的设备抢修、非运营时间的设备检修施工、施工防护等。

（7）信号设备操作规定主要包括 HMI 操作规定、LCW 操作规定、LCP 盘的操作规定。

（8）固定信号、手信号显示方式、显示意义的规定及信号示意图。

（9）其他规则包括隧道照明、标志、行车日期的划分、电动列车驾驶员岗位要求、行车凭证及行车记录表的格式和填写要求等。

2. 行车组织规则的编制要求

（1）行车组织规则是城市轨道交通企业运营管理的基本法规，它规定了各部门、各单位在从事运营生产过程中必须遵循的基本原则、工作方法、作业程序和相互关系。

（2）行车组织规则需明确运营工作人员的主要职责和必须具备的基本条件，并对工作流程做原则性说明。

（3）各部门、各单位制定的有关技术业务方面的规程、规则、细则和办法等都必须符合行车组织规则的规定。

（4）随着城市轨道交通系统的不断发展、线路的不断延伸、信号管理模式的改变，行车组织规则也需不断充实和完善。

二、城市轨道交通行车调度工作规则

1. 行车调度工作规则的主要内容

(1) 行车调度的组织机构、职责范围和工作制度。
(2) 行车调度设备。
(3) 日常调度工作。
(4) 调度命令的下达程序及要求。
(5) 中央控制室 ATS 操作及故障处理。
(6) 施工计划的安排实施及运营前的多项准备。
(7) 非正常情况下的列车运行调整。
(8) 列车运行图的铺画规定。
(9) 运行记录、图表。
(10) 运营分析及信息传递。
(11) 调度员的培训工作。

2. 行车调度工作规则的编制要求

(1) 编制时应以行车组织规则为依据,内容不应与行车组织规则的规定相抵触。
(2) 在行车调度工作中,行车调度工作规则应对调度工作具有指导作用。
(3) 行车调度工作规则应根据线路、信号等设备的调整进行相应的修改。

三、城市轨道交通车站行车工作细则

1. 车站行车工作细则的主要内容

(1) 车站概况和技术设备:车站概况包括车站的位置、性质、等级和任务;技术设备包括股道、信号、联锁及闭塞、客运、自动售检票、通信、照明、供电等设备。
(2) 日常作业计划及生产管理制度。
(3) 车站行车组织工作包括正常运营期间及非正常情况下的车站行车组织办法。
(4) 车站客运组织工作包括正常运营期间及非正常情况下的车站客运组织办法。
(5) 特殊运输工作组织。
(6) 检修施工管理。
(7) 行车备品管理及行车簿册填记要求。
(8) 设备故障时车站广播宣传的规定。
(9) 列车技术作业过程及其时间标准。

2. 车站行车工作细则的编制要求

(1) 编制时应以行车组织规则为依据,细则中的规定不能与行车组织规则的规定相违背。
(2) 车站行车工作细则的编制应从车站实际情况出发,制定的细则需符合车站工作要求,充分发挥现有设备的运用效能,从实际出发,更新改造限制能力的薄弱环节,不断提高作业效率,扩大设备能力。
(3) 车站行车工作细则的编制内容应是行车组织规则的规定在车站工作的具体细化,并根据车站实际情况进行补充,用合理的劳动组织推行作业标准化,做到各项作业的连续性、均衡性，最大限度地平行作业，减少各种等待、干扰事件，加速车辆周转，实现安全、正点、畅通、优质、高效地为乘客服务。

🔑 学习评价

学习完本模块后，请根据自己的学习所得，结合表 1-1 进行打分评价。

表 1-1　模块 1 学习评价表

评价内容	评价方式			评价等级
	自　评	小组评议	教师评议	
课前预习本模块相关知识、相关资料				A. 充分 B. 一般 C. 不足
了解城市轨道交通对行车组织的要求				A. 充分 B. 一般 C. 不足
熟悉城市轨道交通系统的行车组织特点				A. 充分 B. 一般 C. 不足
知道城市轨道交通系统的主要行车设备				A. 充分 B. 一般 C. 不足
参加教学中的讨论和练习，并积极完成相关任务				A. 充分 B. 一般 C. 不足
善于与同学合作				A. 充分 B. 一般 C. 不足
学习态度，完成作业情况				A. 充分 B. 一般 C. 不足
总评				

思考与练习

（1）城市轨道交通对行车组织有哪些要求？
（2）简述城市轨道交通系统的行车组织特点。
（3）根据功能的不同，城市轨道交通车辆可以分为哪几种？
（4）简述车站的结构功能。
（5）简述轨道的组成。

模块 2　行车组织基本原理

学习目标

(1) 了解行车信号的概念，熟悉行车信号的分类。
(2) 知道行车信号的基本要求。
(3) 掌握行车信号机的类型和信号显示制度。
(4) 掌握行车闭塞法的相关知识。
(5) 熟悉联锁和进路，掌握联锁的原理。
(6) 掌握联锁设备的功能和要求。

学习重点

(1) 行车信号机的类型和信号显示制度。
(2) 行车闭塞法。
(3) 联锁的原理。

2.1 行车信号基础

行车信号是行车指挥系统所使用的指令,是保障城市轨道交通运行安全的最重要的工具和手段。

一、行车信号的概念和分类

1. 行车信号的概念

行车信号是用特定物体(包括灯)的颜色、形状、位置,或用仪表和音响设备等向行车人员传达有关机车车辆运行条件、行车设备状态、行车的指示和命令等信息。它是指示列车运行及调车作业的命令,有关人员必须严格执行。

2. 行车信号的分类

按照不同的分类标准,行车信号可以有不同的分类方法。

(1) 按照接收信号的感官分类。按照接收信号感官的不同,城市轨道交通信号一般分为视觉信号和听觉信号两种。

①视觉信号。视觉信号又可分为昼间信号、夜间信号和昼夜通用信号,昼间信号和夜间信号分别以不同的方式显示。千米标、曲线标、站界标、预告标等都属于昼夜通用信号,色灯信号也属于昼夜通用信号。

视觉信号的基本颜色有4种:红色表示要求停车,黄色表示注意或降低速度,绿色表示按正常速度运行,白色表示允许调车时越过调车信号机。

②听觉信号。听觉信号有号角、口笛、响墩等发出的声响和机车的鸣笛声等。

在昼间遇大雾、暴风雨、雪及其他情况,致使停车信号显示距离不足 1000 m,注意或减速信号显示距离不足 400 m,调车信号机调车手信号显示距离不足 200 m 时,应使用夜间信号。隧道内只采用夜间信号或昼夜通用信号。

(2) 按照安装方式分类。按照安装方式的不同,行车信号可分为固定信号、手信号和移动信号3种。

①固定信号。固定信号是被固定安装在运行线路的一定位置上,用以指示列车运行和调车工作的信号,如信号机、行车信号标志牌、信号表示器等。

②手信号。手信号是行车有关人员手持信号旗或直接用手臂显示的信号,用来表达相关的含义,指示列车或车辆的允许和禁止条件。

③移动信号。当运行线路在特殊情况下需要施工、救援,要求禁止列车驶入某地点、区域或需要减速运行时应设置移动信号,移动信号根据需要临时设置或撤除。移动信号有停车信号牌或灯、减速信号牌或灯、减速防护地段终端信号牌或灯等。

二、行车信号的基本要求

作为列车运行及调车作业的命令,有关人员必须严格执行信号的显示及规定。行车信号的基本要求如下:

(1) 各种信号机的灯光排列、颜色、外形尺寸应符合规定的标准。

(2) 信号机的显示方式和表达的含义必须统一且符合规定的要求。

(3) 信号机的设置须保持能够进行实时检测、故障警告，为列车运行提供安全保障和正确信息。

(4) 在一般情况下，信号机设置在运行线路的右侧，与列车司机的驾驶位置相同，便于瞭望和确认信号。

(5) 行车手信号、行车听觉信号的显示方式和表达的含义应该符合规定的要求。

(6) 信号机的设置及行车手信号、行车听觉信号的显示应考虑线路地形、地物的相关影响。

(7) 各种地面信号机及表示器的显示距离应符合以下规定：

①行车信号和道岔防护信号应不小于 400 m。

②调车信号和道岔状态表示器应不小于 200 m。

③引导和道岔状态表示器以外的各种表示器应不小于 100 m。

三、行车信号机的类型和信号显示制度

1. 信号机的类型

信号机是轨道交通最常用的视觉信号设备，它的作用贯穿于行车工作的整个过程。

(1) 信号机按其功能可分为进站信号机、出站信号机、防护信号机、调车信号机、复示信号机、阻挡信号机、引导信号机等。

①进站信号机：防护车站和指示列车运行条件的信号机。

②出站信号机：防护发车进路及运行线路。

③防护信号机：防护敌对进路的列车相互冲突的信号机，通常设置在平面线路的交叉地点。

④调车信号机：保证机车、车辆在站内或车停基地内从事转线、编组作业时，能够安全、高效地进行。

⑤复示信号机：受地形、地物的影响，主体信号机的显示达不到规定的显示距离时，调车、出站及发车信号机前应设置复示信号机，以保证信号的连续显示。

⑥阻挡信号机：设置在线路尽头，不准车辆越过该信号机，防护线路终端。

⑦引导信号机：设置在进站信号机或接发车进路信号机的机柱上。当主体信号机进行信号因故不能开放，显示一个红色灯光时，可点亮一个黄色灯光引导列车进站(场)。

(2) 信号机按其安装方式可分为高柱信号机和矮柱信号机两种。

2. 信号显示制度

地铁一般采用三显示加一个防护区段的显示制度，即列车占用后，除用红灯显示来防护有车占用区段外，需再增加一个红灯防护区，即红、红、黄、绿的显示制度。

四、信号显示

1. 认识各种信号机

各种信号机的设置地点、作用等如表 2-1 所示。

表 2-1 各种信号机的设置地点、作用等

序号	名称	设置地点	作用	示意图及定位显示	注意事项
1	进站信号机	车站的入口处	(1)防护车站,指示列车能否由区间进入车站,在站内不具备接车条件时,不准列车进入站内。(2)指示列车进站后的运行条件是停车还是通过		二显示带引导信号
2	出站信号机	车站正线出口处	(1)指示列车在站内的停车位置。(2)作为列车占用区间或闭塞分区的行车凭证		二显示不带引导信号
3	防护信号机	道岔前方	(1)向列车司机提示道岔状态及位置,指示列车的运行方向。(2)锁闭该信号机进路上的有关道岔及敌对信号。(3)防护闭塞区间,确保调车作业的顺利进行及行车安全		(1)二显示带引导信号。(2)防护逆向道岔时带进路表示器
4	阻挡信号机	调车进路末端	反向阻挡信号机:指示调车车列通过道岔区段后的停车位置		一个常红灯
			顺向阻挡信号机:通常情况下随着列车运行自动变换显示,起通过信号机的作用;办理调车作业时,人为关闭使之成为阻挡信号机		二显示不带引导信号
5	预告信号机	进站、防护、分界点等信号机前方	复示进站、防护、分界点信号机的显示,以使司机掌握其后方信号机的开放或关闭状态		三显示信号机,没有定位显示
6	进站兼防护信号机	道岔前方车站的入口处	既有进站信号机的功能,又有防护信号机的功能		(1)二显示带引导信号。(2)防护逆向道岔时带进路表示器

续表

序号	名称	设置地点	作用	示意图及定位显示	注意事项
7	出站兼防护信号机	道岔前方车站的出口处	既有出站信号机的功能，又有防护信号机的功能		(1)二显示不带引导信号。 (2)防护逆向道岔时带进路表示器
8	出站兼阻挡信号机	车站正线的出口处	通常情况下起出站信号机的作用；办理调车作业时，人为使之关闭，成为阻挡信号机		(1)为顺向阻挡信号机。 (2)办理正常发车进路时为出站信号机，显示绿灯；办理调车进路时为阻挡信号机，显示红灯
9	引导信号信号机	进站、防护、调车信号机的机柱上	当设备发生故障或其他原因致使信号机不能开放，在符合接发车条件或调车条件时，可开放引导信号，指示列车运行条件		(1)引导信号为月白色灯光。 (2)开放引导信号需人工确认、人工操作。 (3)信号机显示红灯时，引导信号才能开放
10	进路表示器	所防护进路运行方向有两个及其以上的防护信号机上	用以指示列车的运行方向		绿灯和白灯同时点亮
11	车载信号机	列车司机驾驶室里	ATP速度码。 正线：74/73、74/58、59/37、38/0、0/0。 站台：59/58。 道岔区段：38/37、38/27、28/27、28/0		以车载信号为主体信号

2. 手信号的显示内容及含义

手信号是现场广泛采用的一种视觉信号，用以指示列车运行、调车作业和联系传达行车有关事项用的灯（旗）语，一般昼间地面用旗语，夜间车站用灯语。

(1) 列车手信号。

①停车信号：红色灯光（无红色灯光时，用白色灯光急剧地上下摇动）。

②减速信号：黄色灯光（无黄色灯光时，用白色灯光或绿色灯光下压数次）。

③发车信号：绿色灯光上弧线向列车方向做圆形转动。

④通过信号:绿色灯光。
⑤临时停车信号:红色灯光高举过头,左右摇动。
⑥引导手信号:黄色灯光高举过头,左右摇动。
⑦道岔开通信号:白色灯光高举过头。

(2) 调车手信号。

①停车信号:红色灯光。
②减速信号:绿色灯光下压数次。
③指挥机车、车辆向显示人方向来的信号:绿色灯光在下部左右摇动。
④指挥机车、车辆向显示人方向稍行移动的信号:绿色灯光下压数次后,再左右稍动。
⑤指挥机车、车辆向显示人相反方向去的信号:绿色灯光上下摇动。
⑥接信号:红、绿色灯光交互显示数次,无绿色灯光时,红、白色灯光交互显示。
⑦道岔开通信号:白色灯光高举过头。

2.2 行车闭塞法

我国采用站间区间、所间区间或闭塞分区作为列车运行的空间间隔。通过相邻车站、线路所、闭塞分区的设备或人为控制,使列车与列车互相保持一定间隔,以保证列车安全运行的行车方法,称为行车闭塞法。

一、行车闭塞法概述

1. 闭塞区间的划分

区间与站内的划分,是行车组织工作的一项重要内容,是划定责任范围的依据。进入不同地段的列车必须取得相应的凭证或准许。

(1) 站间区间:车站与车站间。在单线上,以进站信号机柱的中心线为车站与区间的分界线。单线站间区间如图2-1所示。在双线或多线区间的各线上,分别以各线的进站信号机柱或站界标的中心线为车站与区间的分界线。双线站间区间如图2-2所示。

图 2-1 单线站间区间

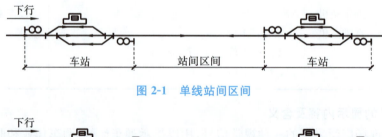

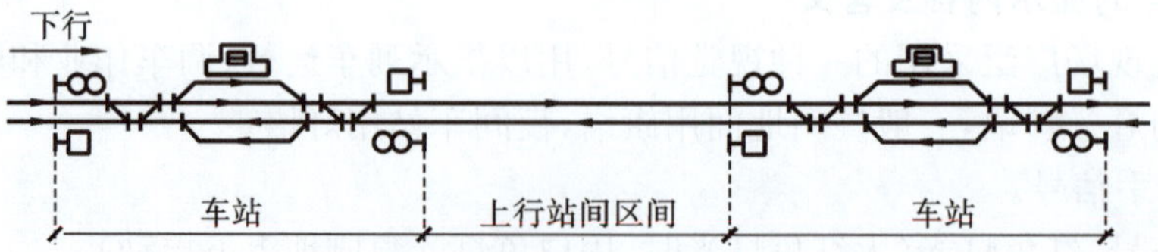

图 2-2 双线站间区间

（2）所间区间：两线路所间或线路所与车站间，以该线上的通过信号机柱的中心线为所间区间的分界线。设有进站信号机的线路所，所间区间的分界方法与站间区间相同。双线所间区间如图 2-3 所示。

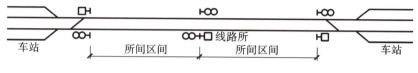

图 2-3　双线所间区间

（3）闭塞分区：自动闭塞区间同方向相邻的两架色灯信号机间，以该线上的通过信号机柱的中心线为闭塞分区的分界线。双线自动闭塞分区如图 2-4 所示。

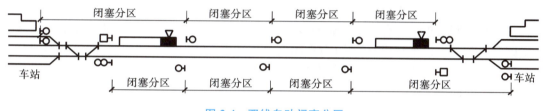

图 2-4　双线自动闭塞分区

2. 行车闭塞法的分类

行车闭塞法可分为基本闭塞法和代用闭塞法（电话闭塞法）。

（1）基本闭塞法。基本闭塞法包括自动闭塞、自动站间闭塞和半自动闭塞。各车站均须装设基本闭塞设备。

双线区段正方向应采用自动闭塞。较繁忙的双线区段，为减少人工操作、便于列车运行调整、确保反向列车运行安全，在反方向上应装设自动站间闭塞设备。运量小且增长速度较慢或受其他条件限制的双线区段，可采用自动站间闭塞或半自动闭塞。单线区段宜采用半自动闭塞，经过经济技术比较，运输繁忙时也可采用自动闭塞。在一个区段内，原则上应采用同一类型的闭塞方式。

（2）代用闭塞法（电话闭塞法）。当基本闭塞设备发生故障（如单线半自动闭塞出站信号机故障等）或因其他原因不能使用基本闭塞法时，为维持列车运行，应采用代用闭塞法（电话闭塞法）。

原则上不使用隔时续行办法，如必须使用时，由相关部门规定。所谓"必须使用时"，是指在有特殊情况需要连续放行大量同方向列车时使用，如军事运输、紧急的救灾运输、双线区间一切电话中断时的行车等。采用这种行车方法，应根据具体情况做好安全措施。

3. 区间状态

区间空闲、区间占用、区间封锁等统称为区间状态。

（1）区间空闲。区间未被轨道交通车辆占用，且相邻两站未办妥闭塞手续及出站调车手续时，称为区间空闲。

（2）区间占用。区间被轨道交通车辆占用，或相邻两站已办妥闭塞手续及出站调车手续时，称为区间占用。

（3）区间封锁。由于施工或区间发生事故等原因，根据调度命令，除指定列车外，禁止其他列车进入该区间，称为区间封锁。

4. 行车制度中的发车权

行车制度中的发车根据单线、双线的不同而有所区分。

(1) 单线区间。在单线区间,区间两端车站共同使用同一区间正线,必须在确认区间空闲的条件下,才能向区间发出列车。为确保发出列车安全,保证一个区间只有一个列车占用,发车站必须在确认区间空闲的条件下,收到邻站同意接车的通知,并办理规定的闭塞手续,得到发车权后,方可向区间发出列车。

(2) 双线区间。双线区间的行车,采用上下行列车分别固定在上下行线路上运行的办法。我国城市轨道交通采用左侧行车制。根据左侧行车的规定,出发列车在区间运行方向左侧线路上行驶,称为双线正方向运行;反之,在运行方向右侧线路上行驶,称为双线反方向运行。

① 正方向运行。由于双线区段的列车分别固定在不同的线路上运行,因此双线正方向运行的发车权归发车站所有。发车站只要在确认区间空闲(自动闭塞区段为规定的闭塞分区空闲),收到前次列车到达通知后(自动闭塞除外),不必征得接车站同意,即可发出双线正方向运行的列车。为使接车站做好接车准备,确保列车安全和高速的运行,要向接车站发出"预告"及开车时分。

② 反方向运行。双线反方向运行时,由于发车权为邻站所有,所以必须确认区间空闲,经列车调度员的命令准许改变该线路的原定运行方向。发车站与邻站办理规定的手续后,方可发出反方向运行的列车。

5. 行车凭证

行车凭证是指车站发给列车占用区间(闭塞分区)的许可。

(1) 行车凭证的分类。行车凭证有多种,按其使用时机可分为两大类。

① 基本凭证:按基本闭塞法行车时使用的凭证。自动闭塞基本凭证为开放的出站信号机及通过信号机显示的进行信号。半自动闭塞基本凭证为出站或线路通过信号机显示的进行信号。

② 书面凭证:在不能使用基本凭证的情况下所使用的行车凭证,如路票、绿色许可证、红色许可证、调度命令、车站值班员的命令等。

(2) 行车凭证的作用。全面了解行车凭证的作用是正确使用行车凭证的前提。行车凭证的作用主要有以下几点:

① 占用区间或闭塞分区的许可。这是凭证最主要的作用。

② 指示列车运行条件。有的指示列车运行方向,如出站信号机及进路表示器的显示、票上的反方向运行图章(两线或多线区间的线别章);有的指明运行速度、到达地点、时间,如向封锁区间开行路用列车的调度命令;有的预告前方闭塞分区空闲与否,如自动闭塞区段的出站信号机和通过信号机的显示,等等。

③ 提醒注意事项。如绿色许可证上的未设出站信号机的线路上发出列车,提醒司机发车线路是非到发线,应引起注意,适当掌握速度;红色许可证上提示前发列车是否到达前方站,提醒司机注意区间可能还未空闲,从而加强瞭望、掌握速度;调度命令指明路用列车到达前方站还是返回本站,提示司机注意在站界标处的引导手信号或反向进站信号机的显示。

二、闭塞制式的实现

闭塞就是用信号或凭证来保证列车按照空间间隔制运行的技术方法,空间间隔制就是前行列车和追踪列车之间必须保持一定距离的行车方法。从各种不同的角度看,闭塞可以有各种不同的分类,总体来说可分为站间闭塞和自动闭塞两大类。

1. 站间闭塞

站间闭塞就是两站间只能运行一列列车,列车的空间间隔为一个站间。按技术手段和闭塞实现方法,站间闭塞又可分为电话闭塞、路签闭塞、路牌闭塞、半自动闭塞、自动站间闭塞。

（1）电话闭塞。电话闭塞通常作为一种最终的备用闭塞。

（2）路签闭塞和路牌闭塞。路签闭塞和路牌闭塞在我国已经被淘汰。

（3）半自动闭塞。半自动闭塞就是人工办理闭塞手续,列车凭信号显示发车后,出站信号机自动关闭的闭塞方法。其特征为站间只准走行一列列车,人工办理闭塞手续,人工确认列车完整到达和人工恢复闭塞。

（4）自动站间闭塞。自动站间闭塞就是在有区间占用检查设备的条件下,自动办理闭塞手续,列车凭信号显示发车后,出站信号机自动关闭的闭塞方法。其特征为:有区间占用检查设备,站间区间只准运行一列列车,办理发车进路时自动办理闭塞手续,自动确认列车到达和自动恢复闭塞。

2. 自动闭塞

自动闭塞就是根据列车运行及有关闭塞分区状态自动变换信号显示,司机凭信号行车的闭塞方法。其特征为:把站间划分为若干闭塞分区,有分区占用检查设备,可以凭通过信号机的显示行车,也可凭机车信号或列车运行控制的车载信号行车,站间能实现列车追踪,办理发车进路时自动办理闭塞手续,自动变换信号显示。

从保证列车运行而采取的技术手段角度来看,自动闭塞可分为两大类:传统的自动闭塞和装备列车运行控制系统的自动闭塞。

（1）传统的自动闭塞。传统的自动闭塞属于固定闭塞的范畴,一般设地面通过信号机,装备有机车信号,保证列车按照空间间隔制运行的技术方法是用信号或凭证来实现的。传统的自动闭塞通常称为自动闭塞,因为要与装备列车运行控制系统的自动闭塞进行区分,故冠以"传统的自动闭塞"之称。目前,传统的自动闭塞一般用于列车最高运行速度在160 km/h 及以下的情况,可分为三显示自动闭塞、四显示自动闭塞和多信息自动闭塞3种。

（2）装备列车运行控制系统的自动闭塞。列车运行自动控制系统（以下简称列控系统）保证列车按照空间间隔制运行的技术方法是靠控制列车运行速度的方式来实现的。

从闭塞制式的角度来看,装备列车运行控制系统的自动闭塞可分为3类:固定闭塞、准移动闭塞（含虚拟闭塞）和移动闭塞。对于准移动闭塞,因它还不属于移动闭塞,所以有时仍把它归入固定闭塞。

①固定闭塞。列控系统采取分级速度控制模式时,采用固定闭塞方式。运行列车间的空间间隔是若干个闭塞分区,闭塞分区数依划分的速度级别而定。一般情况下,闭塞分区是用轨道电路或计轴装置来划分的,它具有列车定位和占用轨道的检查功能。固定闭塞的追踪目标点为前行列车所占用闭塞分区的始端,后行列车从最高速开始制动的计算点为要求开始减速的闭塞分区的始端,这两个点都是固定的,空间间隔的长度也是固定的,所以称为固定闭塞。

②准移动闭塞。准移动闭塞方式的列控系统采取目标距离控制（又称为连续式一次速

度控制)模式。目标距离控制模式根据目标距离、目标速度及列车本身的性能确定列车制动曲线,不设定每个闭塞分区速度等级,采用一次制动方式。准移动闭塞的追踪目标点是前行列车所占用闭塞分区的始端,当然会留有一定的安全距离,而后行列车从最高速开始制动的计算点是根据目标距离、目标速度及列车本身的性能决定的。目标点相对固定,在统一闭塞分区内不依前行列车的走行而变化,而制动的起始点是随线路参数和列车本身性能的不同而变化的。空间间隔的长度是不固定的,由于要与移动闭塞加以区别,因此称为准移动闭塞。

③虚拟闭塞。虚拟闭塞是准移动闭塞的一种特殊形式,它不设轨道占用检查设备,采取无线定位方式来实现列车定位和占用轨道的检查功能,闭塞分区是以计算机技术虚拟设定的,仅在系统逻辑上存在闭塞分区和信号机的概念。虚拟闭塞除闭塞分区和轨旁信号机是虚拟的以外,从操作到管理等,都等效于准移动闭塞方式。虚拟闭塞方式有条件将闭塞分区划分得很短,当短到一定程度时,其效率就接近于移动闭塞。

④移动闭塞。移动闭塞是全球铁路及轨道交通信号界公认的最先进的信号系统,国际上已有不少城市开始采用这种新技术对现有的城市轨道交通列车控制系统进行更新,我国武汉轨道交通 1 号线、广州地铁 3 号线等城市轨道交通线路也采用了移动闭塞。该技术的应用对保证行车安全、缩短列车运行间隔、提高线路通过能力等均可起到重要作用,也给运营部门带来了良好的经济效益和社会效益。因此,采用移动闭塞方式是城市轨道交通发展的一种趋势。

三、传统自动闭塞

1. 传统自动闭塞设备概况

传统自动闭塞是依靠运行中的列车自动完成闭塞作用的一种行车闭塞方法,它将两端车站的区间正线划分为若干个闭塞分区,每个闭塞分区的起点设置一个通过色灯信号机进行防护。由于每个闭塞分区都装设了轨道电路,因而能够准确反映列车的运行情况和钢轨的完善程度,并及时通过色灯信号机显示信号,向接近它的列车指示运行条件。因为出站信号机的关闭与通过色灯信号机的显示变化是随着列车的运行由列车自动控制的,不需要人工操纵(但出站信号机的开放一般仍由车站值班员在排列进路时完成,只有当连续放行通过列车时,才改由列车运行控制),所以称为自动闭塞。

下面以三显示自动闭塞区段为例,介绍传统自动闭塞设备概况,如图 2-5 所示。车站值班室设有操纵台面板,操纵台面板上装有各种表示灯、信号机复示器及操作按钮等设备。

可见,处在自动闭塞区段的车站,其控制台上除有站内线路、信号机的有关表示外,还有邻近车站的两个闭塞分区的占用情况表示,即第一、第二接近及第一、第二远离,以使车站值班员了解列车在邻近车站闭塞分区的运行情况。出站信号机的开放受第一、第二远离分区的空闲情况影响。根据列车性质和闭塞分区占用情况,控制出站信号机的开放。

2. 传统自动闭塞的作用原理

传统自动闭塞的作用原理如图 2-6 所示。

从图 2-6 可以看出,每一个闭塞分区构成一个独立的轨道电路。当分区内无列车占用时,轨道继电器有电吸起。当列车在闭塞分区 1G 内运行时,由于轨道继电器 1GJ 被列车的轮对短接,它的前接点断开,继电器接通后接点,使 1 号信号机显示红灯,表示该闭塞分区有

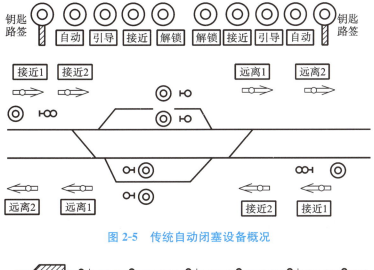

图 2-5 传统自动闭塞设备概况

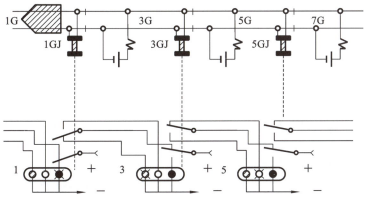

图 2-6 传统自动闭塞的作用原理

车占用。3G 分区内无车,轨道继电器 3GJ 有电吸起,又因轨道继电器 1GJ 接点落下,使 3GJ 前接点闭合而接通 3 号信号机的电路,使 3 号信号机亮黄灯,表示它所防护的闭塞分区空闲,要求后行列车注意运行,前方只有一个闭塞分区空闲。5 号通过信号机由于轨道继电器 5GJ 和 3GJ 都在吸起状态,通过轨道继电器 5GJ 和 3GJ 的前接点闭合绿灯电路而亮绿灯,准许后行列车按规定速度运行,前方至少有两个闭塞分区空闲,其余以此类推。当线路上的钢轨折断时,由于轨道电路断电,继电器失磁而释放衔铁,使信号机显示红灯,所以能更好地保证行车安全。

3. 传统自动闭塞法的类型

传统自动闭塞法分为三显示自动闭塞、四显示自动闭塞和多信息自动闭塞等。

(1) 三显示自动闭塞。

①红色灯光:前方闭塞分区有车占用,停车,不准越过信号机。

②黄色灯光:前方仅有一个闭塞分区空闲,减速通过。

③绿色灯光:前方至少有两个闭塞分区空闲,按规定速度通过。

三显示自动闭塞在绿色灯光条件下,至少有两个闭塞分区空闲,可供列车占用。因此,列车基本上是在绿色灯光或黄色灯光下运行的,可以保持较高速度运行或只需要短暂减速运行。

(2) 四显示自动闭塞。

①红色灯光:前方闭塞分区有车占用,停车,不准越过信号机。

②黄色灯光:前方仅有一个闭塞分区空闲,低速列车减速通过。

③黄绿色灯光:前方有两个闭塞分区空闲,高速列车减速通过。

④绿色灯光:前方至少有三个闭塞分区空闲,按规定速度通过。

四显示自动闭塞保证列车在绿色灯光条件下运行,可以充分提高列车运行速度,比较适合于较高速度的城市轨道交通系统。

三显示自动闭塞和四显示自动闭塞分别如图 2-7(a)、(b)所示。

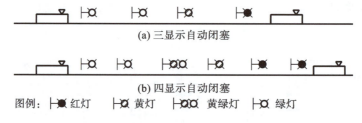

图 2-7 三显示自动闭塞和四显示自动闭塞

(3) 多信息自动闭塞。多信息自动闭塞也称为多显示自动闭塞,是四显示及以上自动闭塞的统称。多于四显示时,地面通过信号机往往不具备多显示的条件,而以机车信号显示为主。

4. 自动闭塞设备的使用与区间行车办法

(1) 自动闭塞设备的使用。在采用传统自动闭塞方式时,车站进站信号机和出站信号机的开放需车站值班员在控制台上操纵。

双线自动闭塞区段的车站发车时,车站值班员不需办理闭塞手续,在发车进路准备妥当后,从控制台上确认区间空闲符合发车条件时,即可开放出站信号机,办理发车。为使接车站做好接车准备,应向接车站通报列车车次、出发时刻及有关注意事项。

单线自动闭塞区段的车站发车时,发车站得到行车调度员准许后,按下发车按钮,该列车运行方向的发车表示灯及接车站的接车表示灯亮起,车站值班员即可开放出站信号机,办理发车,列车到达后,接车站的接车表示灯和发车站的发车表示灯均熄灭,表示区间空闲。

(2) 自动闭塞区间的行车办法。采用传统自动闭塞方式,列车进入闭塞区间的行车凭证为信号机显示的准许信号。

在三显示区段,列车进入闭塞分区的凭证为出站或通过信号机的黄色灯光或绿色灯光。为确保客运列车的安全,对于客运列车及跟随在客运列车后面通过的列车,只准在出站信号机显示绿色灯光的条件下从车站出发或通过。

三显示自动闭塞中,黄灯是注意信号,表示运行前方有一个闭塞分区空闲,一个闭塞分区的长度应能满足从规定速度到零的制动距离,可以越过黄灯后再开始制动。四显示自动闭塞中,黄绿灯是警惕信号,表示运行前方有两个闭塞分区空闲,两个闭塞分区的长度应能满足从规定速度到零的制动距离,也可以越过黄绿灯后再开始减速,黄灯是限速信号,列车越过黄灯时必须减速至规定的限速值,不然就难以保证在下一个红灯前可靠停车。

在四显示区段,列车进入闭塞分区的凭证为出站或通过信号机的黄色灯光、黄绿色灯光、绿色灯光。对于客运列车及跟随在客运列车后面通过的列车,进入闭塞分区的凭证为出站信号机的黄绿色灯光或绿色灯光,但特快列车由车站通过时的凭证为出站信号机的绿色灯光。

5. 自动闭塞区间列车运行间距与发车间隔时间

前后列车在区间内运行间距越大,区间通过能力越差,但运行安全程度越高,列车的运行速度也可发挥到最佳。同样,在自动闭塞区段,车站向区间按一定的间隔时间连续发车。发车间隔时间越长,线路通过能力就越差,但安全可靠性提高;发车间隔时间越短,则线路通过能力就越强。但必须保证续行列车与前行列车有安全的间隔距离,这个安全的间隔距离可以由自动闭塞的制式来决定。

四、移动闭塞

1. 移动闭塞的概念

移动闭塞(moving block,MB)是一种新型的闭塞制式,它不设固定闭塞区段,前后列车都采用移动式的定位方式。移动闭塞可解释为:列车安全追踪间隔距离不预先设定,而随列车的移动不断移动并变化的闭塞方式。

在城市轨道交通中,移动闭塞是一种采用先进的通信、计算机、控制技术相结合的列车控制系统,所以国际上习惯称其为基于通信的列车控制(communication based train control,CBTC)系统。

移动闭塞可借助感应环线或无线通信的方式实现。早期的移动闭塞系统大部分采用基于感应环线的技术,即通过在轨间布置感应环线来定位列车和实现车载计算机与控制中心之间的连续通信。现在大多数先进的移动闭塞系统都采用无线通信系统实现各子系统间的通信,构成基于无线通信技术的移动闭塞。

2. 移动闭塞与固定闭塞的区别

移动闭塞是基于区间闭塞原理而发展起来的一种新型闭塞技术。它根据列车实际运行速度、制动曲线和进路上列车的位置,动态计算相邻列车之间的安全距离。根据当前的运行速度,后续列车可以安全地接近前一列列车尾部最后一次被证实的位置,直至两者之间的距离不小于安全制动距离。由此可见,移动闭塞与固定闭塞相比,最显著的特点是取消了以信号机分隔的固定闭塞区间,列车运行时的最小间隔距离由列车在线路上的实际运行位置和运行状态确定,所以闭塞区间随着列车的行驶不断地向前移动和调整。在移动闭塞技术中,闭塞区间仅仅是保证列车安全运行的逻辑间隔,与实际线路并无物理上的对应关系。因此,移动闭塞在设计和实现上与固定闭塞有比较大的区别。移动闭塞一般采用无线通信和无线定位技术来实现。

传统信号系统的主要设计方法是基于轨道电路的列车定位,通过线路旁信号机的显示、车站发出停车信号向司机告警等来确保后续列车不能进入被前一列车所占用的闭塞区间,从而保证了一定的列车安全间隔。与此不同,移动闭塞系统独立于轨道电路,通过列车的精确定位来提高安全性和列车运行密度,通过车载设备和地面安全设备之间的快速、连续的双向数据通信实现对列车的控制。一套移动闭塞系统可允许多列列车同时占用同一闭塞分区,而此区间在固定闭塞的模式下只能被一列列车安全占用,从而提高发车间隔,增加乘客运能。在传统的固定闭塞制式下,系统无法知道列车在分区内的具体位置,因此列车制动的起点和终点总在某一分区的边界,为充分保证行车安全,必须在两列车间增加一个防护区段,这使得列车间的安全间隔较大,降低了线路的使用效率。

准移动闭塞在控制列车的安全间隔上比固定闭塞更进了一步。它采用报文式轨道电路,辅以环线或应答器来判断分区占用情况并传输信息,信息量大;告知后续列车继续前行的距离,后续列车可根据这一距离合理地采取减速或制动,列车制动的起点可延伸至保证其安全制动的地点,从而改善列车速度控制技术,缩小列车安全间隔,提高线路利用效率。但准移动闭塞中后续列车的最大目标制动点仍必须在先行列车占用分区之外,并没有完全突破轨道电路的限制。

3. 移动闭塞技术的原理

(1) 轨道交通信号和列车自动保护系统。在轮轨交通中,为保证列车运行安全,须确保列车以一定的安全间隔运行。早期,人们通常将线路划分为若干闭塞分区,以不同的信号表示该分区或前方分区是否被列车占用等状态,列车则根据信号显示运行。不论采取何种信号显示制式,列车间都必须有一定数量的空闲分区作为列车的安全间隔。

轨道交通的信号原理也基于此。但轨道交通由于其自身的特殊条件,对安全的要求更加严格,因此必须配备列车自动保护 ATP 系统。ATP 通过列车间的安全间隔、超速防护及车门控制来保证列车运行的安全畅通。在固定划分的闭塞分区中,每一个分区均有最大速度限制。若列车进入了某限速为零或被占用的分区,或者列车当前速度高于该分区限速,ATP 系统便会实施紧急制动。ATP 地面设备以一定间隔或连续地向列车传递速度控制信息,该信息至少包含两部分:分区最高限速和目标速度(下一分区的限速)。列车根据接收到的信息和车载信息等进行计算并进行合理动作。速度控制代码可通过轨道电路、轨间应答器、感应环线或无线通信等进行传输,不同的传递方式和介质也决定了不同列车控制系统的特点。为了保证行车安全,轨道交通 ATP 在两列车之间还增加了一个防护区段,即双红灯区段防护,如图 2-8 所示。后续列车必须停在第二个红灯的外方,保证两列车之间至少间隔一个固定闭塞分区。

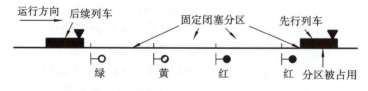

图 2-8 轨道交通 ATP 的双红灯区段防护

(2) 移动闭塞——基于通信的列车控制系统。移动闭塞技术在列车安全间隔的控制上更进了一步。通过车载设备和轨旁设备间不间断的双向通信,控制中心可以根据列车实时的速度和位置,动态计算列车的最大制动距离。列车的长度加上这一最大制动距离,再在列车后方加上一定的防护距离,便组成了一个与列车同步移动的虚拟分区,如图 2-9 所示。由于保证了列车前后的安全距离,两个相邻的移动闭塞分区就能以很小的间隔同时前进,这使得列车能以较高的速度和较小的间隔运行,从而提高运营效率。

移动闭塞的线路取消了物理层次上的分区,将线路分成了若干个通过数据库预先定义的线路单元,每个单元的长度在几米到十几米之间,移动闭塞分区便由一定数量的单元组

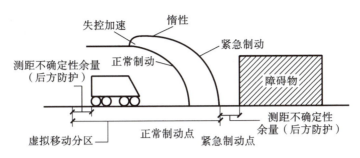

图 2-9　移动闭塞系统的安全行车间隔

成,单元的数目可随着列车速度和位置的变化而变化,分区的长度也是动态变化的。线路单元以数字地图的矢量表示。如图 2-10 所示,线路拓扑结构的示意图用一系列的节点和边线表示。任何轨道的分叉、汇合、走行方向的变更及线路的尽头等位置均由节点(node)表示,任何连接两个节点的线路称为边线。每一条边线有一个从起始节点至终止节点的默认运行方向。一条边线上的任何一点均由它与起点的距离表示,称为偏移。因此,所有线路上的位置均可由矢量(边线,偏移)来定义,且标识是唯一的。

边线 e_7 连接节点 n_5 和 n_6,默认方向为从 n_6 到 n_5 方向;节点 n_5 与边线 e_7、e_8 和 e_{11} 相连。

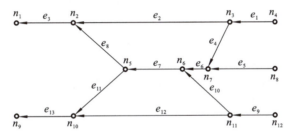

图 2-10　线路拓扑结构的示意图

移动闭塞系统中列车和轨旁设备必须保持连续的双向通信。列车不间断地向轨旁控制器传输其标识、位置、方向和速度,轨旁控制器根据来自列车的信息计算和确定列车的安全行车间隔,并将相关信息(如先行列车位置、移动授权等)传递给列车,控制列车运行。

早期的移动闭塞系统通过在轨间布置感应环线来定位列车和实现车载控制器(vehicle on-board controller,VOBC)与列车控制中心(vehicle control center,VCC)之间的连续通信。现今,大多数先进的移动闭塞系统已采用无线通信系统来实现各子系统间的通信。在采用轨旁基站的无线通信系统中,系统一般考虑以 100% 的无线信号冗余率进行基站布置,以消除在某个基站故障时可能出现的信号盲区。

4. 移动闭塞技术的基本要素

在移动闭塞技术中,闭塞分区仅仅是保证列车安全运行的逻辑间隔,与实际线路并无物理上的对应关系,因此,移动闭塞在设计和实现上与固定闭塞有比较大的区别。其中列车定位、安全距离和目标点是移动闭塞技术中最重要的 3 个概念,可以作为移动闭塞的 3 个基本要素。

(1) 列车定位。列车定位是移动闭塞技术的基础,要实现闭塞区间的动态移动,首先必须实时、准确地掌握列车的位置信息,确定列车间的相对距离,以便系统不断地将该距离与所要求的运行间隔距离进行比较,确定列车的安全运行速度。所以说,没有准确的列车定位,就没有移动闭塞。列车定位由地面设备和车载设备共同完成,在列车的轮轴上安装有车轮转速计,以确定列车的运行方向和走行距离。列车运行的起始点确定以后,根据车轮转速计所检测到的列车运行方向和走行距离,就可以精确地确定列车在线路上的实际位置。但是,车载定位设备存在着测量误差,特别是列车经过长距离运行后,这个误差会不断累积,直接影响列车定位的精度。所以,在线路上每隔一定的距离,就需要安装一个地面定位设备。当列车经过这些地面定位设备时,由车载传感设备检测到该定位点,获知列车的确切位置,从而消除车载定位设备所产生的累积定位误差。在基于环线通信的移动闭塞系统中,感应环线每 25 m 交叉一次。列车通过环线交叉点时可以检测到交叉点前后环线的信号相位发生了变化,从而判定列车经过该交叉点。由于感应环线交叉点之间的跨度是固定的,所以列车每经过一个环线交叉点,就可以修正一次车轮转速计的测量误差,从而达到准确定位列车的目的。

(2) 安全距离。安全距离是基于列车安全制动模型计算得到的一个附加距离,它保证追踪列车在最不利条件下能够安全地停止在前行列车的后方,不发生冲撞。所以,安全距离是移动闭塞系统的关键,是整个系统设计的理论基础和安全依据。

如图 2-11 所示,假定追踪列车 T_1 在 A 点以线路允许的最高速度运行。此时,前方列车 T_2 处于 E 点,正常情况下,追踪列车开始进行常用制动,沿制动曲线 d 停止在 B 点。但是如果此时追踪列车 T_1 发生故障,没有开始制动,反而以最大加速度加速,直至车载控制器检测到列车速度超出了容许范围,如曲线段 a 之后,车载控制器就会启动列车紧急制动系统。在紧急制动力生效前,列车又沿曲线 b 运行了一段距离。然后制动力生效,列车沿曲线 c 紧急制动并停止在 C 点。考虑到列车的定位误差、速度测量误差等不确定因素,列车停止的实际位置也有可能是 E 点,因此将 BE 之间的这段距离称为安全距离。

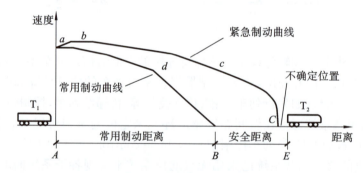

图 2-11 安全距离示意

可以看出,安全距离是附加在列车常用制动距离上的一段安全富余量。列车行驶过程中,追踪列车和前行车始终保持 1 个常用制动距离再加上 1 个安全距离的移动闭塞间隔,确保在最不利条件下追踪列车和前行列车不发生碰撞。安全距离与线路状况、列车性能等因素有关。在系统设计阶段,通常规定了系统能使用的最小安全距离,同时在满足运营时间间隔的前提下,采用比理论计算值大的安全距离,以提高系统运行的安全性。

(3) 目标点。目标点是列车移动的凭证,如同固定闭塞系统中的允许信号,列车只有获得了目标点,才能够向前移动。目标点通常是设在列车前方一定距离的某个位置点,目标点一旦设定,即表明列车可以安全运行至该点,但不能超过该点。移动闭塞系统正是通过不断前移列车的目标点,引导列车在线路上安全运行的。

如图 2-12 所示，假如列车 T_1、T_2 运行在线路无岔区段上，那么追踪列车 T_1 的最远目标点可以设定在距离前行列车 T_2 尾部 1 个安全距离的地方。若前方列车停车，那么追踪列车的目标点 TPa 将停止在该点上。当列车 T_1 运行至距目标点 1 个常用制动距离时，若开始制动，可保证列车停止在目标点后方。如果前行列车 T_2 继续向前行驶，则追踪列车 T_1 的目标点 TPa 也向前不断移动，从而在列车 T_1、T_2 之间形成一个移动的闭塞区间。

对于道岔区段，目标点的确定如图 2-13 所示。当列车 T_1 需要通过道岔 SW 时，若该道岔没有锁闭在规定位置，列车的目标点将停止在道岔前方 1 个安全距离的位置，如 TPb。待道岔转换并锁闭到规定位置后，目标点就可以越过道岔区域，移至道岔后方的 TPc 点，列车得到该目标点后才可以通过道岔 SW，实现列车运行与道岔间的联锁，保证列车在道岔区域内的安全行驶。

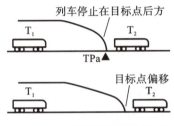

图 2-12　无岔区段目标点确定

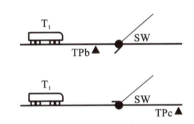

图 2-13　道岔区段目标点确定

5. 移动闭塞系统的主要运行模式及行车方法

国内城市轨道交通行业主要采用的是 SelTrac MB 移动闭塞系统，它可以提供两种主要运行模式，即列车自动控制（ATC）模式和后退模式。

（1）列车自动控制模式。ATC 模式下，系统根据 SelTrac 移动闭塞原理自动地控制列车，减少司机的干预。该模式是 ATC 系统和列车运营服务的常用工作模式。

正常运营条件下，列车的运行由列车控制中心进行控制，列车在 ATC 系统的控制下自动地在整个线路上运行，司机仅对运行进行监视。ATC 系统将在车场边界转换轨处进行列车自检，并在自检成功后将列车自动投入到正线运营当中。退出运营的列车将自动返回到车场边界转换轨，车场的列车自动监控子系统 ATS 从这里控制列车进入车场。

①信息传输路径。ATC 模式下的信息传输路径（即基于电缆环线传输方式的移动闭塞）如图 2-14 所示。

②进路与道岔控制。ATC 模式下，VCC 负责列车的安全间隔和运行（安全运行还包括对道岔的操作），VCC 按照系统管理中心（system management centre，SMC）中执行的时刻表（或运行线）正确排列进路。

当列车按所分配的进路前进时，VCC 将在列车前方预留相应的轨道及道岔，并在允许列车通过之前命令系统资源控制器（system resource controller，SRC）转换道岔到所需位置。当 VCC 确认列车已从相关轨道及道岔出清，预留取消。

一旦中心调度员在中心控制室的 VCC 终端上设置了人工进路预留道岔命令或者调度员人工单独预留道岔命令，系统就不会自动转换道岔。

③信号显示与计轴状态。ATC 模式下，信号机显示蓝色以提醒司机信号机防护区域是"自动"区域，人工列车（限制人工）禁止通过。ATC 模式下，ATC 系统不会在信号机上显示其他灯光。

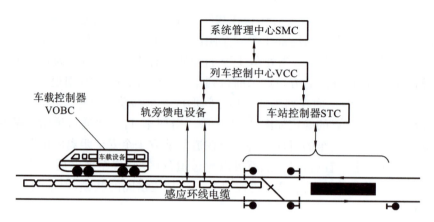

图 2-14　基于电缆环线传输方式的移动闭塞

计轴器在 ATC 模式下仍然保持工作状态,但其检测的列车定位信息将不返回给 VCC,即计轴器不参与 ATC 模式下的联锁逻辑。

④运行方式。列车可在 ATO 驾驶模式、人工保护驾驶模式及无人驾驶模式下运行。ATC 模式下,按下站台紧急停车按钮及中央紧急停车按钮时,VCC 对其进行响应。

ATC 系统有能力使列车在线路的任何区域上双向运行。双向运行可以有效应对线路任何部分由于特殊原因(如轨道阻塞)而采取的自动变更运行。与正向运行一样,反向运行时信号系统提供 ATP、ATO 及 ATS 功能。

(2) 后退模式。后退模式可以采用列车人工驾驶(限制人工或非限制人工)运行,是考虑到 ATC 系统设备故障,或没有配备 ATC 设备的列车要在正线线路上运行而设计的。

当 VCC 发生严重故障、感应环线发生故障或者车载控制器 VOBC 发生故障时,后退模式可以提供一种降级服务。此时,列车采用人工驾驶,按照轨旁信号机显示运行。

后退模式根据移动闭塞系统的故障影响分为全人工后退模式和局部后退模式。全人工后退模式是指单个或全部的车站控制器(station controller,STC)将不受 VCC 控制,该 STC 控制下的所有正线区域均以自动闭塞方式运营;局部后退模式则是指 STC 控制的个别信号机防护的区段以自动闭塞方式运营,其余区域仍以移动闭塞方式运营。

①后退模式的特点。后退模式下的行车是单方向的,用于使无通信列车进入固定闭塞模式下运营,在确保安全的前提下,达到一定的运输能力。系统中的 STC 设备可以为其控制区域内的列车提供地面信号,以保证列车安全运行。

进路是由中央调度员或车站值班员采取人工进路的方式设置的,并将进路上有关道岔安设到要求的位置。

②后退模式的功能。在后退模式下,轨旁信号机平时点亮红灯,在人工办理了进路、联锁条件满足的情况下开放允许信号,在禁止信号不能点亮红灯的情况下不能开放任何允许信号。

在后退模式下,STC 根据区段占用状态和道岔位置等联锁条件来设置信号机的显示。因此,一旦调度员设置了人工进路,当列车占用了该进路计轴区段时,防护该进路的信号机将显示红灯。当列车出清该占用区段后,如果所有的道岔都处在正常进路所要求的正确位置,则该区段信号机自动开放,显示绿灯;如果所有的道岔都处在变更进路所要求的正确位置,则该区段信号机自动显示黄灯。当道岔处于锁闭状态时,信号机才能显示开放的信号

(绿灯或黄灯)。

STC 根据系统管理中心 SMC(或处于局部后退模式的 VCC)的指令或 SMC 本地工作站控制指令转动道岔,并依据联锁条件将信号机设置为红灯后,命令道岔开始转动。当道岔转到规定位置并锁闭后,STC 检查所有的联锁条件,上述条件均符合时就将信号机设置为允许灯光显示。

如果 STC 收到道岔转换指令时接近计轴区段有车且道岔区段空闲,STC 则将信号机设置为红灯后 60 s 计时;一旦时间计完,若道岔区段无车,则 STC 开始转动道岔,使其转到规定的位置。

③后退模式的转换。后退模式与自动模式的相互转换时机取决于中央调度员,而时间长短主要取决于司机、调度员及系统中正在运行的列车数量。

当 VCC 发生故障时,中央调度员开始干预,系统将在大约 60 s 内从自动模式转入全人工后退模式。

只有所有的人工预留进路均已取消,所有线路上正在以人工模式运行的列车都重新进入自动模式,并且中央调度员进行干预,系统才能启用全自动运行模式,否则系统将维持原有的局部人工运行模式或全人工运行模式。

6. 移动闭塞系统的组成和特点

(1) 移动闭塞系统的组成。移动闭塞系统主要包括无线数据通信网络、车载设备、区域控制器和控制中心等。图 2-15 是典型的 CBTC 系统结构框图。地面设备和车载设备通过数据通信网络连接起来,构成系统的核心。

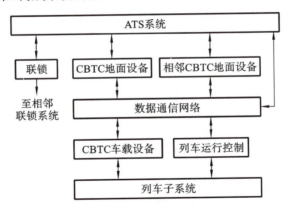

图 2-15 典型的 CBTC 系统结构框图

无线数据通信是移动闭塞实现的基础。通过可靠的无线数据通信网,列车将位置、车次、列车长度、实际速度、制动潜能和运行状况等信息发送给区域控制器;区域控制器追踪列车并通过无线传输方式向列车发送移动授权。车载设备包括无线电台、车载计算机和其他设备(如传感器、查询器等)。列车将采集到的数据(如机车信息、车辆信息、现场状况和位置信息等)通过无线数据通信网发送给区域控制器,以协助完成运行决策;同时对接收到的命令进行确认并执行。

SelTrac 列车自动控制系统是阿尔卡特(Alcatel)公司研制的一套基于通信的列车自动控制系统,它采用移动闭塞原理,以电缆环线作为车-地双向信息传输方式,集 ATP、ATS、ATO 于一身,实现对列车运行安全的保证。

典型的 SelTrac MB 移动闭塞系统主要由 3 个控制层次共 5 个子系统构成。

①管理层。管理层由系统管理中心 SMC 子系统构成，主要实现 ATS 功能，对列车进行自动监督并实现调度管理。

②操作层。操作层由列车控制中心 VCC 子系统构成，负责计算列车的安全运行间隔。操作层综合来自车载控制器 VOBC 的列车位置、速度、运行方向信息和来自车站控制器 STC 的轨旁设备（如道岔等）的状态信息，实现列车运行和轨旁设备的联锁，达到在移动闭塞运行方式下控制列车安全运行的目的。

③执行层。执行层由车站控制器、车载控制器和感应环线 3 个子系统构成，负责解释并执行列车控制中心发来的控制命令，并向列车控制中心报告所辖设备的状态信息。其中，车站控制器负责对轨旁设备（如道岔、计轴器、站台发车表示器、站台屏蔽门等）的控制和信息采集；车载控制器则对列车进行控制并反馈列车的状态信息；而感应环线是列车和列车控制中心间通信的传输介质，同时系统利用环线电缆、环线电缆交叉及车载控制器中的转速计实现对列车的定位。

（2）移动闭塞系统的特点。移动闭塞具有以下特点：

①线路没有固定划分的闭塞分区，列车间隔是动态的，并随前一列车的移动而移动。

②列车间隔是按后续列车在当前速度下所需的制动距离加上安全余量计算并控制的，这样可确保不追尾。

③制动的起点和终点是动态的，轨旁设备的数量与列车运行间隔关系不大。

④可实现较小的列车运行间隔。

⑤采用车-地双向数据传输，信息量大，易于实现无人驾驶。

五、电话闭塞

1. 电话闭塞的特点

电话闭塞是当基本闭塞设备发生故障不能使用，或闭塞设备不能满足运行列车的要求（如在未设双向闭塞设备的双线区段反方向运行，半自动闭塞区段发出由区间返回的列车等）时，由两车站（线路所）的车站值班员利用站间行车电话，以电话记录的方式办理闭塞的方法，是一种代用闭塞法。

（1）不论单线或双线，电话闭塞均按站间区间办理。由于电话闭塞没有机械、电气设备的控制，只靠制度加以约束，出站信号机不能开放，所以办理闭塞手续时必须严格按规定执行。一般情况下，除需填写行车凭证外，接发列车进路也失去了联锁，除人工确认发车进路正确外，还要按规定加锁，给车站的行车工作在安全和效率方面带来了巨大影响。为保证同一区间、同一线路在同一时间内不误用两种闭塞法，在停用基本闭塞而改用电话闭塞或恢复基本闭塞时，均须按照列车调度员的调度命令办理。在列车调度员电话不通，得不到调度命令的情况下，应由该区间两端站的车站值班员确认区间空闲后，以电话记录办理。

（2）确认区间空闲是改变行车闭塞法最基本的前提。无论是列车调度员，还是区间两端站的车站值班员，在办理停用基本闭塞而改用电话闭塞或恢复基本闭塞时，都要确认区间空闲，以避免一个区间放入两个列车。

2. 采用电话闭塞的几种情况

（1）基本闭塞设备发生故障时。

①自动闭塞设备发生故障或停电,包括区间内有两架及以上通过信号机发生故障或灯光熄灭。在这种情况下,列车虽然可按自动闭塞区间通过色灯信号机关闭的特定行车办法运行,但列车在区间内一停再停和减速运行,势必严重影响运输效率和运行安全。因此遇到此种情况,也视为基本闭塞设备发生故障。

②半自动闭塞设备发生故障。半自动闭塞设备发生故障包括轨道电路发生故障、出站信号机发生故障或灭灯、闭塞表示灯错误显示、双方表示灯显示不一致等情况。

(2) 区间返回列车时。

此种情况包括发出挂有由区间返回的后部补机的列车或自动闭塞区间发出由区间返回的列车。发出挂有由区间返回的后部补机的列车时,由区间返回的后部补机无返回的凭证,同时基本闭塞设备无法保证后部补机由区间返回发车站前,不能向该区间发出列车。自动闭塞区间发出由区间返回的列车时,基本闭塞设备无法保证发车站在列车未返回到车站之前,不能向该区间发出列车。

(3) 无双向闭塞设备的双线区间反方向行车或改按单线行车。

①当双线区间正线无反向闭塞设备、反方向行车时,只能改用电话闭塞。

②当双线区间的一条线路因施工或其他原因封锁,另一条线路改按单线行车时,虽正线正方向的闭塞设备能使用,但由于该线路正方向与反方向运行的列车采用不同的闭塞方法,办理上容易出现错误,而引发事故。因此,该线路应改按单线行车,上、下行列车均须改用电话闭塞。

③采用反方向行车办法时,须有反方向行车调度命令。

(4) 半自动闭塞的特殊情况。

①发出需由区间返回的列车。发出需由区间返回的列车,只能压上发车站的轨道电路,不能压上接车站的轨道电路,列车返回车站后闭塞机不能正常复原。因此不论车站是否设有钥匙路签,均须改用电话闭塞法。这一点使半自动闭塞法和其他基本闭塞法有本质区别。

②由未设出站信号机的线路上发车。此时该列车无法取得半自动闭塞的凭证。

③超长列车头部越过出站信号机并压上出站方向轨道电路。此时,出站信号机不能开放。

(5) 自动闭塞和半自动闭塞区间的特殊情况。

自动闭塞、半自动闭塞区间在夜间或遇降雾、暴风雨雪天气,为消除线路故障或执行特殊任务而开行轻型车辆时,正常情况下,在设有轨道电路的线路或道岔上运行的轻型车辆要求装有绝缘车轴,以不影响闭塞和接发车。当轻型车辆按列车办理,在上述装有闭塞设备的区间运行时,由于绝缘车轴使得轨道电路不起作用,从而不能保证轻型车辆的运行安全,因此需改用电话闭塞。

3. 电话闭塞法的行车凭证

采用电话闭塞法行车时,不论单线或双线,列车都以路票作为占用闭塞区间的凭证,一个闭塞分区内只允许有一列列车运行。闭塞区间内列车凭路票采用不受限制的人工驾驶(unrestricted manual,URM)模式行驶。列车反向运行时,车站应在路票左上角加盖"反方向运行"专用章,非固定股道接车、折返应写明接车股道。路票的样式如图 2-16 所示。

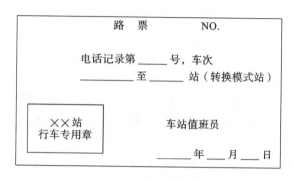

图 2-16　路票的样式

2.3　联锁及联锁设备

城市轨道交通车站大多数仅有列车到达、列车停靠、乘客上下、列车出发等作业,没有调车作业。因而,在车站线路设置方面也较简单,仅需两条运行线,无须配备其他线路。但在部分需要折返作业的车站(如终点站、区间站等),或需要进行其他调车作业的车站(如配置出入车辆基地线路的车站、联络线出岔处设有渡线可供转线的车站等),以及在车辆基地、材料厂等需要调车作业的部门则设有较多的线路。为了保证列车运行和调车作业的安全,不致发生冲撞、追尾等,轨道交通系统采用联锁保护的办法来进行保障。

一、联锁和进路

1. 联锁

(1) 联锁的定义。在轨道交通运输中,为了确保列车运行和调车作业的安全,需要使进路、道岔和信号机之间建立一定的关系,达到相互制约的作用,用来保障行车安全,维持正常的运行秩序。我们把进路、道岔、信号机三者之间的相互制约、相互检查、相互依存的关系称为联锁或联锁关系。

(2) 联锁关系的基本条件。在联锁关系中,需要了解以下几个条件:

①进路不对或敌对信号机没有关闭,有关信号机就不能开放。

②进路上的信号机一旦开放,显示进行信号,进路就被锁闭,进路上所有有关道岔就不能被扳动,敌对信号机就不能开放。

③当进路上有停留的列车(车辆)时,列车进路就无法开放,包括不能扳动道岔和开放防护信号机的进行信号。

2. 进路

进路是指列车在车站内(或车辆基地等部门)运行的路径,进路的划分原则如下:

(1) 进路的始端一般是信号机。

(2) 进路包括信号机所防护的轨道区段和道岔。

(3) 一架信号机可作为几条进路的始端。

(4) 进路的终端可以是信号机、站界标及警冲标、股道终端。

列车进路是指列车在车站到达、出发、通过的作业进路;调车进路是指列车调车作业通过的进路;敌对进路是指两条或两条以上的进路有一部分重叠或交叉,有可能产生冲突的进路。

二、联锁的原理

联锁是通过技术方法,使信号机、道岔和进路必须按照一定程序并满足一定条件时,才能动作或建立起来的相互关系。也就是说,为了保证列车行车安全,必须制定一系列的联锁规则,以制约信号的开放与关闭、道岔转动和进路的建立,必须以技术手段来实现这些联锁规则。联锁系统以电气设备或电子设备实现联锁功能,以信号机、动力转辙机和轨道电路这室外三大件来体现联锁功能。

根据系统内各设备在功能上的分工和所在的位置,联锁系统可分解成联锁机构(联锁层)、人-机会话层和监控层,如图 2-17 所示。联锁机构、监控层都必须符合故障-安全原则,其设备设在车站信号楼的机械室内;人-机会话层设在车站值班室。

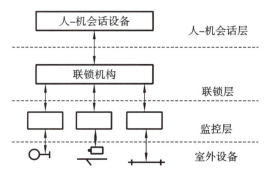

图 2-17　联锁系统层级

(1) 联锁机构。联锁机构是联锁系统的核心,它除了接收来自人-机会话层的控制信息外,还接收来自监控层所反映的室外信号机、转辙机和轨道电路的状态信息,并根据联锁条件,对这些控制信息和状态信息进行处理,产生相应的信号控制命令和道岔控制命令。

(2) 人-机会话层。人-机会话层的主要功能是操作人员在该层向联锁机构输入操作信息,接收联锁机构反馈的设备状态信息和行车作业情况。

(3) 监控层。监控层的主要功能是接收联锁机构的控制命令,通过信号控制电路来改变信号机显示;接收联锁机构的道岔控制命令,驱动道岔转换;向联锁机构反馈信号机状态信息、道岔状态信息和轨道电路状态信息。

三、联锁设备的功能和要求

1. 联锁设备的功能

控制车站的进路、道岔和信号机,并实现它们之间联锁关系的设备称为联锁设备。

联锁设备应能响应来自 ATS 的命令,在满足安全要求的前提下,控制进路、道岔和信号机,并将进路、轨道电路、道岔及信号机的状态信息提供给 ATS 和 ATP/ATO。联锁设备有以下功能:

(1) 联锁逻辑运算。接收 ATS 或车站值班员的控制命令,进行联锁逻辑运算,实现对道岔和信号机的控制。

(2) 轨道电路处理。接收并处理轨道区段的"空闲、占用"状态信息,并把该状态信息转发给其他相关设备。

(3) 进路控制。排列进路、锁闭进路和解锁进路。

(4) 道岔控制。监测道岔状态,解锁、转换和锁闭道岔。

(5) 信号机控制。监视轨旁信号状态,并依据进路、轨道区段、道岔和其他轨旁信号状态自动给出允许或禁止信号。

2. 联锁设备的要求

联锁设备应符合以下规定:

(1) 确保进路上进路、道岔和信号机的联锁,当联锁条件不符时,禁止开通进路。敌对进路必须相互照查,不得同时开通。

(2) 装设引导信号的信号机因故不能开放时,应通过引导信号实现引导接车。

(3) 应能办理列车、调车进路,并根据需要设置相应的防护进路。

(4) 联锁设备宜采用进路式操纵。根据需要,联锁设备可实现车站有关进路、端站折返进路的自动排列。

(5) 进路解锁宜采用分段解锁。锁闭的进路应能随列车的正常运行自动解锁,以及可以人工办理取消进路和限时解锁,并应防止错误解锁,限时解锁时间须确保行车安全。

(6) 联锁道岔应能实现单独操纵和进路式操纵。影响行车效率的联动道岔宜采用同时启动方式。

(7) 车站站台及车站控制室应设站台紧急关闭按钮。站台紧急关闭按钮电路应符合故障-安全原则。

(8) 联锁设备宜选用控制台操作。控制台上应设有意义明确的各种标志,用以监督线路及道岔区段占用、进路锁闭及开通、信号开放和挤岔、遥控和站控等。

(9) 车站联锁的控制内容应包括列车进路、引导进路、进路的解锁和取消、信号机的关闭和开放、道岔的操纵及锁闭、区间临时限速、扣车和取消、遥控和站控、站台紧急关闭和取消。

四、联锁系统控制

联锁的目的就是防护进路,其主要工作为进路建立和进路解锁。

1. 进路建立

进路建立是指从开始办理进路到防护该进路的信号机开放的这一阶段。进路建立的过程可分为以下5个阶段:

(1) 办理进路。采用双按钮进路式选路法,操作人员按压进路的始、终端按钮以确定进路的范围、方向(接车方向还是发车方向)和性质(列车进路还是调车进路)。

(2) 选出进路。根据已确定的进路范围自动选出与进路有关的信号机、道岔和轨道电路,检查并确定其是否符合进路开通的条件。

(3) 转换道岔。道岔控制电路动作将选出的道岔转换到规定位置。

(4) 锁闭进路。道岔转换完毕后,需锁闭道岔和敌对进路,以确保行车安全。进路锁闭后,从防护该进路的信号机至进路的终端在控制台上显示白光带。在集中联锁的道岔区段,进路锁闭的实质是由构成该进路的各轨道区段的锁闭构成的。

(5) 开放信号。满足以上条件后,信号机自动给出允许显示,指示列车或车列驶入进路。

2. 进路解锁

进路解锁是指从列车或车列驶入信号机内方到出清进路中全部轨道区段为止的这一阶段,或者指操作人员解除已建进路的阶段。进路解锁即解除对道岔的锁闭和对敌对进路的锁闭。

可根据列车或车列是否驶入进路为分界,根据解锁条件和时机的不同,将进路解锁分为取消进路、人工解锁、正常解锁、中途折返解锁及故障解锁。无论何种解锁,都必须先关闭信号,后解锁进路。

(1) 相关概念。一般将信号机外方的一段或几段轨道电路区段称为接近区段,接近区段的长度是由列车或车列的运行速度决定的。信号开放后,根据接近区段是否有车占用,进路锁闭分为预先锁闭和接近锁闭。信号开放后,接近区段无车占用时的进路锁闭称为预先锁闭,接近区段有车占用时的进路锁闭称为接近锁闭。进路锁闭的方式不同,办理解锁的手续也不同。

(2) 列车或车列未驶入进路的解锁方式。

①取消进路。进路锁闭后,信号由于某种原因没有开放,或者进路处于预先锁闭时,操作人员将办理取消手续解锁进路。

②人工解锁。信号开放后,进路处于接近锁闭时,操作人员根据需要办理人工解锁手续,进路需经过 30 s 或 3 min 的延时才能解锁。延迟时间是从信号关闭时算起,设置延时解锁是为了防止解锁原有进路改为其他进路时,处于接近区段的列车或车列可能由于停车不及时冒进信号而压上正在转换的道岔。延时能够确保列车或调车机车有足够的停车时间。对于接车进路和正线发车进路规定延时 3 min,对于侧线发车进路和调车进路规定延时 30 s。在城市轨道交通中,由于列车的行驶速度较慢,延时一般采用 30 s 或 1 min。

(3) 列车或车列驶入进路的解锁方式。

①正常解锁。正常解锁也称为逐段解锁,即列车或车列按顺序占用和出清进路的各轨道区段后,进路上的轨道区段自始端至终端自动解锁,一般采用三点检查法,如图2-18所示。当满足以下条件时 b 区段自动解锁:

a. 前一轨道区段 a 和本轨道区段 b 同时被占用。

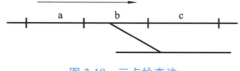

图 2-18　三点检查法

b. 前一轨道区段 a 出清并解锁。

c. 本轨道区段 b 和下一轨道区段 c 同时被占用。

d. 本轨道区段 b 出清且后一轨道区段 c 被占用。

逐段解锁形式有利于提高线路的利用率。

②中途折返解锁。在折返作业时,列车或车列未压上或部分压上的轨道区段能够随着列车或车列的折返而自动解锁。

③故障解锁。随着列车或车列通过进路,各道岔区段应按正常解锁方式自动解锁,然而由于轨道电路故障,不能正常工作,破坏了三点检查自动解锁的条件,使得进路因故障不能自动解锁,此时需由操作人员介入,使进路解锁。故障解锁是一种以道岔区段为单位实施的解锁。

学习完本模块后,请根据自己的学习所得,结合表 2-2 进行打分评价。

表 2-2　模块 2 学习评价表

评价内容	评价方式			评价等级
	自评	小组评议	教师评议	
课前预习本模块相关知识、相关资料				A. 充分 B. 一般 C 不足
了解行车信号的概念,熟悉行车信号的分类				A. 充分 B. 一般 C. 不足
知道行车信号的基本要求				A. 充分 B. 一般 C. 不足
掌握行车信号机的类型和信号显示制度				A. 充分 B. 一般 C. 不足
掌握行车闭塞法的相关知识				A. 充分 B. 一般 C. 不足
熟悉联锁和进路,掌握联锁的原理				A. 充分 B. 一般 C. 不足
掌握联锁设备的功能和要求				A. 充分 B. 一般 C. 不足
参加教学中的讨论和练习,并积极完成相关任务				A. 充分 B. 一般 C. 不足
善于与同学合作				A. 充分 B. 一般 C. 不足
学习态度,完成作业情况				A. 充分 B. 一般 C. 不足
总评				

思考与练习

（1）什么是行车信号？
（2）行车信号有哪些类别？
（3）简述行车信号的基本要求。
（4）行车信号机有哪些类型？
（5）简述电话闭塞的含义。
（6）简述联锁的原理。

模块 3　车站行车组织

学习目标

(1) 了解城市轨道交通车站的概念，能识别不同的城市轨道交通车站。
(2) 知道城市轨道交通车站的组成。
(3) 熟悉城市轨道交通车站的行车设备。
(4) 熟悉城市轨道交通车站行车作业的基本要求。
(5) 掌握城市轨道交通车站的作业制度。
(6) 掌握接发列车作业。

学习重点

(1) 城市轨道交通车站的组成。
(2) 城市轨道交通车站的行车设备。
(3) 城市轨道交通车站的行车作业制度。

3.1 车站概述

城市轨道交通车站是客流的节点,是乘客出行的基地,乘客上下车、换乘等都是在车站进行的;城市轨道交通车站也是列车到发、通过、折返、临时停车的地点;城市轨道交通车站还是轨道交通线路的电气设备、信号设备、控制设备等集中的场所及运营、管理人员工作的场所。

一、车站的概念和分类

1. 城市轨道交通车站的概念

城市轨道交通车站是城市轨道交通路网中一种重要的建筑物,是供乘客乘降、换乘和候车的场所。车站应保证乘客能方便、安全、迅速地进出,并有良好的通风、照明、卫生、防火设备等,为乘客提供舒适、清洁的乘车环境。

2. 城市轨道交通车站的分类

城市轨道交通车站的分类方法有很多种,常见的有按运营特点、位置和站台形式进行分类。

(1) 按运营特点分类。按运营特点分类,城市轨道交通车站可分为中间站、区域站、换乘站、枢纽站、联运站和终点站。

①中间站。中间站仅供乘客上下车之用,功能单一,是城市轨道交通路网中数量最多的基本站型,如图3-1(a)所示。

②区域站。区域站又称为折返站,是设在线路中间供列车折返、开行区间列车的车站,如图3-1(b)所示。区域站兼有中间站的功能,站内有折返线和设备。

③换乘站。换乘站是在两条或两条以上城市轨道交通线路交叉点上设置的车站,如图3-1(c)所示。换乘站除了具有中间站的功能外,它还可以供乘客从一条线路上的车站通过换乘设施转换到另一条线路上的车站。

④枢纽站。枢纽站是由此站分出另一条线路的车站,它位于城市轨道交通线路分岔的地方,如图3-1(d)所示。该站可接送两条线路上的乘客。

⑤联运站。联运站内设有两种不同性质的列车线路,以进行联运及客流换乘,如图3-1(e)所示。联运站具有中间站和换乘站的双重功能。

⑥终点站。终点站是线路两端的端点车站,如图3-1(f)所示。终点站除了供乘客上下车外,还用于列车折返及停留。因此,终点站一般设有多股停车线,若线路需要延长,则终点站即变成中间站或区域站。

(2) 按位置分类。按车站所处位置分类,城市轨道交通车站可分为地下车站、地面车站和高架车站。

①地下车站。地下车站的线路位于地下隧道中,如图3-2所示。其优点是与地面交通完全分离,不占用城市地面和地上空间,基本不受地面气候的影响。其缺点是需要较大的投资,较高的施工技术,较先进的管理,较完善的环控、防灾措施与设备;运营成本较高;改造、调整与维护比较困难。

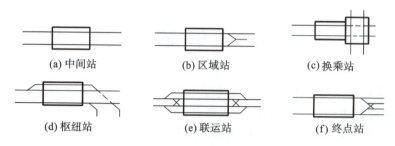

图 3-1　按运营特点划分城市轨道交通车站

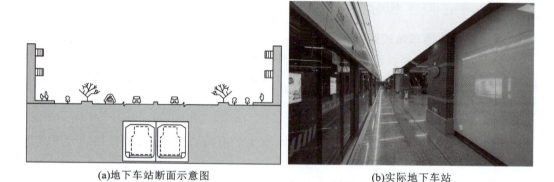

图 3-2　地下车站

②地面车站。地面车站一般采用独立路基的方式,以减少与地面道路交通的互相干扰,如图 3-3 所示。其优点是造价低,施工简便,运营成本低,线路调整与维护方便。其缺点是运营速度难以提高(有部分平交道口),占地较多,影响城市道路交通,容易受气候的影响,乘车环境难以改善,有噪声,影响景观,等等。

图 3-3　地面车站

③高架车站。高架车站设在高架工程结构物上,消除了与地面交通的相互干扰,如图 3-4 所示。高架车站的造价介于地下车站和地面车站之间,在施工、维护、管理、环控、防灾诸多方面都比地下线路方便;但要占用一定的城市用地,并有光照、景观、噪声等负效应,也会受到气候的影响。

(3) 按站台形式分类。按站台形式分类,城市轨道交通车站可分为岛式站台车站、侧式

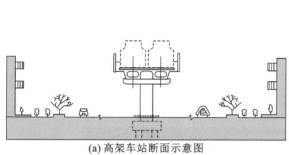
(a) 高架车站断面示意图

(b) 实际高架车站

图 3-4　高架车站

站台车站和岛、侧混合式站台车站。

具有岛式站台的车站称为岛式站台车站(简称岛式车站)，如图 3-5 所示。具有侧式站台的车站称为侧式站台车站(简称侧式车站)，如图 3-6 所示。具有岛、侧混合式站台形式的车站称为岛、侧混合式站台车站(简称岛、侧混合式车站)，如图 3-7 所示。大多数地下车站采用岛式站台，而高架线路车站多采用侧式站台。

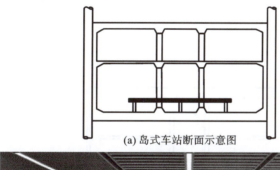
(a) 岛式车站断面示意图

(b) 实际岛式车站

图 3-5　岛式车站

二、车站的组成

城市轨道交通车站根据其功能要求一般由风亭、冷却塔、出入口、通道、站厅、站台等部分组成。

1. 风亭

风亭是为车站及隧道提供通风、换气的设施，当车站或隧道发生火灾时还能排烟。风亭按其功能的不同，可分为活塞风亭、进风亭和排风亭。风亭一般采用出地面的带盖风井构造，如图 3-8 所示。风亭的设计根据周边环境的条件许可采用独立式或合建式。

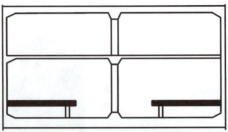

(a) 侧式车站断面示意图

(b) 实际侧式车站

图 3-6　侧式车站

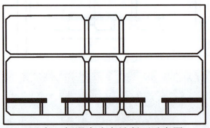

(a) 岛、侧混合式车站断面示意图

(b) 实际岛、侧混合式车站

图 3-7　岛、侧混合式车站

图 3-8 风亭

2. 冷却塔

冷却塔的主要功能是为车站的环境控制系统散热。冷却塔采用的也是出地面的结构，如图 3-9 所示。

图 3-9 冷却塔

3. 出入口

出入口用于吸引和疏解客流，其规模与出入口的总设计乘客流量有关。出入口一般布置在街道交叉口，以便能大范围地吸引和疏解客流，如图 3-10 所示。

图 3-10　出入口

4. 通道

城市轨道交通车站的出入口、站厅、站台之间以通道相连。通道由步行道、楼梯、自动扶梯等构成,如图 3-11 所示。

图 3-11　通道

5. 站厅

站厅是乘客换乘列车的中转层,其主要作用是集散客流,为乘客提供售票、检票、补票、咨询等服务,如图 3-12 所示。

图 3-12　站厅

站厅按其用途可分为公共区和设备区，一般站厅中间为公共区，两端为设备区。

（1）公共区。公共区又分为付费区和非付费区，以检票闸机和栏杆进行分割。此区域主要供乘客购票和检票，在非付费区购票，通过检票闸机进入付费区，然后到达站台乘车，或者从付费区通过检票闸机到达非付费区出站。在此区域内设置有各种导向、事故疏散、服务乘客的标志，引导乘客方便、快捷地进出车站。

客服中心设在站厅的付费区和非付费区之间，可同时服务两个区域的乘客，完成售票、咨询、补票等业务，如图 3-13 所示。

在非付费区内还可以根据场地大小布置便民的商业设施，如公用电话、自助银行、自动售卖机、小商铺等，布置原则以不影响乘客出行为首要条件。

（2）设备区。设备区主要有设备用房和管理用房。

①设备用房。设备用房是安置各类设备、进行日常维修及保养的场所，主要有售检票、通信、信号、环控、照明、低压配电、变电所等系统相关设备房。

②管理用房。管理用房是车站工作人员的办公用房，包括车站综合控制室、设备系统值班室、票务室、会议室、更衣室、休息室、卫生间、备品库、垃圾间、清扫工具间等。

6. 站台

站台是最能直接体现车站主要功能的场所，其主要作用是供列车停靠、乘客候车及上下车等，如图 3-14 所示。

站台也可分为公共区和设备区，一般站台两端为设备区，中间为公共区。站台公共区的主要功能是供乘客上下车及候车，一般布置有站台监控亭、列车到发信息牌、紧急停车按钮、乘客候车座椅等设备设施。

图 3-13　客服中心

图 3-14　站台

3.2　车站行车设备

　　车站每天要办理大量的行车作业,为此,根据车站的运营功能和客流量的不同,车站上应设置不同种类和不同容量的行车设备。

一、线路

城市轨道交通线路通常由路基、桥隧建筑物和轨道3个部分组成。它既可以铺设在隧道内,也可以铺设在地面和高架桥上,以供列车运行,如图3-15所示。

图3-15 高架桥上及隧道内的轨道线路

城市轨道交通线路是保障列车安全运行的重要设备,按其在运营中的作用,可分为正线、辅助线和车场线。

(1)正线。正线是列车在站内到发、通过及停留的线路。

(2)辅助线。辅助线是为列车提供折返、停放、检查、转线及出入段作业的线路,包括渡线、折返线、停车线、车辆出入段线、联络线等。

①渡线。渡线是由两个单开道岔组成的连接两条平行线路的设备。它通过一组联动道岔的转动来达到转线的目的,进行手摇道岔时,需要逐个确认、逐个摇动。渡线单独设置时,用来临时折返列车,增加运营列车调度的灵活性;在与其他辅助线配合使用时,能完成或加强其他辅助线的功能。渡线双线示意图如图3-16所示。

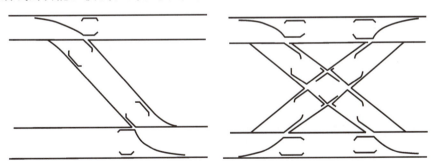

图3-16 渡线双线示意图

②折返线。折返线是指在线路两端的终点站或中间站设置的专供列车改变运行方向的线路。常见的折返线的形式如图3-17所示。

③停车线。停车线一般设置在终点站,主要用于列车的停放。城市轨道交通线路由于运输量大,故列车运行间隔一般较密。在运营过程中列车可能发生故障,为了不影响后续列车正常运行,应使故障列车及时退出运营正线,因此每隔3~5个车站会加设渡线或车辆停放线。另外,在有些车站,停车线是加快终点站列车折返的重要线路之一。

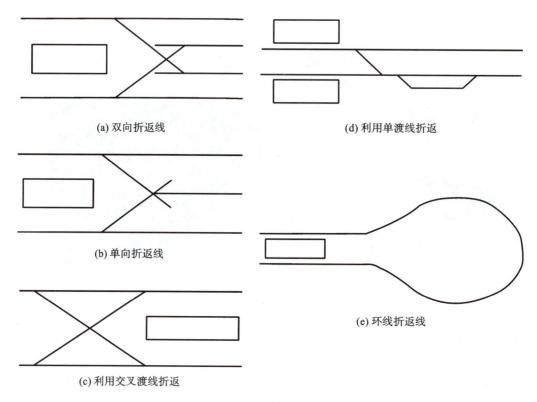

图 3-17　常见的折返线的形式

④车辆出入段线。车辆出入段线是车辆段与运营正线之间的连接线。车辆出入段线可设计成双线或单线、平行或立体交叉。

⑤联络线。联络线用来连接两条独立运营的线路。合理地确定联络线,能够在线网建成后机动灵活地调用线网中各线的车辆,使线网形成一个有机整体。

(3) 车场线。车场线是指车辆基地(车辆段)内的各种作业线,具体包括以下几种:

①检修线。检修线设置在车辆基地检修库内,是专门用于检修车辆的作业线,配有地沟和架车设备。

②试验线。试验线设置在车辆基地内,是用于对检修完毕的车辆进行运行状态检测的线路。

③洗车线。洗车线是用于清洗车辆的作业线。

二、轨道

轨道是城市轨道交通系统的重要组成部分,它凸显了城市轨道交通的特色。轨道作为一个整体结构铺设在路基之上,直接承受列车车辆及其荷载的巨大压力,对列车运行起着导向作用。因此,轨道的各个组成部分必须具有足够的强度和稳定性,能够承受来自列车纵向和横向的位移推力,保证列车按照规定的速度、方向不间断地运行。轨道需具有耐久性及适量的弹性,以确保列车安全、平稳、快速运行,并保证乘客的乘车舒适度。城市轨道交通均采用电力牵引,故要求轨道具有良好的绝缘性,以减少杂散电流。同时轨道应采用相应的结构来达到减震、降噪的要求。

轨道由钢轨、轨枕、联结零件、道床、道岔、防爬设备及其他附属设备构成,如图 3-18 所示。

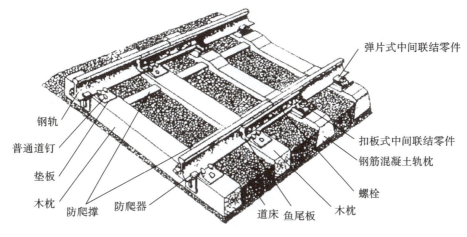

图 3-18 轨道的构成

1. 钢轨

钢轨是轨道结构的重要组成部分,是轨道的基本承重结构,它直接承受列车及其荷载的压力,依靠钢轨头部内侧面和机车车辆轮缘的相互作用引导列车运行,并将所承受的列车荷载分散开来,传递给轨枕、道床及路基,也为车轮滚动提供最小的接触面。另外,钢轨还有为供电、信号电路提供回路的作用。

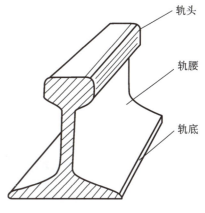

图 3-19 钢轨的断面

(1) 钢轨的外形。钢轨要求有足够的承载能力、抗弯强度、断裂韧性、稳定性及耐腐蚀性,因此,钢轨断面的形状多为"工"字形。钢轨由轨头、轨腰、轨底组成,如图 3-19 所示。

根据"工"字形的差异,可将钢轨分为槽形钢轨、双头钢轨和平底钢轨,如图 3-20 所示。槽形钢轨多用于街道轨道,即路面与钢轨轨面在同一平面的场合;双头钢轨上下呈对称形式,在 19 世纪应用广泛,现在很少采用;平底钢轨指的就是"工"字形钢轨,目前这种钢轨在国内外被广泛采用。

(2) 钢轨的类型。按照钢轨强度的不同,城市轨道交通所使用的钢轨可分为 43 kg/m、50 kg/m、60 kg/m 和 75 kg/m 这 4 种类型。钢轨的强度越大,表明其所能承受的重量越大,同时能够增加轨道的稳定性,减少养护维修工作量,还能增加回流断面,减少杂散电流。为了提高城市轨道交通线路的运输能力,在经济条件允许的情况下,无论是地面线路、地下线路还是高架线路,运营正线均宜选用重型钢轨,城市轨道交通正线通常采用 50 kg/m、60 kg/m 的钢轨。对车场线来说,由于其主要是供空车运行,车速较低,考虑到经济性,宜选用 50 kg/m 或 43 kg/m 的钢轨。

(3) 钢轨的连接。我国标准钢轨的长度有 12.5 m、25 m 两种,另外,还有比标准长度短

(a) 槽形钢轨　　　　　　(b) 双头钢轨　　　　　　(c) 平底钢轨

图 3-20　钢轨的分类

40 mm、80 mm、120 mm、160 mm 的缩短轨,主要用于铺设曲线线路轨道。因此,铺设轨道时需将钢轨连接起来。钢轨与钢轨之间的连接方法一般有以下两种:

①将标准长度的钢轨固定在轨枕上,各节钢轨之间使用钢轨接头夹板(鱼尾板)、螺栓固定,并留有一定的轨缝,如图 3-21 所示。用这种方法铺设的轨道,在列车运行时会产生较大的震动及噪声,乘车的舒适性较差,同时由于钢轨接头是轨道结构的薄弱环节,会使养护维修工作量增加。

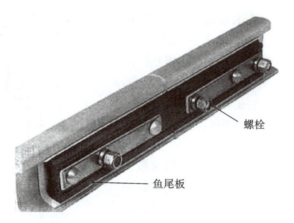

图 3-21　钢轨连接

②为减少钢轨接头数量,降低接头带来的病害,提高乘客的舒适度,将标准长度的轨端无螺栓孔的钢轨通过一定的工艺焊接起来,形成长度达数千米或数十千米的无缝线路。目前,在技术上已能实现全路段的超长无缝线路。使用这种方法连接的钢轨,其轨缝大大减少,消除了列车通过钢轨连接处产生的冲击力,减小了震动及噪声,列车行驶更加平稳和高速,轨道的维修工作量也有所减少。目前,城市轨道交通的正线普遍采用此种方法,如图 3-22、图 3-23 所示。

由于在数千米长的钢轨内不存在轨缝,因而当温度升高或降低时钢轨内部就会产生巨大的温度压力或拉力,这是无缝线路的一个显著特点。应在一定的温度下,将钢轨锁定在轨枕上,尽可能降低这种拉应力和压应力,以防止胀轨。隧道内温度变化幅度较小,由温度变化产生的拉应力和压应力也较小,因此在隧道内铺设无缝线路十分有利。如在地面线路铺设无缝线路,则需要加强养护与监控,并适时进行应力放散工作,以防止线路胀轨跑道。

(4) 轨距。城市轨道交通轨距指的是轨道两条钢轨之间的距离(以钢轨的内距为准),

图 3-22 钢轨焊接

图 3-23 焊接后的钢轨

如图 3-24 所示。国际铁路协会在 1937 年制定的标准轨距为 1435 mm。我国地铁和轻轨都选用轨距为 1435 mm 的国际标准双轨作为列车轨道，与国家铁路列车选用的轨道规格相同。

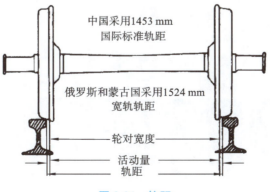

图 3-24 轨距

钢轨在使用过程中不可避免地会产生各种伤损,如折断、出现裂纹及磨耗等,为保证行车安全,钢轨出现伤损时应及时更换。

2. 轨枕

轨枕是轨道的基础部件之一,承垫于钢轨之下,它将钢轨所承受的压力分散传递到道床上,同时能有效地保持钢轨位置和轨距。因此,轨枕应具有一定的坚固性、弹性和耐久性。轨枕应按照《地铁设计规范》(GB 50157—2013)中的相关规定进行铺设。

从不同的角度来划分,轨枕可以分为不同的种类。

(1) 按制造材料划分。按制造材料来划分,轨枕可分为木枕、钢筋混凝土枕和钢枕。

①木枕。木枕采用木材制作,制造木枕的木材需要经过特殊的加工和防腐处理,如图3-25和图3-26所示。木枕的弹性和绝缘性较好,结构最简单,受周围介质温度变化的影响小,质量轻,加工和在线路上进行更换都比较简便,并且有足够的位移阻力;木枕比其他轨枕更容易吸收列车行驶所产生的压力,从而不易发生断裂;其使用寿命一般在15年左右。但由于木枕上的道钉孔会因使用日久而松弛,而且木枕的强度及寿命远不及钢筋混凝土轨枕,再加上木材资源有限,所以我国除了在桥上和道岔上使用木枕外,在其他地方很少使用。

图 3-25 油浸木枕

图 3-26 木枕

②钢筋混凝土枕。钢筋混凝土枕是使用钢筋和混凝土浇筑而成的,如图 3-27 所示。按其结构形式可分为整体式轨枕、组合式轨枕和短枕式轨枕 3 种,如图 3-28 所示。整体式轨枕整体性强、稳定性好、制作简便,是线路上广泛使用的一种形式;组合式轨枕由两个钢筋混凝土块用一根钢杆连接而成,整体性不如整体式轨枕强,但钢杆承受正负弯矩的能力比较强;短枕式轨枕又称为半枕式轨枕,主要用在整体道床上。

图 3-27 钢筋混凝土枕

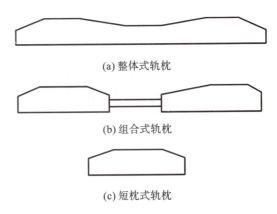

图 3-28 钢筋混凝土枕分类

钢筋混凝土枕使用寿命长,稳定性高,养护工作量小,损伤率和报废率比木枕要低得多。在无缝线路上,它比木枕的稳定性高、自重大,更能有效地防止钢轨爬行,增加了轨道的稳定性,更适用于高速行驶线路。因此,钢筋混凝土枕在城市轨道交通线路上得到了广泛的应用。但由于钢筋混凝土枕造价高昂,而且笨重、不易加工、搬运不便、弹性没有木枕好,因而在桥梁、道岔等特殊地带的轨道还只能采用木枕。

③钢枕。钢枕是由钢材做成的,如图 3-29 所示。钢枕对钢材的消耗量较大,造价很高,所以没有得到广泛应用。

(2) 按使用目的划分。按使用目的来划分,轨枕可分为普通轨枕、岔枕、桥枕。普通轨枕主要是指钢筋混凝土枕;岔枕主要用于道岔区段,岔枕一般较长,弹性相对较好,多用木枕,如图 3-30(a)所示;桥枕主要是使用在高架桥上的一种轨枕,如图 3-30(b)所示。

(3) 按构造及铺设方法划分。按构造及铺设方法划分,轨枕可分为横向轨枕、纵向轨枕、短枕等。横向轨枕与钢轨垂直间隔铺设,是一种最常用的轨枕;纵向轨枕与钢轨同向铺设,是特殊的铺设方法,需要用其他方法保持轨距一致,如图 3-31 所示;短枕是在左右两股钢轨下分开铺设的轨枕,常用于混凝土整体道床。

3. 联结零件

联结零件分为接头联结零件和中间联结零件。

(1) 接头联结零件。钢轨接头联结零件主要由接头夹板,接头螺栓、螺母和垫圈等组成,如图 3-32 和图 3-33 所示。接头夹板又称为鱼尾板,是钢轨接头处连接钢轨用的夹板,标准形式为优质钢轧制的六孔双头式板。联结零件把钢轨连接起来,使钢轨接头部分具有和钢轨一样的整体性,以抵抗弯曲和移位,并满足热胀冷缩的要求。导电钢轨接头零件还有轨道导电接续线、绝缘钢轨接头、胶结钢轨接头及相应的绝缘配件或材料。此外,不同的钢轨

图 3-29 钢枕

(a) 岔枕　　　　　　　　　　　　　(b) 桥枕

图 3-30 岔枕和桥枕

图 3-31 纵向轨枕

　　(a) 接头夹板　　　　　　　(b) 接头螺栓、螺母　　　　　　(c) 弹性垫圈、平垫

图 3-32　接头联结零件

图 3-33　接头联结实物图

接头,其联结零件的规格也略有差异。

　　城市轨道交通系统的轨道基本上都采用无缝线路结构,钢轨接头联结零件数量大大减少。但在无缝线路的缓冲区、轨道电路的绝缘区、有道岔的线路区段中,接头联结零件还是不能少的。

　　(2) 中间联结零件。钢轨与轨枕的联结是通过中间联结零件实现的。这种联结零件称为扣件,其作用是固定钢轨,保持轨距,阻止钢轨发生相对于轨枕的纵、横向位移,防止钢轨倾斜,并提供适当的弹性将钢轨承受的载荷传递给轨枕或道床。扣件必须具有足够的强度、耐久性和一定的弹性,以有效地保持钢轨与轨枕的可靠联结。此外,扣件应尽量简单,以便安装和拆卸。

　　扣件由钢轨扣压件和轨下垫层两部分组成,主要包括弹性扣件、承托物和弹性垫板等部分。弹性扣件用于把钢轨紧扣在轨枕上;承托物用于把扣件固定于轨枕上;弹性垫板使钢轨与轨枕间互相绝缘,防止钢轨漏电,减少了杂散电流,并增加了轨道弹性。扣件的主要组成部分如图 3-34 所示。

　　由于线路的环境条件要求不同,扣件的种类也有所不同。我国城市轨道交通线路中使用的扣件有以下几种:

　　①传统扣件。传统扣件沿用了铁路上的常用扣件,主要分木枕用扣件和混凝土枕用扣

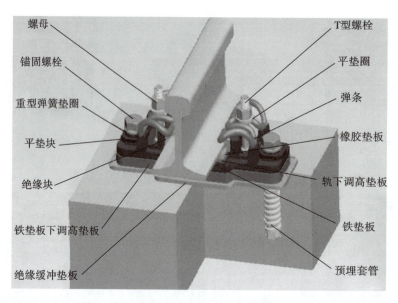

图 3-34　扣件的主要组成部分

件。木枕用扣件主要有分开式扣件和混合式扣件,混凝土枕用扣件主要有扣板式扣件、弹片式扣件和弹条式扣件。除弹片式扣件外,其余 4 种扣件常用于城市轨道交通碎石道床线路。

a. 木枕分开式扣件。木枕分开式扣件是将固定钢轨和固定铁垫板的螺栓或道钉分开的扣件,如图 3-35 所示。一般用道钉将铁垫板固定在枕木上(铁垫板上有承轨槽),将固定钢轨的螺栓安装在铁垫板上,然后用弹条或扣板将钢轨固定。

图 3-35　木枕分开式扣件

b. 木枕混合式扣件。木枕混合式扣件由铁垫板和道钉组成,如图 3-36 所示。用勾头道钉(方形)直接将钢轨、铁垫板及枕木连接在一起。木枕混合式扣件扣压力较小,为防止钢轨纵向爬行,需要较多的防爬设备。

c. 混凝土枕扣板式扣件。混凝土枕扣板式扣件主要由扣板、螺纹道钉、弹簧垫圈、铁座及绝缘缓冲垫片等组成,为刚性扣件,如图 3-37 所示。混凝土枕扣板式扣件的优点是零件少,构造简单,调整轨距比较方便;缺点是用弹簧圈作为弹性元件,弹性不足,扣压力较低,在使用过程中容易松动。目前,扣板式扣件已逐渐被弹条式扣件替代。

d. 混凝土枕弹片式扣件。混凝土枕弹片式扣件主要由螺纹道钉、螺母、平垫圈、弹片、轨距挡板、弹性垫板等零件组成,为弹性扣件,如图 3-38 所示。弹片式扣件采用拱形弹片扣压钢轨,用轨距挡板代替铁座以调整轨距,并将横向推力传递给轨枕挡肩。拱形弹片用弹簧钢制成,弹片的一端扣压在轨底顶面,另一端则支承在轨距挡板上。由于拱形弹片的强度不

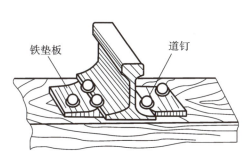

图 3-36　木枕混合式扣件

图 3-37　混凝土枕扣板式扣件

足,容易产生残余变形甚至折断,目前这类扣件已不多见。

e. 混凝土枕弹条式扣件。混凝土枕弹条式扣件主要由螺纹道钉、螺母、平垫圈、弹条、轨距挡板、挡板座、弹性垫板等零件组成,为弹性扣件,如图 3-39 所示。混凝土枕弹条式扣件采用弹条作为钢轨扣压件,既利用了材料的弯曲变形及扭转变形性能,又不存在断面的削弱问题,结构形式比较合理,故具有压力大、弹性好、加压力损失较小、能较好地保持轨道几何形位等优点,现已成为我国城市轨道交通线路建设中的主型扣件。

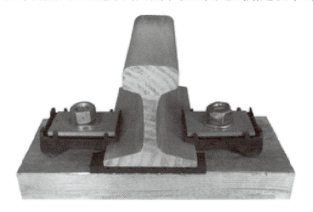

图 3-38　混凝土枕弹片式扣件

图 3-39　混凝土枕弹条式扣件

② DT 系列扣件。DT 系列扣件是专门为城市轨道交通地下线路设计的扣件,如图 3-40 所示。DT 系列扣件在城市轨道交通地下整体道床中被大量使用。

③ WJ 系列扣件。WJ 系列扣件是一种无挡肩扣件,如图 3-41 所示。它主要用于城市轨道交通高架线路,是一种小阻力的扣件。

4. 道床

道床是轨道的重要组成部分,是轨道框架的基础,如图 3-42 所示。道床通常是指铺设在路基之上、轨枕之下的石砟、钢筋混凝土结构层。它能支承轨枕,把来自轨枕上部的巨大载荷均匀地分散到路基面上,减少路基的变形;可以依靠本身和轨枕间的摩擦来固定轨枕位置,阻止轨枕产生纵向或横向位移。

道床一般分为碎石道床、沥青道床、整体道床(又称为混凝土整体道床或无砟道床)等。城市轨道交通地面线路多采用碎石道床,地下线路和高架线路多采用混凝土整体道床。

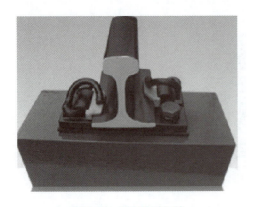
图 3-40　DT 系列扣件

图 3-41　WJ 系列扣件

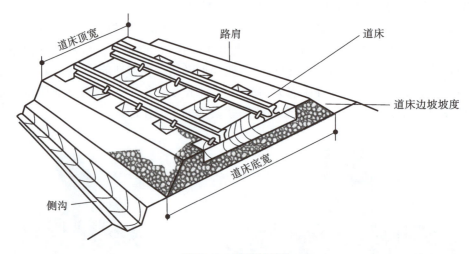
图 3-42　道床的结构

（1）碎石道床。碎石道床又称为有砟道床，是一种比较常用的道床形式。它一般是在轨枕下面、路基上面铺设石砟垫层。碎石道床分为木枕碎石道床和钢筋混凝土枕碎石道床，如图 3-43 所示。

碎石道床结构简单，弹性好，容易施工，方便更换，减震、减噪性能较好。但这种道床容易因行车压力而产生移位，轨道几何形位不易保持，碎石上容易滋生杂草，养护工作频繁，养护成本较高。

（2）沥青道床。沥青道床是为了改善普通碎石道床的散体特性而加入乳化沥青或沥青砂浆，使其保持稳定的一种道床轨道结构形式。沥青道床大致可分为沥青灌注式道床、沥青混凝土面层式道床和沥青混凝土垫层式道床 3 类。

（3）整体道床。整体道床是现代城市轨道交通中常用的道床形式。整体道床是指在坚实基底上直接浇筑混凝土以取代传统道砟层的轨下基础。整体道床分为无枕式整体道床和轨枕式整体道床两种。道床内可预埋木枕、混凝土枕或混凝土短枕，也可在混凝土整体道床上直接安装扣件、弹性垫层和钢轨。

①无枕式整体道床。无枕式整体道床也称为整体灌注式道床，如图 3-44 所示。道床的建筑高度较低，主要采用就地连续灌注混凝土基床或纵向承轨台。这种道床结构简单，减震

(a) (b)

图 3-43 碎石道床

性能较好,但冲击振动要比轨枕式整体道床大,且施工烦琐,机具复杂,施工进度较慢,承轨台抹面精度不易保证,难以达到设计精度要求。

图 3-44 无枕式整体道床

②轨枕式整体道床。轨枕式整体道床又分为短枕式整体道床和长枕式整体道床两种类型,如图 3-45 所示。短枕式整体道床性能稳定,耐久性好,结构简单,施工方法简便,施工进度较快,一般设中心排水沟;长枕式整体道床设侧向水沟,一般长轨枕预留圆孔,让道床纵筋穿过,加强了与道床的联结,它适用于软土地基隧道,可采用排轨法施工,施工进度较快。

图 3-45 轨枕式整体道床

轨枕式整体道床的特点是整体性好,坚固、稳定、耐久;轨道建筑高度低,隧道净空减少,轨道维修量小。整体道床能适应城市轨道交通运营时间长、维修时间短的特点,但其弹性差,列车运行引起的振动、噪声比较大,造价比较高,施工时间长。

总之,整体道床的整体性强,纵向、横向稳定性好,具有较高的可靠性;其高平顺性和弹性较好,让旅客乘车更加舒适;坚固稳定、耐久,使用寿命长;表面整洁,需要较少的维修工作量和较低的维修成本;建筑高度较低,可减少隧道净空,节省投资,综合经济效益好。此外,无砟轨道上的无缝线路不会发生胀轨跑道,高速行车时不会有石砟飞溅起来,可避免由此造成的伤害;发生紧急事件时救援车辆可以直接上道等,都是其不可忽视的优点。整体道床的缺点是造价较高,且要求较高的施工精度和使用特殊的施工方法;在运营过程中一旦出现病害,整治非常困难,一旦基底发生沉陷,修补极为困难。

5. 道岔

道岔是线路上供列车车辆安全转线的设备,它使列车车辆从一股道转向或越过另一股道。道岔是轨道的重要组成部分之一,一般在车站、车辆段、停车场使用较多。

(1) 道岔的组成。城市轨道交通中使用较多的是普通单开道岔,占全部道岔总数的95%以上。单开道岔结构最为简单,它将一条线路分为两条,主线为直线,侧线由主线的左侧或右侧岔出。站在道岔前部面向尖轨尖端,凡侧线由主线左侧岔出的称为左开道岔,侧线由右侧岔出的称为右开道岔。一组普通单开道岔由转辙器、连接部分、辙叉及护轨组成,其结构如图3-46所示。

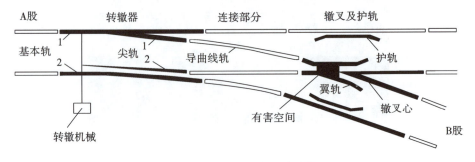

图3-46 普通单开道岔的结构

①转辙器。转辙器由两根基本轨、两根尖轨、转辙机械构成。基本轨是道岔中接触尖轨和靠近护轨的钢轨,位于尖轨外侧;尖轨是转辙器的主要部件,引导车辆进出道岔,为使转辙器能正确引导列车的行驶方向,尖轨尖端必须与基本轨紧密相贴;转辙机械用于将尖轨扳动到不同的位置,使道岔能准确地开通直线或侧线。

②连接部分。连接部分是指连接转辙器部分和辙叉部分的轨道。它包括四股钢轨,即两股直线钢轨和两股曲线(道岔曲股连接部分为导曲线)钢轨。目前,线路上铺设的道岔导曲线均为圆曲线,其半径的大小取决于道岔的号数及列车过岔的速度。由于长度及界限的限制,导曲线一般不设超高和轨底坡。为防止导曲线钢轨在动荷载作用下的外倾和轨距扩张,可设置一定数量的轨撑或轨距拉杆,也可以在导曲线范围内设置一定数量的防爬器及防爬支撑,以减小钢轨的爬行。

③辙叉及护轨部分。辙叉及护轨部分主要由辙叉心、两根翼轨、两根护轨构成。辙叉是道岔中两股线路相交处的设备,它能够使列车按确定的行驶方向跨越线路,正常地通过道岔。辙叉一般分为固定式辙叉和可动式辙叉两类,以固定辙叉最为常用。

a. 辙叉心。辙叉心又称为岔心,用来连接两边轨道的钢轨。

b. 翼轨。翼轨是在内侧轮轨紧邻岔心处设置的钢轨,翼轨与岔心间形成必要的轮缘槽,引导车轮行驶。翼轨最窄处与辙叉心尖端之间存在一段钢轨中断的间隙,此处叫作辙叉的有害空间。当机车车辆通过辙叉的有害空间时,轮缘有走错辙叉槽而发生脱轨的危险,因此必须设置护轨,对车轮的运行方向实行强制性引导。

c. 护轨。护轨是防止车轮在岔心处因轮缘有可能走错辙叉槽而发生脱轨或进错路线,而在固定辙叉两侧设置的钢轨。

(2) 道岔的分类。道岔的种类繁多,常用的有单开道岔、双开道岔、三开道岔、渡线、交分道岔等。

①单开道岔。普通单开道岔是城市轨道交通中使用最多的道岔,普通单开道岔又分为左开道岔与右开道岔,如图 3-47 所示。

(a) 左开道岔　　　　　　　　　　　(b) 右开道岔

图 3-47　普通单开道岔

②双开道岔。双开道岔又称为对称道岔,一般指单式对称道岔。双开道岔由主线向两侧分为两条线路,道岔各部位均按辙叉角平分线对称排列,两条连接线路的曲线半径相同,且无主线和侧线之分,两侧线的运行条件相同,如图 3-48 所示。

③三开道岔。三开道岔又称为复式异侧对称道岔,是复式道岔中较常用的一种道岔。它相当于两组异侧顺接的单开道岔,由两组转辙机械操纵两套尖轨组成,如图 3-49 所示。

④渡线。渡线是指利用道岔或固定交叉连接两条相邻线路的设备,渡线可分为单渡线和交叉渡线两种类型。单渡线是由两组类型和号数相同的单开道岔通过相同的钢轨连接两条线路的过渡线路。交叉渡线是由四组类型和号数相同的单开道岔和一组菱形交叉设备,以及连接钢轨组成,用于平行股道之间的连接。

⑤交分道岔。交分道岔是指两条线路相互交叉,列车不仅能够沿着直线方向运行,而且能够由一条线路转入另一条线路。交分道岔分为单式交分道岔和复式交分道岔。

a. 单式交分道岔。单式交分道岔是指两条线路相交,中间增添两副转辙器和一副连接曲线,列车可沿某一侧由一条线路转入另一条线路的结构道岔,如图 3-50 所示。

b. 复式交分道岔。复式交分道岔是指两条线路相交,中间增添四副转辙器和两副连接曲线,列车能沿任何一侧由一条线路转入另一条线路的结构道岔,如图 3-51 和图 3-52 所示。这种道岔既能达到线路交叉的目的,又能起到连接线路的作用。一组复式交分道岔能起到四组单式道岔的作用,与普通道岔相比,不仅能节省用地面积,也能节省调车作业时间。

图 3-48　对称道岔

图 3-49　三开道岔

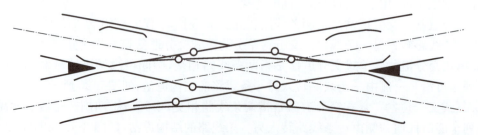

图 3-50　单式交分道岔示意图

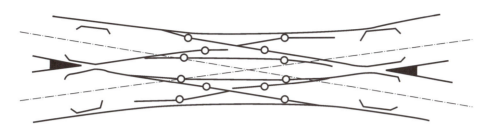

图 3-51　复式交分道岔示意图

图 3-52　实际复式交分道岔

（3）道岔的号数。道岔的号数可用道岔辙叉角的余切来表示，也就是辙叉心部直角三角形两条直角边 FE 和 AE 的比值，如图 3-53 所示。道岔号数的计算式为

$$N = \cot\alpha = \frac{FE}{AE}$$

式中，N 为道岔号数；FE 为辙叉跟端长；AE 为辙叉跟端之距。

道岔号数 N 与辙叉角 α 成反比。N 越大，导曲线半径越大，列车通过道岔时越平稳，允许的过岔速度就越高。所以，采用大号道岔对于列车运行是有利的，但大号道岔较长，占地多，工程造价高。

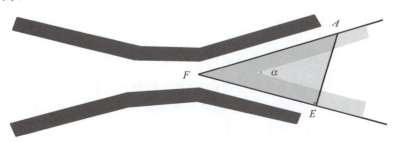

图 3-53　道岔叉号计算示意

常用的道岔辙叉角如表 3-1 所示。

表 3-1　常用的道岔辙叉角

道岔号数	7	9	12	18	30	38
辙叉角	8°07′48″	6°20′25″	4°45′49″	3°10′47″	1°59′57″	1°34′43″

6. 防爬设备

列车运行时常常产生作用在钢轨上的纵向力，使钢轨做纵向移动，有时甚至带动轨枕一起移动，这种纵向移动叫作爬行。列车速度越高，轴重越大，爬行就越严重。

线路爬行往往会引起接缝不匀、轨枕歪斜，对轨道造成极大破坏，危及行车安全。因此，必须采取有效措施来防止线路爬行。目前，除了采用加强轨道的其他有关组成部分的方法以外，还采取了用防爬器和防爬撑来防止线路爬行的措施，如图 3-54 所示。

防爬器用穿销固定于钢轨底部，用挡板顶住枕木侧面，协助扣件限制钢轨与枕木间的纵向位移。但单根枕木下的道床阻力十分有限，不能承担钢轨通过防爬器传来的纵向力，因此采用防爬撑将 4～5 根枕木连成一体，以达到共同抵抗钢轨纵向力的目的。防爬撑沿线路纵向连续在 4～5 个枕木间顶紧，防止轨道爬行，以尽可能减少轨缝不匀、轨枕歪斜等线路病害。

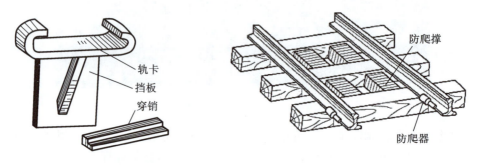

图 3-54　防爬器和防爬撑

3.3　车站行车作业标准

城市轨道交通车站行车作业有一定的基本要求和作业制度，掌握这些基本要求和作业制度是车站作业人员必须做到的。

一、车站行车作业基本要求

车站日常运输工作的目标是合理运用技术设备，按列车运行图接发列车，质量良好地完成运输任务，确保行车安全与乘客安全。车站行车组织工作在实现上述目标的过程中起着核心作用。车站行车作业的基本要求如下：

（1）执行命令，听从指挥。严格执行单一指挥制，车站行车工作由车站行车值班员统一指挥。列车在车站时，所有乘务人员应在车站行车值班员指挥下进行工作。车站行车值班员应认真执行行车调度员的命令和上级领导的指示。

（2）遵章守纪，按图行车。认真执行行车规章制度，遵守各项劳动纪律。办理作业正确、及时，严防错办和漏办，严禁违章作业。当班时必须精神集中、服装整洁、佩戴标志，保证车站安全、不间断地按列车运行图接发列车。

（3）作业联系及时、准确。联系各种行车事宜时，必须程序正确、用语规范、内容完整、简明清楚，严防误听、误解和臆测行事。

（4）接发列车目迎目送。接发列车须严肃认真、姿势端正。认真做好"看""听""闻"，确保列车安全运行。

（5）行车表报填写齐全。行车表报包括各种行车凭证、行车日志和各种登记簿。行车凭证有路票、绿色许可证、红色许可证和调度命令等，登记簿有调度命令登记簿、检修施工登记簿和交接班登记簿等。应按规定内容、格式认真填写各种行车表报，保持完整、整洁。

二、车站行车作业制度

为了加强车站行车作业组织，必须建立和健全各项行车作业制度，做到行车作业制度化、程序化、标准化。车站行车作业的制度主要有车站值班员岗位责任制度、交接班制度、检修施工登记制度、道岔擦拭制度、巡视检查制度和行车事故处理制度等。

1. 车站值班员岗位责任制度

车站行车作业实行单一指挥制，车站值班员是车站行车作业的组织者和指挥者。根据行车作业的需要，车站还可设置助理车站值班员，但在采用列车自动控制ATC系统时，一般不设该岗位。

（1）车站值班员的岗位职责如下：

①执行行车调度员的命令和指示，统一指挥车站的行车作业。

②监视行车控制台的进路开通方向、道岔位置及信号显示，监视列车的运行状态和乘客的乘降情况。

③在实行车站控制时，按列车运行图及行车调度员下达的列车运行计划完成闭塞、排列进路、开闭信号、接发列车的任务。

④填写行车凭证和其他各种行车表报。

⑤办理设备检修施工登记。

⑥组织交接班工作。

（2）助理车站值班员的岗位职责如下：

①接送列车，监护列车运行。

②交递调度命令及行车凭证。

③通过手信号发车。

④调车作业现场组织。

⑤进行站线巡视和协助乘客乘降。

在不设助理车站值班员岗位时，上述职责由站台服务员等员工承担。

2. 交接班制度

车站值班员交班时，应将列车运行和设备状态、上级指示和命令及完成情况等填记在交接班登记簿上,并口头向接班车站值班员交代清楚。

车站值班员接班时,要了解列车运行情况,对行车设备、备品、报表进行检查后,签字确认接班。内、外勤车站值班员实行对口交接。

3. 检修施工登记制度

针对各项检修施工作业,车站值班员应根据检修施工计划,向检修施工负责人交代有关注意事项后,进行访客登记。凡影响行车作业的临时设备抢修,要在与行车调度员沟通作业时间并获取同意后,方可登记。检修施工作业结束后,行车设备经试验并确认技术状态良好后,方可签认注销。

4. 道岔擦拭制度

道岔必须由专人负责定期擦拭。擦拭道岔前必须与行车调度员联系,办理控制权下放手续。擦拭道岔时,车站控制室要有人监护,不准随意扳动道岔。擦拭道岔人员一律穿绝缘鞋,携带防护用具。擦拭前施放木楔,无关人员不得擅自进入道岔区;如需换道岔,室内监护人员应与现场擦拭人员联系,说明道岔号码及定、反位,现场擦拭人员要离开岔道。道岔擦拭完毕,要认真清理现场,清点工具,撤除木楔,并检查有无妨碍到列车运行及道岔转换的物品。试验道岔并确认连好后,与行车调度员办理控制权上交手续,有关按钮由信号人员加封并做好记录,填写道岔擦拭登记簿。

5. 巡视检查制度

送电前,车站值班员应进行站线巡视,检查线路上有无影响列车运行的异物。对站内检修施工后的现场进行巡视检查,查看是否符合检修施工登记注销情况。检查行车控制台是否有异常情况。

6. 行车事故处理制度

发生行车事故后,应立即采取有效措施进行处理,同时向行车调度员及有关部门报告。认真记录事故发生的时间、地点、列车车次、车号、有关人员姓名及人员伤亡和设备损坏情况。赶赴现场,查找人证与物证,并做好记录。清理现场,尽快开通线路。对行车责任事故,应认真找出原因,提出处理意见,制定防范措施。

三、接发列车作业

由于国内城市轨道交通信号系统普遍实行中央级控制,列车实现自动驾驶运行,城市轨道交通车站原则上不办理接发列车作业。车站对列车运行情况进行监视,负责向行车调度中心报点;各站间相互报点,当发生意外事件时,向行车调度中心请示,经同意后暂不报点。站台站务员按有关规定迎送列车。只有在信号联锁发生故障,需人工排列进路组织列车运行,以及列车开到区间因故障要退回车站等特殊情况下,须办理接发列车作业。

1. 接发列车作业环节

一般的城市轨道交通车站接发列车的基本程序为办理闭塞、布置与准备进路、开(闭)信号或交接凭证、迎送列车、开通区间5个步骤。具体接发列车作业程序与信号联锁设备及其状态有关。

(1) 办理闭塞。闭塞的实质是同一区间在同一时间内只允许一列列车占用。办理闭塞实际上就是使出发列车取得占用区间的许可权。

(2) 布置与准备进路。

①接发列车进路的划分。进路是指列车运行或调车作业走行的路径,前者称为列车进路,后者称为调车进路。调车进路可分为接车进路、发车进路或通过进路。

a. 接车进路。接入停车列车时,由进站信号机(或进站方向进路防护信号机)起至接车线末端警冲标或出站信号机(或另一端进路防护信号机)止的一段线路,称为接车进路。

b. 发车进路。发出列车时,该列车通过车站两端进站信号机(或进路防护信号机)间的一段线路,称为发车进路。

c. 通过进路。列车通过时,该列车通过车站两端进站信号机(或进路防护信号机)间的一段线路,称为通过进路。

②进路的布置。在城市轨道交通系统中,接发列车的关键是正确、及时地准备好列车进路,值班站长或行车值班员必须亲自布置并确认进路准备妥当。布置准备进路时,一定要确定车次和列车占用线路情况。当车站一端有两个及以上列车运行方向或双线反方向行车时,还应确定方向。

③准备进路。准备进路与联锁设备有关。

a. 采用电气集中联锁与计算机联锁准备进路时,顺序按压进路始、终端按钮,道岔即自动转换并锁闭进路,进路一次性排列完毕,同时防护该进路的信号机自动开放。

b. 装有列车控制系统的 ATS 子系统能根据列车运行图自动排列进路、开放信号。当中央 ATS 系统出现故障时,可通过计算机联锁区域操作员工作站(local operator work station,LOW)人工排列进路。

c. 联锁设备全部发生故障或停电时,需要人工手摇道岔准备进路。

(3) 开(闭)信号。当集中联锁站准备好接发列车进路后,信号自动开放。由于轨道电路的作用,当机车或车辆第一轮对越过信号机后,信号自动关闭。引导信号(含人工引导信号)应在列车头部越过信号机(或引导人员)后及时关闭(或收回)。

(4) 交接凭证。这里所说的凭证,是指发车信号机显示的进路信号以外的"证件",如路票、列车进入封锁区间的"调度命令"等。交接凭证时,要认真检查凭证是否正确,注意安全,一般应停车交付。收回凭证后,要确认凭证是否正确,并及时注销保管。

(5) 迎送列车。站台接发列车作业人员应在《车站行车工作细则》规定的地点立岗迎送列车,注意列车运行状态,发现危及行车安全的情况时,立即采取紧急措施。

(6) 开通区间。与办理自动闭塞相对应,接发列车作业完毕后,半自动闭塞区间和电话闭塞须开通区间,使区间恢复空闲,保证不间断地接发列车。半自动闭塞区间开通区间时,由区间两端站的车站值班员拉出闭塞按钮或按压复原按钮,区间两站的闭塞表示灯熄灭,即表示区间开通。

2. 接发列车作业程序及用语

中央信号联锁发生故障,联锁站联锁设备良好时,需人工在计算机联锁区域的操作员工作站上排列进路,列车在 ATP 保护下以 ATO 或 SM 模式运行,此时联锁站需办理接发列车作业。

(1) 联锁站的接车作业程序及用语如表 3-2 所示(括号中的数字表示相应顺序)。

表 3-2 联锁站的接车作业程序及用语

作业程序	作业程序细化及用语			说明事项
	值班站长	LOW 操作员（行车值班员）	站台站务员	
1.接车预告	（1）根据行车日志和 LOW 显示确认接车线路空闲。 （2）听取发车站预告"××次预告"并复诵，通知 LOW 操作员"排列××次接车进路"			
2.准备进路、开放信号	（4）确认接车进路防护信号开放正确后，复诵"进路防护信号好了"，并通知发车站	（3）听取值班站长"排列××次接车进路"的命令后，在 LOW 上排列列车进路，确认进路防护信号开放好后口呼"进路防护信号好了"		
	（办理发车作业程序）			（列车通过）
3.接车	（5）听取发车站报点，复诵并填写行车日志		（7）站台站务员复诵"××次开过来，准备接车"，并立岗接车	
	（6）通知站台服务员"××次开过来，准备接车"，并听取汇报		（8）监视列车到达（通过），并注意站台乘客安全	
	（9）监视列车到达	（10）监视列车到达（通过）		
4.报点	（11）向发车站报点"××次（×点）×分×秒到（通过）"，并填写行车日志			

（2）联锁站的发车作业程序及用语如表 3-3 所示（括号中的数字表示相应顺序）。

表 3-3 联锁站的发车作业程序及用语

作业程序	作业程序细化及用语		
	值班站长	LOW 操作员（行车值班员）	站台站务员
1.发车预告	（1）根据行车日志和 LOW 显示，确认发车线路空闲，向前一 LOW 预告"××次预告"。 （2）填写行车日志		

续表

作业程序	作业程序细化及用语		
	值班站长	LOW 操作员(行车值班员)	站台站务员
2.准备进路、开放信号	(3)听取前一发车报点"××次(×点)×分×秒开",并复诵,接到接车站准备好接车进路的通知,客车进站后排列列车发车进路。 (4)通知 LOW 操作员"排列××次发车进路"。 (6)确认发车进路准备好后,复诵"进路防护信号好了"	(5)听取值班站长"排列××次发车进路"的命令后,排列发车进路。进路排列好后,口呼"进路防护信号好了"	
3.发车	(7)通知站台站务员"××次发车进路好了"		(8)确认后三节车门关闭好后,向司机显示"车门关闭好了"的手信号
	(11)监视列车运行	(10)监视列车运行,直至列车出清联锁区	(9)监视列车运行并注意站台乘客安全
4.报点	(12)向接车站报点"××次(×点)×分×秒开"		
	(13)填写行车日志		
	(14)向行车调度中心报点"××次(×点)×分×秒开"		

学习评价

学习完本模块后,请根据自己的学习所得,结合表 3-4 进行打分评价。

表 3-4 模块 3 学习评价表

评价内容	评价方式			评价等级
	自 评	小组评议	教师评议	
课前预习本模块相关知识、相关资料				A. 充分 B. 一般 C. 不足
了解城市轨道交通车站的概念,能识别不同的城市轨道交通车站				A. 充分 B. 一般 C. 不足
知道城市轨道交通车站的组成				A. 充分 B. 一般 C. 不足

续表

评价内容	评价方式			评价等级
	自评	小组评议	教师评议	
熟悉城市轨道交通车站的行车设备				A. 充分 B. 一般 C. 不足
熟悉城市轨道交通车站行车作业的基本要求				A. 充分 B. 一般 C. 不足
掌握城市轨道交通车站的作业制度				A. 充分 B. 一般 C. 不足
掌握接发列车作业				A. 充分 B. 一般 C. 不足
参加教学中的讨论和练习,并积极完成相关任务				A. 充分 B. 一般 C. 不足
善于与同学合作				A. 充分 B. 一般 C. 不足
学习态度,完成作业情况				A. 充分 B. 一般 C. 不足
总评				

思考与练习

（1）什么是城市轨道交通车站？
（2）简述城市轨道交通车站的分类。
（3）简述城市轨道交通线路的分类。
（4）简述城市轨道交通轨道的结构组成。
（5）车站行车作业的基本要求有哪些？
（6）简述车站行车作业制度。

模块 4　车辆段行车组织

学习目标

（1）熟悉车辆段的类型，了解车辆段的主要业务。
（2）掌握车辆段的主要功能和构成。
（3）熟悉车辆段内的列车运转流程，掌握车辆段接发车的相关规定。
（4）了解车辆段调车作业的概念，并熟悉其分类。
（5）能说出车辆段调车作业的作用。
（6）熟悉调车作业过程的有关规定。

学习重点

（1）车辆段的主要功能和构成。
（2）车辆段接发车作业。
（3）车辆段调车作业的要求。

4.1 车辆段概述

车辆段是城市轨道交通行车系统的重要单位之一,主要负责列车车辆的运营、整备、检修等工作。车辆段同时是城市轨道交通系统(地铁、轻轨等)中对车辆进行运营管理、停放及维修、保养的场所。

一、车辆段的类型和主要业务

1. 车辆段的类型

车辆段根据功能不同可分为检修车辆段(简称车辆段)和运用停车场(简称停车场)。检修车辆段根据其检修作业范围可分为架(厂)修段和定修段。独立设置的停车场隶属于相关车辆段。

2. 车辆段的主要业务

车辆段的主要业务有以下几项:
(1) 列车在段内的调车、停放、日常检查、一般故障处理和清扫洗刷。
(2) 车辆的技术检查、月修、定修、架修、临修、试车等作业。
(3) 列车回段折返,乘务司机换班。
(4) 段内设备和机具的维修及调车机车的日常维修工作。
(5) 配置紧急救援抢修队和存放物资设备。

二、车辆段的主要功能和构成

1. 车辆段的主要功能

车辆段的主要功能如下:
(1) 提供运用列车投入服务,确保所属线路列车运行图的实现。
(2) 客车的停放、调车编组、日常检查、一般故障处理和清扫洗刷。
(3) 客车的维修、临修、镟轮、定修、架修和长修。
(4) 工程机车车辆的停放、检修等。
(5) 车辆段内通用设施及车辆维修设备的维护管理。
(6) 乘务人员组织管理、出乘计划编制及备乘换班的业务工作。
(7) 所属线路列车运行出现故障时的技术检查、处理和救援工作。

根据各城市线路情况的不同,可以另外设置仅用于停车和日常检查维修作业的停车场或检车区,它们在管理上一般附属于主要车辆段,规模较小。其功能主要为:列车的停放、调车编组、日常检查、一般故障处理和清扫;车辆的修理(月修和临修);可另设工区,管理乘务人员出乘、备乘、倒班。

2. 车辆段的构成

车辆段总体上分为3个部分,即咽喉部分、线路部分和车库部分。
(1) 咽喉部分。车辆段咽喉部分是指连接车库与正线的部分,由出入段线与道岔组成。
(2) 线路部分。

①线路部分的组成。车辆段线路部分包括出入段线、停车线、列检线、镟轮线、检修线、洗车线、牵出线、试车线、静态调试线、临修线等。

a. 出入段线。出入段线是指连接正线与车辆段的线路。尽端式车辆段采用双线,贯通式车辆段可在两端各设置一条单线。出入段线与正线的接轨有平交和立交两种方式。

b. 停车线。停车线是用于停放列车的线路。为减少占地和道岔数量,一般每条线按停放两列车设计,为能进行列检作业,部分停车线设有检修坑道。

c. 列检线。列检线是用于车辆日常检查的线路,设有检查坑,列检线数一般按运用车数的 30% 进行配置。

d. 镟轮线。在轮对磨耗不符合使用要求时,可对轮对踏面进行镟修的线路为镟轮线。

e. 检修线。检修线是用于对车辆定期检修的线路,包括定修线、架修线和临修线等,设有检修坑,并根据检修作业需要配置车顶作业平台、架车机和起重机等设备。

f. 洗车线。洗车线供列车停运时洗刷车辆用,其中部设有洗车库。洗车线一般为贯通式,尽量和停车线相近,可以减少列车行走时间,并减少对车场咽喉地区通过能力的压力。洗车库前后须设置不小于一列列车长度的直线段,以保证列车能平顺进出洗车库。

g. 牵出线。牵出线适应段(场)内调车,牵出线的长度、数量根据列车的编组长度和调车作业的方式与工作量确定。

h. 试车线。试车线供定修、架修、大修后列车在验收前的动态调试。其长度应满足远期列车最高运行速度、性能试验、列车编组和行车安全距离的要求。试车线一般为平直线路,线路中间要设置不小于一单元列车长度的检查坑,供列车临时检查用。试车线还应设置信号的地面装置,可进行列车车载信号装置的试验。

试车线旁设置试车工作间,内设信号控制和试车必须配置的有关设备、设施及仪器。试车线须采取隔离措施。

i. 静态调试线。静态调试线设在静态调试库内,列车检修完毕到试车线试车之前,要在静态调试库对列车进行静态调试,检查各部分的技术状态,对电气设备和控制回路的逻辑动作、整定值进行测试与调整。静态调试线全长设置地沟,地沟内须设置照明光带。静态调试线为平直线路,静态调试库内应设置车间牵引电力电源和有关测试设备。

车辆段在车辆检修后要进行车辆的尺寸检查,其中要对车辆的水平度进行检查,需要轨道高差精度等标准较高的线路(称为零轨),宜设在静态调试线。

j. 临修线。列车发生临时故障和破损时,在临修线上完成对车辆的临修工作,临修线的长度应能停放一列列车,并考虑列车解编的需要。

以上是保证列车运行和检修的主要线路,除此之外,检修基地内还要按需设置临时存车线、检修前对列车清洗的吹扫线、材料装卸专用线和特种车辆(如轨道车、接触网架线试验车、隧道冲洗车等)停车线、联络线和与铁路连通的地铁专用线等。

这些线路通过道岔互相连接,道岔和信号设备联锁,由设置在站场的中央调度室对电气集中控制设备进行操作,排列和开通列车的进路,进行调车和取送车作业。

②布置车场线路的要求。布置车场线路应遵循以下几点要求:

a. 列车停车、检修、试验及其他作业的线路应为平直线路,其他线路的坡度不应大于 2‰;由于在车场内是无载客运行,通过对数较少,行车速度较低,最小平面曲线半径 R 可根据道岔的导曲线半径及车辆构造允许的最小曲线半径等因素确定,一般以 $R \geqslant 150 \text{ m}$ 为宜。

b. 除架修、大修线外，在车场内地铁列车可能到达的地方应设置接触网或接触轨（包括接通至库内）。采用接触轨时，应有防护设施；采用接触网时，应在线路交界处设置醒目的标志，防止列车误入无接触网区段，造成列车受电弓和接触网损坏的事故。

c. 在线路端部应设置车挡，防止溜车。

d. 应根据实际情况对各线路接触网分区（段）供电，设置隔离开关，分别断电和送电，以便于对列车进行各种作业。

e. 除架修、大修线外，其他线路的有效长度至少应保持远期规划列车编组长度与轨道车长度之和，再加上满足司机瞭望和行车安全的距离。

（3）车库部分。车库有停车库、定修库、架修库、洗车库等。

4.2 车辆段行车组织作业

车辆段内的行车组织工作应按照"统一指挥，逐级负责"的原则进行，由车辆段内的车场调度员统一指挥。车辆段行车指挥架构如图4-1所示。

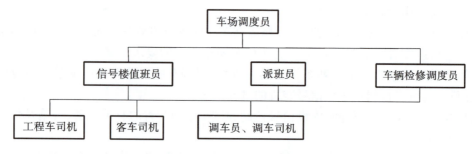

图 4-1 车辆段行车指挥架构

一、车辆段行车作业

车辆段中的车场是勤务人员的重要工作场所，为运营相关人员提供后勤保障、服务；同时为正线运行列车提供各类后勤保障、服务，确保正常的运营秩序。车场内的常见设备包括线路、信号进路和控制设备，以及各类机电设备、检修设备、列车存放设备和其他辅助设备。

由于车辆段内列车和车辆较多，而且联锁设备相对正线要简单一些，各种作业之间的干扰时有发生，所以车辆段内的行车组织工作就更为复杂。为保证做好出车、收车、开行及救援列车工作，就必须做好车辆段内的行车组织工作。

1. 车辆段行车作业内容

车辆段行车作业是按列车运行图制订的行车计划来完成日常的车辆运行作业，主要作业内容如下：

（1）负责所辖各运行线路内的电动列车运行、整修、整备任务，确保上线运用列车状态良好，确保上线运用列车准点出场、回库，能顺利进行运用列车的调整。

（2）配合维修人员完成列车的保养、维修、调试等工作。

（3）安排车场内调车作业及正线开行施工列车。

(4) 协调车场内各专业技术工种在规定范围和规定界面的施工技术。

(5) 协助正线事故救援工作。

(6) 编排列车运行计划,按列车运行图的要求配置列车及乘务人员。

(7) 对车辆乘务人员及站场行车人员进行行政管理、技术管理等。

2. 车辆段内的列车运转流程

由于客车主要是在正线上运行,所以车辆段调度行车工作主要是出车和收车。列车在车辆段内的运转流程主要包括4个环节,分别是列车出车作业、正线运营作业、列车收车作业、列车整备作业。具体流程如图4-2所示。

(1) 列车出车作业。列车出车作业包括编制并下达发车计划、司机办理出乘手续、司机检查列车、列车出库与出段,其流程如图4-3所示。

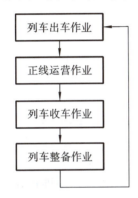

图4-2 车辆段内的列车运转具体流程

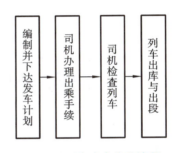

图4-3 列车出车作业流程

①编制并下达发车计划。发车计划由车场调度员根据列车运行图,运用检修用车安排、车场线路存车情况等编制。发车计划编制完毕后,应首先下达给信号楼值班员,还要把列车车次、车号、有无备车、备车车号等情况上报行车调度员。

②司机办理出乘手续及检查列车。司机出乘前,应按照规定时间到规定地点办理出乘手续,领取相应物品。在办理出乘手续时应向派班员了解相关注意事项,具体有以下几点:

a. 车次、车号、停车股道。

b. 区间有无施工。

c. 限速要求。

d. 其他行车注意事项。

除此之外,还要确认派班员发放的行车备品是否齐全、状态检查是否良好、表单是否正确等。办妥出乘手续后,还应对列车进行检查,检查合格后方能发车。

③列车出库与出段。在报告信号楼值班员"×××车整备作业完毕,请指示"后,等待信号楼值班员的命令,未得到出库命令前严禁动车。

动车出库前要确认以下事项:

a. 进路安全。

b. 库门开启到位。

c. 信号机开放白色信号。

d. 司机室门锁闭良好。

e. 模式开关在受限制的人工驾驶(restricted manual,RM)模式位。

确认以上事项后,以鸣笛声表示动车,限速运行。出段转换模式开关至点式列车自动防护(intermittent automatic train protection,IATP)模式,确认信号机显示绿色,鸣笛动车。

(2) 正线运营作业。列车的正线运营作业主要包括列车运行交路、列车司机作业、司机交接班3个方面,各方面工作如下:

①列车运行时,正线运行的循环交路、在两端折返的时刻、出入段时间顺序按照车辆周转图的规定。

②列车司机作业方面,严禁司机违章行车,应确保行车安全和乘客安全,正司机应严格按照指示操作,副司机严格按照乘务员的命令完成各项工作。

③交接班时,司机应按要求出勤,需要将列车技术状态、有关行车命令、注意事项向派班员交代清楚。

(3) 列车收车作业。列车收车作业主要包括列车入段与入库和库内作业两部分,其作业流程如图4-4所示。

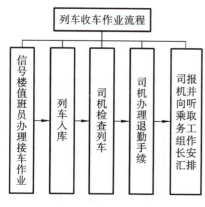

图 4-4 列车收车作业流程

列车收车作业相关规定如下:

①正常情况下,列车入段与入库时通过入库线回段。在行车调度员准许的情况下,也可在出库线入段。信号楼值班员在办理接车作业时,应确认接车线路空闲,并停止影响接车进路的调车作业。

②列车入库后,司机须对其进行检查,确认无异常情况后,带齐列车钥匙及相关表单,办理退勤手续,然后向乘务组长汇报当日工作情况,听取次日工作安排与注意事项。若发现列车技术不良,则应报告派班员,并做好相关记录。

(4) 列车整备作业。车场内列车整备作业主要包括清洗、检修、车辆验收3个部分,主要工作内容如下:

①对列车内外部进行清洗、打扫。列车清洗应根据清洗计划进行,列车清洗计划应下达给信号楼值班员、调车司机、调车员及其他相关人员,由专人负责清洗工作。

②在列车回库停稳后,派班员应及时与检修调度员办理车辆交接手续,检修调度员按计划进行检修作业,检修完毕与派班员办理移交手续。

③派班室派专人对车辆技术状态再次检查、验收,确认车辆符合正线运行的要求。

3. 列车出入车辆段的程序

列车出入车辆段的程序如下:

(1) 列车整备完毕,确认列车状态符合正线服务要求后,司机报告车场信号值班员"列车整备完毕"。

(2) 确认出厂信号开放,司机以RM模式驾驶列车出库,整列列车离开库门前限速5 km/h。在车库大门前、平交道口应一度停车,确认线路状况良好后再动车。

(3) 列车运行到转换轨时再度停车,待显示屏收到速度码,ATO灯点亮后,司机确认进入线路防护信号开放,以ATO/SM模式运行至车站。

二、车辆段接发车作业

1. 车辆段接发车作业的一般规定

车辆段接发车时应遵循以下规定:

(1) 接发列车应灵活运用股道,做到不间断接车、正点发车、减少转线作业,备用车应停放在运用库线路发车的一端,升起弓,随时准备出车辆段。

(2) 当计算机联锁系统发生故障,采用应急台排列接发列车进路时,应按压引导总锁闭按钮,并现场确认进路开通。人工准备进路时,使用钩锁器对进路上的对向道岔进行加锁。

(3) 采用应急台或人工准备接发列车进路,办理接发列车作业时,应停止调车作业。

(4) 联锁设备正常时,应在邻站开车或车辆段开车点前 5 min 停止影响列车进路的调车作业,准备接发车进路。

(5) 原则上不得在非接发车线上办理列车接发作业。特殊情况下应经车场调度员同意,得到行调改变行车组织办法的命令,采用排列调车进路锁定发车进路道岔(当联锁功能失效时,人工加锁进路对向道岔)。列车凭行车调度命令及车场调度员(或车场值班员)的发车信号驶出车辆段。

(6) 列车进出检修库大门或通过平交道口前应一度停车,确认安全后方可通过。

2. 列车占用转换轨凭证规定

列车占用转换轨凭证规定如下:

(1) 当车辆段计算机联锁系统正常时,列车占用转换轨的凭证为出车辆段信号机的黄灯。

(2) 当车辆段计算机联锁系统发生故障,开放不了出车辆段信号时,列车占用转换轨的凭证为出车辆段信号机的调车信号及车场值班员的允许出车辆段命令。

(3) 当车辆段计算机联锁系统发生故障或邻站 LOW 发生故障,开放不了出车辆段信号和调车信号时,改为电话联系(或区段闭塞)行车法组织行车,车场值班员得到行车调度员改变行车组织办法的命令,与邻站办理发车作业,列车占用转换轨的凭证为行车调度命令(或路票)。

3. 列车停车规定

列车停车规定如下:

(1) 列车驶进车辆段后,应停于接车线信号机内方,列车头部不得越过防护信号机。如果列车尾部停在信号机外方,车场值班员应通知司机向前移动到信号机内方。

(2) 客车在车场内运行时要严禁其受电弓在分段绝缘器位置停车。

(3) 列车停放运用库时不得压住平交道口。

4. 列车退行规定

列车退行规定如下:

(1) 列车自车辆段开车后,因故被迫停车需退行,尾部未越过入段信号机时,经车场值班员同意,换端(或车长引导)后退至发车股道出段信号机内方;尾部已越过入段信号机时,经车厂调度员同意确定接车股道后,车场值班员按接入列车办理,通知司机凭入段信号退入段。

(2) 车场值班员接到列车需退行的报告后,应立即向车场调度员汇报,确认接车股道空闲及延续段的列车或机车车辆停稳后,方可同意退行。

（3）车场调度员接到列车退行报告后,应立即组织人员对故障设备进行抢修,组织其他列车绕道出段,必要时配合司机退行,以减少对正线运营的影响。

4.3 车辆段调车作业

车辆段调车作业的特点是工作量大、作业复杂,各种类型的调车都有,主要是利用牵出线和车库线等线路进行调车作业。

一、调车作业概述

1. 调车的定义

除列车进出车辆段外,车辆段内的一切机车车辆、车列进行有目的的移动,称为调车。

2. 调车的分类

（1）按作业地点分类。调车工作按作业地点可分为车辆段(场)调车和车站调车。

（2）按工作内容和目的分类。调车作业按工作内容和目的可以分为以下两大类：

①由电动列车完成的转线、转场、出入车辆段(场)、洗车和试车等相关的作业。

②由内燃机车以及其他机车完成的编组、解体、转线、摘挂、取送等相关的作业。

无论是何种形式的调车作业,也无论其在方法的使用和实现上有何区别,它们最基本的要求、条件都是一致的,没有根本的差异,仅仅是形式和表现方法不同。其中转线调车是折返站和车辆段常见的调车作业。

3. 调车的任务

调车的任务如下：

（1）及时、正确地进行调车作业,保证电动列车按运行图的规定时刻发出列车,按运行图的要求安排和使用列车。

（2）及时取、送需要检修的车辆,保证检修车辆按时到位。

（3）保证基地设备以及调车作业运行安全和人身安全。

（4）确保其他物资运输的运行秩序正常。

4. 领导与指挥

调车领导与指挥的规定如下：

（1）调车工作必须贯彻统一领导、单一指挥的原则。

（2）车辆段(场)的调车工作,由段(场)调度员担任调车领导人,调车员担任调车指挥人,由段(场)调度员统一领导。调车作业人员应按作业标准和调车作业通知单执行。在车站调车时,以值班站长为调车领导人,以车长为调车指挥人。

（3）段(场)调度员应根据机车车辆、线路、设备检修计划和现场作业情况,合理、科学、正确地编制调车作业计划,组织调车人员安全、及时地完成调车任务。

（4）调车作业由调车员单一指挥。调车员根据调车作业通知单正确、及时地显示信号,指挥调车机运行,并注意行车安全。

（5）调车司机应根据调车员的信号准确、平稳地操纵机车,时刻注意确认信号,不间断地进行瞭望,正确、及时地执行信号显示要求,负责调车作业安全。

(6) 段(场)信号楼值班员根据调车作业通知单和现场作业情况、机车车辆停放股道,正确、及时地排列调车进路,开放调车信号,做到随时监控机车车辆的运行状态。

5. 调车作业的基本要求

调车作业的基本要求如下:

(1) 调车作业必须按照调车作业计划及调车信号机或调车信号的显示要求进行,没有信号不准动车,信号不清立即停车。

(2) 特殊情况下,使用无线电对讲机进行调车作业时,司机与调车人员必须保持联络畅通,联络中断时应及时采取停车措施,停止调车作业。

(3) 进行调车作业时,调车人员必须正确、及时地显示信号,司机要认真确认信号并鸣笛回示。

6. 配合协作要求

调车的配合协作要求如下:

(1) 调车作业是参加调车作业的相关人员,如司机、调车员、段(场)信号楼值班员等相互配合、相互协作的过程。因此,无论是车辆的动车、信号确认、进路确认,还是相关注意事项,都必须在作业前予以明确。

(2) 段(场)信号楼值班员必须按规定正确、及时地安排调车进路,并且监视车辆运行情况。

(3) 调车员必须看清计划,确认安全状态后,才准许显示信号,不得盲目指挥、盲目显示信号。

(4) 司机必须确认信号,瞭望四周情况后,才能启动机车。

7. 确认的基本内容

调车作业中应该看清与确认的情况包括:

(1) 线路情况、停留车位置情况。

(2) 道岔开通情况、信号显示情况。

(3) 车下障碍物与异物情况。

(4) 检修线以及所进入线路作业情况和进、出库房大门情况。

(5) 连挂的车辆情况。

(6) 走行速度情况、道口四周情况。

(7) 参加调车作业的人员情况。

8. 终止作业条件

终止作业条件如下:

(1) 在调车作业中,调车人员显示的信号得不到司机回示,或认为车辆速度过快以及发现其他异常情况时,必须立即显示停车信号。

(2) 司机在无法瞭望信号、信号中断、联络中断或者认为有异常情况时,必须立刻停车。

(3) 段(场)信号楼值班员发现调车作业人员或作业过程有违反安全规定的情况时,应立即采取措施终止调车作业。

(4) 段(场)或车站管理人员发现有危及调车作业安全、设备安全、人身安全的情况时,应立刻通知有关人员停止调车作业。

二、调车作业的基本要素

1. 调车钩

调车钩是指连挂或摘解一组车辆的作业,是用以衡量调车工作量的一种基本单位。"一钩"作业,一般是指机车(列车)或机车连挂车辆由线路的一股道运行到另一股道并完成"取"或"送"的作业。完成一项调车作业,需要由若干调车钩来实现。一般调车作业通知单就是以 调车钩来表示的。

调车钩按其性质不同主要分为挂车钩和摘车钩两种。

(1)挂车钩。挂车钩是指机车(或挂有车辆)驶往线路内连挂车辆后,牵出至开始进行下一项作业地点的调车钩,如图 4-5 所示。

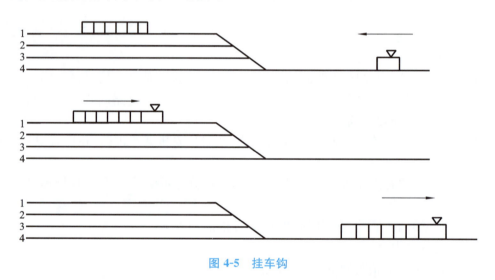

图 4-5 挂车钩

(2)摘车钩。摘车钩按其采用的作业方法不同,又可分为推送钩和溜放钩两种,而城市轨道交通只使用推送钩。

推送钩是指机车将车组推送至线路内预定地点摘车后,返回至开始进行下一项作业地点的调车钩,如图 4-6 所示。

2. 调车程

调车程是指机车车辆不改变运行方向的一次移动,它是衡量调车工作效率的基本要素。一般情况下,调车行程越长,机车消耗的燃料和花费的时间越多,调车工作效率越低。城市轨道交通由于场地和线路条件限制,大多数是短距离调车,调车程较短。因此调车作业可根据线路设备的具体条件采用加速-制动型、加速-惰行型或是加速-惰行-制动型调车程。

因此,调车工作组织的主要任务是在保证安全的基础上,尽量减少调车钩数,缩短调车行程,压缩平均完成一个调车钩所需时分(简称"钩分"),努力提高调车工作效率。

三、调车作业计划编制

调车作业都是通过调车作业计划来实现的,所以对于调车作业来说,调车作业计划是进行调车作业的凭证与根据。调车作业计划是由调车领导人编制,以书面形式或口头形式下

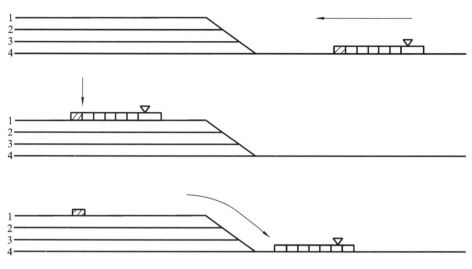

图 4-6 推送钩

达的调车作业通知,内容包括起止时间、担当列车(机车)作业顺序、股道号、摘挂辆数(编组车号或车位)、安全注意事项等。

1. 编制调车作业计划的资料来源

(1) 车辆部检修调度员提供的车辆检修计划及其签字确认的临时维修计划。
(2) 开行工程车计划。
(3) 材料总库车辆装卸情况。
(4) 维修工程部生产调度员提报的设备检修配合计划。
(5) 维修工程部、承建商动车计划。
(6) 车辆部设备车间扣修计划和工程车故障报修单。
(7) 需要动车的其他情况。

2. 调车作业通知单

调车作业通知单是布置调车作业计划的书面形式。调车作业通知单的内容应包含班次、日期、计划编号、担当机车、作业项目、计划起讫时分、作业程序、场别、股道、摘挂车数、作业方法、残存车数、记事等。

(1) 钩种代号。调车钩是完成连挂、摘解或取送车辆等调车工作数量的基本单位,根据作业内容的不同,调车钩的种类和简写可以分为:挂车"+"、摘车"-"、转头"△"、待命"D"、交接"JJ"、加油"JY"、充电"CD"、清洁"QJ"等。

(2) 股道代号。股道代号填写车辆段(场)的具体线路编号。

某地铁车辆段部分线路平面图如图 4-7 所示。股道代号有检修线,如 L-24;机库线,如 L-33;架修/大架修库线,如 L-30、L-31;静调库线,如 L-22;其他代号,如铁鞋"匕"、手闸"⊕"、木鞋","等。

(3) 格式。不同公司的调车作业通知单的格式有所不同,常见的调车作业通知单如表 4-1 所示。应按各公司规定格式填写齐全,各种符号及内容按照行车组织规则等的规定填记。

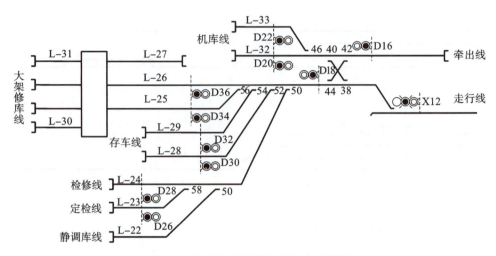

图 4-7 某地铁车辆段部分线路平面图

表 4-1 调车作业通知单 1

编号：××××

机车(客车)号码_____ 班组____ 第_____号

作业项目	作业时间	序号	股钩车道种数	安全事项及其他交代
		1		制动系统是否正常
		2		[□是，□否]
		3		悬挂系统是否正常
		4		[□是，□否]
		5		接触网设备是否正常
		6		[□是，□否]
		7		线路、道岔是否正常
				[□是，□否]
				信号设备是否正常
				[□是，□否]
				特殊运行速度限制：　km/h 以内
				调试时驾驶模式：
				存车情况：
				其他事项：

车辆段调度员：　　　　　　　年　月　日
调车员/值班员：　　　确认时间：　　　注销时间：
司机/信号员：　　　　确认时间：　　　注销时间：

注1：调车作业单一式四联，第一联交调车员，第二联交司机，第三联交车辆段(场)值班员，第四联为存根。
注2：调车员、司机、值班员确认作业内容、安全事项后签名。
注3：确认、注销时间填写具体时分，调车员或司机在第四联填写确认、注销时间。
注4：填写安全事项及其他交代栏时，需要提醒司机在相应"□"内画√，如果在"否"前面的"□"中画√需要注明具体问题，存车情况需要标画铁鞋/木鞋的具体位置。

3. 调车作业计划的编制、布置与传达

（1）计划编制。由于调车作业中地点比较分散，涉及作业部门较多，钩数不易记忆，环境因素对作业影响较大,所以一般规定调车作业钩数在三钩以上时,应由调车领导人编制调车作业计划。调车领导人根据生产部门提出的要求,根据运行实际状况正确、合理、及时地制订调车作业计划。

编制调车作业计划时应充分考虑各方面的因素与条件,力求在确保行车安全的前提下,提高调车作业效率,以最少的作业钩数、最短的调车行程完成相应的调车任务。

以图 4-7 所示的某地铁车辆段部分线路平面图为例:调车机车停在机库线 L-33,存车线 L-29 有 2 辆车,里边的 1 辆车要送到检修线 L-24,外边的 1 辆车仍然留在本线;定检线 L-23 有 2 辆车检修完毕,要送到存车线 L-29;大架修库线 L-25 有 1 辆车需要送到静调库线 L-22。

调车机车从机库线出发记为 L-33 调机出,到存车线 L-29 连挂 2 辆车,记为 L-29＋2;到检修线 L-24 摘下 1 辆车,记为 L-24－1;从定检线 L-23 连挂 2 辆车,记为 L-23＋2;送到存车线 L-29 摘下 3 辆车,记为 L-29－3;从大架修库线 L-25 连挂 1 辆车,记为 L-25＋1;送到静调库线 L-22 摘下 1 辆车,记为 L-22－1。填记如表 4-2 所示。

表 4-2　调车作业通知单 2

编号:GDY/TJ-YY-002

机车(客车)号码_____　　班组____　　　　　　　　　　　　　第_____号

作业项目	作业时间	序号	股勾车道种数	安全事项和其他交代
		1	L-33 调机出	制动系统是否正常 [□是,□否] 悬挂系统是否正常 [□是,□否] 接触网设备是否正常 [□是,□否] 线路、道岔是否正常 [□是,□否] 信号设备是否正常 [□是,□否] 特殊运行速度限制:　km/h 以内 调试时驾驶模式: 存车情况: 其他事项:
		2	L-29＋2	
		3	L-24－1	
		4	L-23＋2	
		5	L-29－3	
		6	L-25＋1	
		7	L-22－1	
		8	牵出线待机	
		9		
		10		
		11		
		12		
		13		
		14		
		15		
		16		
		17		
		18		

车辆段调度员:李清　　2018 年 10 月 9 日
调车员/值班员:张继　　　　　　确认时间:10:10　　　　　　注销时间:
司机/信号员:刘东　　　　　　　确认时间:10:10　　　　　　注销时间:

(2) 布置与传达。段(场)调度员应亲自向调车员交递计划,以书面形式下达。调车员应根据作业计划制定安全防范措施及其他注意事项,亲自向司机交递和传达。

段（场）调度员以书面形式或电话形式向段（场）信号楼值班员传达计划，段（场）信号楼值班员接收计划时应复诵核对。

变更计划不超过三钩时，可以口头方式布置，有关人员应复诵。变更作业计划时，应停车传达，确认有关人员清楚变更内容。

4. 计划变更

变更作业计划主要是指变更作业股道、摘挂辆数与车辆号、作业方法及取送作业或转线的区域或线路。变更作业计划的规定如下：

（1）调车作业中必须严格按照调车作业计划所规定的内容与要求进行，不准擅自改变作业内容与计划。

（2）如因运行状况以及生产实际需要必须变更调车作业计划时，应该停止进行中的作业。

（3）由运转值班员或行车值班员向调车人员及信号员重新布置变更后的计划，并且进行核对和复诵，确认无误后，方可继续作业。

（4）变更计划不超过三钩时，可以口头方式传达，超过三钩时应重新编制书面调车作业计划，取消执行原计划。

（5）为了贯彻集中统一指挥的原则，调车员在调车作业过程中认为必须变更原计划时，应及时向调车领导人反映，由调车领导人重新编制书面计划后执行。

5. 调车作业的方法

轨道交通企业调车作业方法有推送调车法和溜放调车法。推送调车法是指将车辆由一股道移到另一股道，在调动过程中不摘车的调车方法。溜放调车法是指推送车辆到达一定速度后摘钩制动，使摘解的车组借获得的动能自行溜放到指定地点的调车方法。与溜放调车法相比较，推送调车法需要的时间较长，但也是一种比较安全的调车方法。地铁调车方式为平面牵出线调车，考虑到安全问题和线路条件的限制，通常采用推送调车法，禁止使用溜放调车法。

四、调车作业相关规定

1. 调车作业前的准备

调车作业前应做好以下准备工作：

（1）调车作业前，调车员应充分做好准备（按规定着装，佩戴防护用品，确认无线对讲机良好），并认真检查调车组其他人员的准备情况。

（2）对线路进行检查，确认进路、车辆底部和顶部无障碍物。

（3）对车辆进行检查，内容包括车辆防溜措施是否落实到位，是否进行技术作业，是否有侵限物搭靠，装载加固是否良好，是否插有防护红牌（红灯）。

2. 调车进路确认

在调车作业中经常会遇到牵引车辆运行和推进车辆运行的情况，由于调车进路变化较多，车辆存放位置不同，连挂与牵出的地点各异，因此这两种情况在调车作业时常常交替进行。为了分清调车作业中对进路及周围情况确认的责任，更安全、有效地展开调车作业，通常对牵引与推进运行的瞭望以及确认要求做以下规定：

（1）列车正向运行、单机运行或牵引车辆运行时，前方进路的确认由司机负责。司机在运行时要不间断瞭望，对发生的异常情况，如线路限界情况、信号显示状态、人员行走、道口安全、调车路径是否正确等要果断采取处置措施。

（2）推进车辆运行时，前方进路的确认由最前方的调车员负责。调车员应不间断瞭望，及时、正确地与司机联系或显示信号，如确认前方进路有困难，可指派参加调车作业的其他人员（调车员或联络员）确认、瞭望，并将情况正确、规范地传达给调车指挥人，由调车指挥人与司机联络。在一般情况下，调车指挥人应站立在易于瞭望进路，又能使司机看清其信号显示的位置。

（3）在调车作业中，调车作业人员必须按调车信号的显示要求进行，如果运行中遇调车信号机灯光显示不明或熄灭，手信号灯光忽明忽暗或中断，无线电对讲机联系中断，信号没有得到回示等情况，都应视为停车信号而采取措施，使机车（列车）停止作业。

（4）如果车站或车辆段（场）信号机发生故障，应由调车人员即刻通知信号楼值班人员，必要时应通知行车值班员组织检修，调车人员必须等信号机恢复显示，或由有关行车人员到场通知司机，或显示允许通过该信号机的信号后，方可按照有关规定使列车越过该架信号机。

3. 调车作业进路的变更与终止

在实际调车作业中，因线路情况变化及实际工作的需要而必须取消调车作业进路时，进路控制和信号操纵人员必须遵守以下规则：

（1）进路控制和信号操纵人员确认列车或车辆尚未启动，通知调车司机与调车员并得到回复。

（2）如果列车、车辆已经开始运行，必须立即通知司机和调车员，并且确认列车或车辆已经停止运行。

（3）如果必须使列车或车辆运行时，确认列车或车辆已经按规定进入指定位置停车。

（4）在执行以上三点基本规则之一后，进路控制和信号操纵人员才能关闭信号机，取消原先调车进路。

（5）开放变更后的调车作业信号时，参加调车作业的司机和调车员在得到信号楼或有关信号操纵人员的通知后，应立即遵照执行，不得盲目动车或强行启动列车进入信号机内方，防止产生由于进路变更而使列车或车辆冒进红灯或者由于道岔转换而造成挤岔或脱轨的事故。

4. 调车速度限制

调车作业中要准确掌握速度，遇瞭望困难或天气不良时应适当降低速度。某地铁公司的调车速度规定如表 4-3 所示。

表 4-3　某地铁公司调车速度规定

序　号	项　目	速度/(km/h)	说　明
1	空线牵引运行	25	
2	空线推进运行	15	
3	调动装载货物的车辆时	10	
4	越关闭的信号机、压信号时	10	
5	接近尽头线 10 m 时	3	
6	在库内线路运行时	5	

续表

序号	项目	速度/(km/h)	说明
7	接近被连挂车辆三、二、一车时	8、5、3	
8	连挂车辆时	3	
9	在洗车线上洗车时	3	
10	在货物线上对位时	3	
11	在维修线上调车时	10	
12	手推调车时	3	

在尽头线上调车时,距车挡应有 10 m 的安全距离,遇特殊情况必须近于 10 m 时要严格控制速度,确保安全。

5. 调车标准用语

某地铁公司规定的调车标准用语如表 4-4 所示。

表 4-4　某地铁公司规定的调车标准用语

序号	作业含义	标准用语	说明	序号	作业含义	标准用语	说明
1	呼叫调车作业人员	××(姓名)		12	牵出前须提钩	提钩好	司机鸣笛回示
2	调车作业人员回答	××有		13	要求减速	减速	司机鸣笛回示
3	确认调车进路开通	×道开通	司机鸣笛回示	14	要求鸣笛	鸣笛	司机鸣笛回示
4	向有车线挂车推进	×道开通连挂	司机鸣笛回示	15	要求试拉	试拉	按固定给信号
5	向空线推进	×道开通推进	司机鸣笛回示	16	转线快过岔报距离	再走×车(m)	按固定给信号
6	三车信号	三车	司机鸣笛回示	17	连挂妥当连接风管	挂妥接管	按固定给信号
7	二车信号	二车	司机鸣笛回示	18	线路检查准备妥当	×道可以挂车	按固定给信号
8	一车信号	一车	司机鸣笛回示	19	送车对位妥当	对位好	
9	停车信号	停车	司机鸣笛回示	20	一度停车后挂车	×m挂车	给黄灯
10	牵出前无须提钩	牵出	司机鸣笛回示	21	向信号楼值班员请求原路折返作业	信号楼×道折返作业	由调车员负责请求
11	车列整列启动	启动好	司机鸣笛回示	22	挂距土挡(车挡)不足10 m的车组	离土挡(车挡)× m	司机鸣笛回示

6. 调车信号

轨道交通调车信号包括手信号和客车、车组、工程车、轨道车等列车的鸣笛信号,白天用信号旗,夜间用信号灯显示。手信号是轨道运输工作中广泛采用的一种视觉信号,根据行车工作的要求,可以机动地指挥列车运行和调车作业。显示调车手信号时,应严肃认真,做到位置适当、正确及时、横平竖直、灯正圈圆、角度准确、段落清晰。鸣笛的作用是发出警告或要求协助。列车鸣笛也是一种声信号,根据情况的不同,列车会发出或长或短、一声两声等不同的声信号。某地铁公司调车手信号及鸣笛信号分别如表 4-5 和表 4-6 所示。

表 4-5　某地铁公司调车手信号

序号	调车手信号类别	显示方式	
		昼 间	夜 间
1	停车信号	展开红色的信号旗;无信号旗时,双臂高举头上,向两侧急剧摇动	红色信号灯光;无红色灯光时,用白色灯光上下急剧摇动
2	指挥列车或车辆向显示人方向来信号	展开绿色的信号旗,在下方左右摇动	用绿色信号灯光在下方左右摇动
3	指挥列车或车辆向远离显示人方向去信号	展开绿色的信号旗,上下摇动	绿色信号灯光上下摇动
4	指挥列车或车辆向显示人方向稍行移动信号(含连挂)	左手拢起红色信号旗,直立平举,右手展开绿色信号旗,在下方左右小动	绿色信号灯光下压数次后,再左右小动
5	指挥列车或车辆向显示人反方向稍行移动信号(含连挂)	左手拢起红色信号旗,直立平举,右手展开绿色信号旗,在下方上下小动	绿色信号灯光上下小动
6	车辆连接信号	双臂高举头上,使拢起的手信号旗杆成水平,末端相接	红、绿色信号灯光交互显示数次,无绿色灯光时,用白色灯光代替
7	三、二、一车距离信号	右手展开绿色的信号旗,下压三、二、一次	绿色灯光下压三、二、一次
8	取消信号;通知前发信号取消	拢起手信号旗,两臂于前下方交叉后,左右摇动数次	红色信号灯光做圆形转动后,上下摇动
9	减速信号	展开绿色信号旗,下压数次	绿色信号灯光下压数次

表 4-6　某地铁公司鸣笛信号

序号	名　称	鸣示方式	使用时机
1	启动注意信号	一长声 ———	(1)列车启动或机车车辆前进时; (2)接近车站、鸣笛标、隧道、施工地点、黄色信号、引导信号或天气不良时; (3)在区间停车后,准备继续运行时,通知车长; (4)客车在检修及整备中,准备降下或升起受电弓

续表

序号	名称	鸣示方式	使用时机
2	退行信号	二长声 —— ——	客车、机车车辆、单机开始退行
3	招集信号	三长声 —— —— ——	要求防护人员撤回时
4	呼唤信号	二短一长声 ·· ——	(1)客车或机车要求出入车辆段(场)时； (2)车站要求显示信号时
5	警报信号	一长三短声 —— ···	(1)发现线路有危及行车安全的不良处所时； (2)列车发生重大事故、大事故及其他需要救援的情况时； (3)列车在区间内停车后,不能立即通知车长时
6	试验自动制动机复示信号	一短声 ·	(1)试验制动机开始减压时； (2)接到试验制动结束的手信号,回答试风人员时； (3)调车作业中,表示已接收调车长发出的信号时
7	缓解信号	二短声 ··	试验制动机缓解时
8	紧急停车信号	连续短声 ······	司机发现邻线发生障碍,向邻线上运行的列车发出紧急停车信号,邻线列车司机听到后,应立即停车

管理人员及行车有关人员检查工作或遇列车救援、发生紧急情况,没有携带信号旗或信号灯时,可用徒手信号显示。徒手信号及其显示方式如表 4-7 所示。

表 4-7 徒手信号及其显示方式

序号	徒手信号类别	显示方式
1	紧急停车信号(含停车信号)	两手臂高举头上,向两侧急剧摇动
2	三、二、一车信号	单臂平伸后,小臂竖直向外压直,反复三次、二次、一次,分别为三、二、一车信号
3	连挂信号	紧握两拳并高举头上,拳心向里,两拳相碰数次
4	向显示人方向稍行移动	左手高举直伸,右臂平伸,小臂左右摇动
5	向显示人反方向稍行移动	左手高举直伸,右手向下斜伸,小臂上下摇动
6	试拉信号	如本表第 4 项或第 5 项,当列车刚启动时立即显示停车信号(第 1 项)
7	"好了"信号	单臂向列车运行方向上弧线做圆形转动

7. 调车安全

调车安全相关规定如下：

(1) 在带电区段进行调车作业时,严禁调车人员攀登机车车辆或装载货物的车辆。

(2) 上下车时,应选好地点,注意地面有无障碍物。

(3) 在机车、车辆移动中,禁止下列行为:在平板车的侧板或端板、支架上坐立;站在车梯上探身过远;在装载易于窜动货物的车辆间和货物空隙间站立或坐卧;骑坐车帮,跨越车辆;进入线路提钩、摘管或调整钩位;在机车前后端坐立。

(4) 作业中严禁吸烟,班前禁止饮酒。

(5) 行走线路规定:调车员应走两线路之间,并注意邻线的机车车辆;严禁在道心、枕木头上行走,不准脚踏钢轨面、道岔连接杆、尖轨等;横越线路时,应一站、二看、三通过,注意左右机车车辆的动态及脚下有无障碍物;横越停有机车车辆的线路时,先确认机车车辆暂无移动,然后在该机车车辆较远处通过,严禁在运行中的机车车辆前面抢越;不准在 钢轨上、车底下、枕木头上、道心里坐卧或站立,不准跨越地沟。

8. 车辆防溜

调车作业完毕后,应将列车或车辆停于线路警冲标内方,防止列车或车辆越过警冲标甚至压道岔,造成线路堵塞。对不再移动的车辆或列车,做好防溜措施,防止车辆或列车自动溜走。不论停留线路有无坡道,也不论停留时间长短,均应使用手制动机或铁鞋做好防溜措施。使 用手制动机防溜时,必须拧紧,闸链不得松弛。使用铁鞋防溜时,鞋尖紧贴车轮踏面,固定牢靠。

调车作业中临时停车时,机车应保持制动状态,不得关闭空气压缩机。必要时,还应采取铁鞋防溜。交接班时,接班人员必须按规定到现场检查停留车辆的防溜措施,发现问题应及时处理并报告。

五、调车工作过程

1. 调车作业基本过程

(1) 提交调车作业计划。

①所有需要开行电客车配合的施工及检修、培训、试车线调试作业等,均需要以书面形式,即填写电客车转轨计划单或工程机车、平板车转轨需求计划单,由检修调度员或作业负责人向车辆段(场)调度员提报。提报的电客车转轨计划单或工程机车、平板车转轨需求计划单需应真实、准确。

②对已书面提报转轨计划的机车车辆,检修调度员或作业负责人需确认该机车车辆符合动车条件,同时转轨相关检修股道,检修调度员需确认具备转轨条件后才能提报电客车转轨计划单或工程机车、平板车转轨需求计划单。

③转轨计划应尽可能提前提报车辆段(场)调度,具体需要做到:

a. 计划性维修、调试、改造的调车作业至少提前 4 h。

b. 临时维修的调车作业或调试至少提前 2 h。

c. 故障抢修的调车转线作业或其他转线作业至少提前 1 h。

d. 需工程车配合调动的车辆,调车转线作业计划至少提前 3 h。

e. 因检修作业需增派司机配合的,检修调度员应做好书面计划,于计划实施前 1 天交车辆段(场)调度员,以避免派班员无法及时安排人员配合。

(2) 实施调车作业计划。

①车辆段(场)调度员接到调车计划后,及时组织有关岗位人员在要求时间内完成作业。原则上,凭自身动力的调车转线作业于车辆段(场)调度发出调车作业单之后 60 min 内完

成;需工程车配合调动客车的调车转线作业于车辆段(场)调度发出调车作业单之后 90 min 内完成。

②由于特殊原因,不能及时编制或派出调车作业单,车辆段(场)调度员应通知相关调度并说明原因。

③车辆段(场)调度员应根据调车计划亲自编制调车计划单,结合作业特点,车辆段(场)内施工、停电等作业情况,有针对性地制定安全防范措施及注意事项。

④车辆段(场)调度员向乘务值班员、司机、调车员传达计划时,接受计划的人员须认真复诵,确保清楚无误地掌握计划。

⑤接受计划人员接完计划后,需准确向本班人员传达,以确保计划执行到位和充分发挥互控作用。

⑥车辆段(场)调度员编制调车计划单时,需考虑周全,避免作业执行过程中变更计划。当需要变更计划,变更作业不超过三钩时,可以口头方式布置,但须停车传达;接受变更计划的有关人员应复诵,车辆段(场)调度员须确认其复诵无误。变更作业超过三钩时,须收回原计划,重新出具书面计划,以确保计划准确执行。

(3) 准备进路及动车指令。车辆段(场)按照调车计划,通过控制台操作道岔并单独锁闭后,向司机发出道岔开通位置及动车的指令;需现场手摇道岔人工办理进路时,向司机发出道岔"好了"手信号作为动车指令。

(4) 确认进路。单机或牵引运行时,前方进路由司机和调车员共同确认;推进运行时,由调车员确认。

(5) 准备连挂。

摘车时,应执行一关(关折角塞门)、二摘(摘风管)、三提钩的作业程序。

①摘接风管、调整钩位、处理钩销时,应等待车辆、车列停妥,并向司机显示防护信号。

②调整钩位、处理钩销时,不要探身到两钩之间。

③使用折叠式手闸,须在停车时竖起闸杆,确认方套落下、月牙板关好、插销上好后方可使用,注意检查手闸链条良好。

(6) 连挂车辆。

①连挂车辆,调车员应显示连挂信号和三、二、一车距离信号(如三车 66 m、二车 44 m、一车 22 m),没有显示连挂信号和距离信号不准挂车。

②机车、车组接近被连挂车辆不少于 1 m 时一度停车,确认车钩位置正确后再连挂。

③单机连挂车辆不需显示距离信号,但在距存放车辆不少于 1 m 时应一度停车,凭调车员手信号挂车。

(7) 显示调车信号。调车员应正确、及时地显示信号,司机应认真、不间断地确认信号,并鸣笛回示。没有调车员的启动信号禁止动车;没有鸣笛回示时,调车员应立即显示停车信号。信号显示错误或不清时,司机应立即停车。

(8) 推进运行。调车作业推进运行或连续连挂超过 3 个车辆时,应进行试风。调动平板车、重车超过 2 辆或空车超过 4 辆时必须连接风管。

(9) 镟轮作业调车。

①客车进行镟轮线作业时,原则上只能利用工程车连挂调动转线,推进至镟轮线对标停车。客车运行到镟轮线平交道前的"一度停车标"处停车,客车司机施加停车制动并降下受

电弓，若客车自身有牵引动力，则段（场）调度员通知检修调度员，检修调度员接到通知后于10 min内用镟轮牵引车将客车拉进库内停放。

②工程车调动客车作业过程中，进入镟轮线限速3 km/h，对位停车后，工程车调车员在客车两端设置铁鞋，做好防溜措施后解钩，工程车按调车计划离开镟轮线，交由车辆人员进行镟轮作业。

③往镟轮线取客车时，客车必须在库内对标停放，检修调度员应提前对镟轮线的客车进行检查，确保客车恢复至正常的状态，然后施加停车制动（在停车制动不能施加时设置铁鞋防溜），并在电客车转轨计划单中注明。

④工程车进入镟轮线进行连挂客车前，调车员应对客车的状态进行检查，确认列车做好防溜措施且无异物侵入限界。工程车连挂客车后，调车员撤除防溜措施即可指挥司机动车。

⑤工程车连挂客车进出镟轮线时，必须调至走行线进行换端，将客车调动至相应的股道后方可离钩。

⑥车辆段（场）调度员在取、送客车作业过程中，需到现场监控司机作业，发现异常或设备故障时应立即制止动车，落实安全措施后再布置动车计划。

（10）在尽头线上调车。在尽头线上调车时，进入尽头线车挡前25 m应限速3 km/h。距线路终端应有10 m安全距离，遇特殊情况调车员与司机应在接近10 m时加强联系，严格控制速度，做好随时停车的准备。

（11）调车通过平交道口。调车车列在车辆段（场）内通过平交道前，应一度停车，瞭望平交道是否有障碍物或行人，确认安全后方可继续通过平交道。

（12）调动无动力客车。调动无动力客车时，应确认气制动和停车制动已全部缓解，运行中保持车辆主风缸风压不低于450 kPa，客车司机与调车员加强联系，共同确认车辆制动状态。

（13）越出场界调车。越出车辆段（场）界线调车时，应得到行车调度员同意，正线相邻站承认后方可办理，司机凭书面调度命令越过出段信号机。无行车调度员命令时禁止越出场界调车。出/入车辆段（场）线坡度为超过35‰的下坡道时，禁止办理越出场界调车。

2. 工程车调动有电有气的电客车作业流程

（1）连挂前。按照计划，客车司机、工程车司机分别按照相关程序整备好列车。客车司机激活驾驶台，施加客车停车制动，保留连挂端车辆的气制动；确保连挂端自动车钩状态良好，等待工程车的到来。

（2）连挂。

①工程车按要求驾驶列车，到达客车2 m前一度停车。

②调车员联系客车司机，确认客车防溜措施的设置情况，并确认客车驾驶室"停车制动施加"灯和"气制动施加"灯亮。

③调车员确认工程车已关闭主风管折角塞门，得到客车司机的连挂允许后，指挥工程车司机以限速3 km/h进行连挂。

④连挂后，调车员、客车司机共同确认车钩显示器显示正常，调车员指挥工程车司机进行试拉，并确认良好。

（3）调动。

①客车司机缓解停车制动，并确认所有防溜措施已撤除，通知调车员。

②客车司机确认客车驾驶室"停车制动缓解"灯和"气制动缓解"灯亮,确认列车所有防溜措施撤除。

③客车司机留守在客车驾驶室,调车员指挥工程车推进或牵引运行(推进运行时调车员在运行前端客车驾驶室,牵引运行时调车员在工程车上协助瞭望)。

④按规定速度运行,把客车调至指定的股道。

(4) 解钩。

①工程车把电客车调动到指定的股道和指定位置停稳。

②客车司机施加停车制动,并通知调车员。

③调车员确认客车驾驶室"停车制动施加"灯和"气制动施加"灯亮,通知客车司机解钩。

④客车司机按压"解钩"按钮或人工操作拉环解钩,并确认车钩显示器显示解钩状态,通知调车员。

⑤调车员确认已解钩(车钩显示器显示解钩状态),通知工程车离钩。

⑥工程车离钩后确认车钩状态良好,并按计划返回指定股道。

3. 工程车调动无电有气或有电无气或无电无气的电客车作业流程

(1) 连挂前。按照计划,客车司机、工程车司机分别按照相关程序整备好列车。客车司机施加客车停车制动,保留连挂端车辆的气制动,或确认设置铁鞋防溜;确保连挂端自动车钩状态良好,等待工程车的到来。

(2) 连挂。

①工程车按要求驾驶列车,到达客车 2 m 前一度停车。

②调车员联系客车司机,确认客车防溜措施的设置情况,并确认客车轮对上的叠式闸瓦已施加,或确认铁鞋已设置。

③调车员确认工程车已关闭主风管折角塞门,得到客车司机的连挂允许后,指挥工程车司机以限速 3 km/h 进行连挂。

④连挂后,调车员、客车司机共同确认车钩显示器显示正常,调车员指挥工程车司机进行试拉,并确认良好。

(3) 调动。

①客车司机缓解客车所有停车制动,并确认所有防溜措施已撤除(设置铁鞋时通知调车员撤除铁鞋),通知调车员。

②调车员确认列车所有防溜措施已撤除(现场确认每个轮对,用手拉闸瓦,松动则为缓解),设置铁鞋时撤除铁鞋(确认检修股道车辆人员撤除)。

③客车司机留守在客车驾驶室,调车员指挥工程车推进或牵引运行(推进运行时调车员在运行前端客车驾驶室,牵引运行时调车员在工程车上协助瞭望)。

④按规定速度运行,把客车调至指定的股道。

(4) 解钩。

①用工程车把电客车调动到指定的股道和指定位置停稳。

②调车员设置铁鞋防溜(确认检修股道车辆人员设置),并通知客车司机和工程车司机。

③客车司机确认防溜措施已设置,通知调车员可以解钩。

④客车司机人工操作拉环解钩,并确认车钩显示器显示解钩状态,通知调车员。

⑤调车员确认已解钩(车钩显示器显示解钩状态),通知工程车离钩。

⑥工程车离钩后确认车钩状态良好,并按计划返回指定股道。

4. 无调车专用电台的情况下工程车调动电客车的作业流程

无调车专用电台或调车专用电台发生故障时,原则上工程车不调动电客车。特殊情况下需要调动电客车时,可按以下规定执行:

(1) 无调车专用电台或调车专用电台发生故障时严禁调动大编组客车。

(2) 调动小编组客车时,采用手信号调车,必须使用对讲机联系作为辅助信号。调车组必须有3人,包括1名工程车司机、1名调车员、1名中转联络员[由客车司机或车辆段(场)调度员担当]。调车员站在靠近司机一侧,直接向司机显示信号。

(3) 工程车司机按照调车员的手信号,负责正确、及时地操作机车,准确行车,发现异常时及时采取停车措施,确保调车作业安全。

(4) 调车员负责指挥工程车司机驾驶作业,协调、组织联络员作业,是调车作业现场的单一指挥者。作为调车安全的最后把关者,调车员必须严格按照本标准和调车作业单正确、及时地显示手信号,指挥工程车动车,确保调车作业行车、人身安全。

(5) 联络员负责检查线路的状态(包括是否有其他设备侵入限界)、车辆的防溜措施(铁鞋的取放),以及向调车员发出正确的指令(包括显示信号)。

(6) 联络员负责客车气制动的缓解和施加,确认车辆的技术状态是否良好,以及在工程车推进运行时及时、正确地向调车员发出手信号。

5. 机车进出库线作业流程

机车进出库线作业流程如下:

(1) 车辆段(场)调度员应根据计划及时出清进出库线进路的机车车辆,并通知材料库相关人员对材料库线进行检查(包括检查材料库线大门的开启及加固状态,检查线路情况,及时清走侵限物品),确保具备行车条件。

(2) 进出材料库线在两个库门前均需要一度停车,调车员下车确认工程车库库门及材料库库门的开启及加固状态,并确认两库门之间的平交道口是否有障碍物或行人通过,并站在两库门之间指挥司机动车,以限速3 km/h进出。

六、试车工作

1. 试车作业概述

列车及车载信号系统由于其动态特性,无法静态检测列车运行时的功能和参数。若每次动态测试要到列车上进行正线测试,则将对正线上其他系统的检修及维护造成很大影响,而且无法在地铁正常运营时间内进行测试。为此,城市轨道线车辆段(场)内铺设有一条专用试车线,用于列车的调试及检修,包括车辆调试、信号车载设备调试、车辆与信号系统联合调试,以及车辆与信号车载设备检修。试车线的建成和投入使用,对地铁运营中车辆及车载信号设备的可靠性和效率的提高起到了非常重要的作用。车辆段(场)计算机联锁系统负责对试车线进路的设定。

车辆段(场)内试车作业分为三种:试车线试车、股道试车及非进路试车。

(1) 试车线试车。试车线试车由车辆维修部门向段(场)调度室提出试车申请,段(场)调度员通知信号楼值班员布置进路,列车按调车信号驶入试车线进行调试。

(2) 股道试车。当电客车车辆在车库内股道进行小范围动态测试时,使用股道试车。

①股道试车时,无须得到信号楼值班员的同意,但检修人员必须向段(场)调度员申请股道试车,得到同意后,由运转值班员派出司机配合试车。

②如股道试车有可能越过股道前方防护信号机时,同意试车前,段(场)调度员应通知信号楼值班员办理一条短进路,开放信号机用以防护。

③股道试车前,确认与试车无关的工作人员已撤离、止轮器已撤除、线路上无障碍物、股道已送电后,检修人员方可指示司机动车,指示不明确或危及行车安全时司机应拒绝执行。

④司机在进行股道试车时应严格按信号机的指示运行,信号机没有进行信号显示时,严禁越过。

⑤股道试车时,一旦电客车头部越过信号机后,未得到信号楼值班员的准许,司机不准擅自退行。

⑥股道试车限速 5 km/h。

(3) 非进路试车。当电客车车辆在车辆段(场)线路上进行大范围动态测试时,使用非进路试车。

①非进路试车时,检修人必须先向运转值班员申请非进路试车。

②在信号楼值班员发布命令同意非进路试车后,由段(场)调度员(运转值班员)派出人员配合试车司机并发给司机非进路试车命令。

③在信号楼值班员发布命令同意非进路试车前,必须确认试车时间内无计划接发列车作业。

④非进路试车时所建立的非进路只能由车库股道通往场内牵出线,非进路试车必须封闭。

⑤在确认与试车无关的工作人员已撤离、止轮器已撤除、线路上无障碍物、股道已送电后,检修人员方可指示司机动车,指示不明确或危及行车安全时司机应拒绝执行。

⑥试车司机必须凭令动车,进入封闭进路时确认信号,进入后按非进路试车有关内容试车。

⑦遇有行调布置的临时接发列车作业命令,信号楼值班员应立即停止非进路试车并指示试车车辆停在牵出线待命。非进路试车停止后应同时收回命令,待非进路试车作业恢复再次交递命令后开始试车。

⑧非进路试车申请程序。非进路试车时,检修人员必须先向运转值班员申请"××股道电客车非进路试车",段(场)调度员(运转值班员)向信号楼值班员联系作业,信号楼值班员同意后发布非进路试车命令,段(场)调度员(运转值班员)将命令内容记入电话记录登记簿内,由段(场)调度员(运转值班员)负责填发非进路试车许可证,注销后通知信号楼值班员非进路试车结束。

⑨非进路试车办理办法。上海地铁 1 号线车辆段(场)非进路试车办理方法:信号楼值班员在得到段(场)调度员(运转值班员)"××道至牵出线非进路试车"的通知后,指示信号员排列××道至牵出线的调路。调车进路排列妥当后,按下"引导总锁"按钮锁闭段(场)内所有道岔。"封锁进路"完成后信号楼值班员向段(场)调度员(运转值班员)发布非进路试车命令。试车完毕,段(场)调度员(运转值班员)在收回非进路试车许可证并注销后通知信号楼值班员"××道非进路试车完毕",信号楼值班员指示信号员解锁"封闭进路"。

另广州地铁 2 号线车辆段(场)非进路试车办理方法如下:试车线的联锁受车辆段(场)

计算机联锁设备统一控制,当需要对列车进行动态试验时,计算机联锁设备按非进路调车方式下放对试车线的控制权,即经试车线设备室按下"请求试车"按钮,信号楼在对试车线完成必要的联锁控制(试验列车停在规定的轨道区段内,试车线上的道岔锁于定位,有关信号机开放)后,将其控制权交由试车线控制室,并给出同意试车信息。试车完毕后,经试车线控制室交权,信号楼控制室重新收回对试车线的控制权,有关信号机关闭,道岔延时 30 s 解锁。

⑩使用"封闭进路"的注意事项:

a. 凭命令进入封闭进路后的机车、车辆可在指定范围内按线路规定速度来回动车,沿路调车信号机显示红色灯光时表示均不可越过。

b. "封闭进路"办理后,全场将处于"下行引导总锁闭"状态,全场道岔锁闭,因此其他调车、接发列车作业将不能办理。

⑪非进路试车命令与许可证。非进路试车命令为格式命令,非进路试车许可证是进入场内封闭进路试车的凭证。非进路试车命令内容应包括电话记录号、封闭试车内容、试车完毕后停放股道、信号行车值班员姓名、发令时间。

2. 试车准备及计划布置

(1) 试车准备。

①对于车辆段(场)内任何调试作业(包括信号、机车、车辆的调试、试验及投入运营服务前所做的准备工作),调试工作负责部门必须派出技术人员跟车,负责监控车辆状态。

②车辆段(场)内调试作业开始前,跟车人员必须在运用库内上车,调试作业结束后在车库内下车,禁止跟车人员在中途上下车。调试负责部门未派人跟车或跟车人员在中途下车,司机禁止动车,应立即汇报段(场)调度员并按其指示执行。

③客车到正线调试由车辆段(场)出车时,由段(场)调度员按照《行车设备维修施工管理规定》《设备安装、硬软件更换及调试、试验安全管理办法》等相关规定组织调试人员、司机、运转值班员做好调试准备。如果调试负责部门未派人跟车,则禁止调试列车出场,并应立即汇报行调;调试负责人须提前 1 h 到位并在运用库内上车,调试作业结束后跟车回车辆段并(停车场)在车库内下车(信号调试除外,但须在调试、试验作业任务书上明确上下车地点);乘务值班员与行调落实出场线路,与接轨站办理发车作业,向司机传达、落实运行计划和行调命令。

(2) 计划布置。

①段(场)调度员接受调试作业计划时,包括车辆段(场)、正线调试作业,必须与调试部门或配合部门(未交付运营总部使用的客车)的负责人落实好调试作业的驾驶模式、运行速度、车辆及设备状况(含限界情况及防溜措施)、调试主要内容、调试客车使用接触轨受电还是接触网受电(或各种受电方式的起止时间)、作业时间、安全注意事项、跟车人员等,并要求其在调试、试验作业任务书上注明。原则上试车线客车调试采用受电弓受电(如需要调试集电靴的功能除外)。

②车辆段(场)内调试作业,负责部门须在车辆段(场)施工、检修作业登记簿上登记。

③未明确驾驶模式、受电模式、运行速度、设备状况和无跟车人员时,禁止调试作业。

④段(场)调度员在向司机、添乘人员布置计划时,必须将上述事项在调车作业计划单上注明,并将调试、试验作业任务书交司机、添乘人员确认,确认司机、添乘人员是否清楚、明白。

3. 试车注意事项

（1）动车前。动车前应注意以下事项：

①司机按《客车司机手册》《工程车司机手册》中规定的有关检车流程对调试客车、工程车进行检查、试验，确保客车、工程车状态符合行车要求；

②司机检查客车与工程车制动试验、线路限界、进路信号的显示、调试人员及设备情况等是否具备行车条件，如有异常则及时报告段（场）调度员（运转值班员）并禁止动车。

③客车上正线动车前，司机正确理解调度命令内容，明确调试负责人并与其确认调试内容及安全注意事项，明确调试程序后，双方签名确认（正线信号调试时，司机在正线与调试负责人签名确认）。

④动态试验动车前，调试负责人确认有关人员处于安全位置、警示牌和车间电源插头已撤除后，通知司机允许动车，司机确认前方进路无人无物后，鸣笛动车。

（2）试车过程中。试车过程中应注意以下事项：

①司机应严格执行规章制度，控制好行车速度，加强瞭望和呼唤应答，认真操作，密切注意、观察设备仪表的状态，遇信号异常或危及行车安全时，应立即采取紧急停车措施并及时汇报调试负责人及车辆段（场）调度员，听从其指示，确保调试客车安全。

②调试作业严禁副司机操纵列车。

③严禁任何人爬上客车、工程车车顶，运行中严禁探身车外、飞乘飞降，任何人不得扶着手扶杆站在车厢外面。

④动态试车前，必须确保客车制动系统作用良好；静态试车前，必须对车辆施加停车制动。

⑤作业途中停止时，没有调试负责人的指示，严禁擅自动车。

⑥在调试作业过程中，客车、工程车出现机车车辆或信号故障时，应及时向调试负责人汇报，由其处理，视其需要给予协助。禁止未经调试负责人同意擅自动用车载设备或进行任何试验操作。

⑦调试过程中，司机需服从调试负责人的指挥，遇调试负责人提出的调试要求超出计划内容时，司机应及时向段（场）调度员汇报，得到其同意后方可执行。

⑧严禁调试作业人员未经司机同意擅自下车或进入隧道作业，司机发现违反规定者，在车辆段（场）报段（场）调度或在正线报行车调度员，由调试负责人确认所有人员已上车后再动车。

⑨遇下列情况司机应坚决制止，严禁动车，并将情况报告段（场）调度员处理，调试人员（含外方人员）不听劝阻者，司机有权停止作业。

a. 调试指令违反相关安全规定或规章时。

b. 危及行车安全（如有物品侵入限界、道岔位置不对等情况）时。

c. 不具备动车条件（如客车上的设备未恢复正常位置、未进行制动试验等情况）时。

d. 无调试负责人在场（只有外方人员的情况）时。

e. 作业计划不清或计划与实际有出入时。

（3）安全措施。试车时的安全措施如下：

①客车、工程车在进入试车线的第一趟或调试作业中途停止超过 2 h 后需要重新调试时，要求限速 10 km/h 进行线路出清、制动力实验。

②进入试车线开始调试前,司机驾驶机车车辆停稳在"转换模式停车位置"标内方后,与信号楼联系,请求开始调试作业,得到信号楼通知试车线已封锁且允许调试时汇报调试负责人,凭调试负责人指令动车。调试完毕,司机驾驶机车车辆停稳在"转换模式停车位置"标内方后,报告信号楼调试作业结束并请求回库,凭信号楼值班员的允许和信号机的白灯动车。

③信号楼值班员必须确认客车、工程车已对标停稳,才能开放从试车线出来的调车信号。

④任何情况下都严禁进行无人引导的推进运行。在客车车载 ATP 正常的情况下,司机以 RM 模式驾驶回库,若不能使用受限制式人工驾驶(restricted manual,RM)模式时,则采用非限制式人工驾驶(unrestricted manual,URM)模式限速回库。

⑤进行工程车调试作业或进行司机驾驶培训时,客车、工程车只能在试车线两端的"150 m 标"区段内运行。遇特殊情况需要越过这两个标时,必须由调试负责人提出,经段(场)调度员同意后,限速 10 km/h 进入前方轨道(如果是下雨天,则禁止进入)。

⑥遇恶劣天气(如暴雨、大雨、大雾等),瞭望条件差,难以确认线路、道岔、信号等情况时,段(场)调度员应停止车辆段(场)内的调试、调车作业,并及时通知相关部门负责人。

⑦当客车、工程车在试车线运行中出现"空转/滑行"时,司机应及时停车,报告车辆段(场)调度员,段(场)调度员应立即停止该项调试、试车作业,查实情况并落实措施后方可继续 进行。

⑧正常情况下,试车线接触网带电,接触轨停电。段(场)调度员接到检修调度给出的客车调试、试验作业任务书,列车要上试车线调试时,确认调试受电模式。使用受电弓时,确认试车线没有施工作业后,方可安排客车上试车线调试;使用集电靴时,到现场确认试车线无人后再通知电力调度对试车线接触轨送电,待接到电力调度下达的接触轨送电通知后,方可同意客车进行试车线调试。调试结束后,段(场)调度员通知电力调度对试车线接触轨停电。

⑨试车线调试列车的受电模式按调试、试验作业任务书执行;特殊情况下需要转换受电模式时,由调试负责人向段(场)调度员提出,段(场)调度员同意后通知司机转换受电模式。

(4)库内及试车线的限制速度。司机要按照试车线行车信号、标志要求严格控制运行速度。调试机车、车辆接近尽头线及其信号机时必须降低速度。

库内及试车线的限制速度如表 4-8 所示。

表 4-8　库内及试车线的限制速度　　　　　　　　　　　　　　　　单位:km/h

地点或时机	正　　常		雨天、雾天、夜间	
	调试 URM	ATO/SM	URM/RM	SM
50 km/h 制动标	50	按设定正常速度/50	40/18	40
第一往返	10			
300 m 标	50	按设定正常速度/50	25/18	25
200 m 标	30	按设定正常速度/30	15/15	15
100 m 标	20	按设定正常速度/20	接近两端"100 m"标时,严格按照"三、二、一车"的限制速度(8、5、3)	

续表

地点或时机	正 常		雨天、雾天、夜间	
	调试 URM	ATO/SM	URM/RM	SM
停车标	接近两端停车标时,严格按照"三、二、一车"的限制速度(即 8、5、3)		禁止进入	

客车在受监控的人工驾驶(supervised manual, SM)模式或 URM 模式下进行调试,最高运行速度为 50 km/h,在雨天、雾天或夜间进行调试,最高运行速度为 40 km/h。原则上任何驾驶模式下的调试作业,客车的运行速度都不能高于 50 km/h。进行 ATO 驾驶模式信号调试,客车在接近停车点出现速度异常或在运行过程中实际速度高于正常制动距离的速度时,司机必须立即采取紧急停车措施。

客车进行高速(高于 40 km/h)试验时,必须在试车线两端的"停车标"处对标停稳后,再进行高速试验。客车到达"50 km/h"标时,司机必须采取 100% 的全制动停车。若客车到达"50 km/h"标前速度尚未达到 50 km/h,则严禁再提速到 50 km/h,应停止本趟高速试验。

七、其他作业

调车作业还包括列车进入车库、电客车回车辆段(场)洗车、电客车出车辆段(场)到洗车线洗车等作业内容。

1. 列车进入车库的有关规定

(1) 同意列车入库前,信号楼值班员应及时与段(场)调度员(运转值班员)联系停车股道,段(场)调度员(运转值班员)确认停车库内股道空闲(电动客车及电力牵引机车车辆入库还必须确认接触网作用良好且已送电)后发出"××次进××道",信号楼值班员复诵。

(2) 列车进入车库前应在库门外一度停车,有人接车时按接车员手信号进入车库,无人防护时司机应下车确认车库大门开启良好、接触网已送电后方能入库。列车进入车库限速 5 km/h。

2. 电客车回车辆段(场)洗车的作业规定

电客车回车辆段(场)进行洗车作业时,应确认"同意洗车"表示灯亮。电客车进入洗车线后应遵守以下规定:

(1) 列车不得后退,特殊情况需后退时须经行车调度员同意。

(2) 不得取消进场信号,特殊情况需取消进场信号时,须通知司机,得到司机应答后方可取消。

3. 电客车出车辆段(场)到洗车线洗车的有关规定

(1) 按调车方式办理。

(2) 取得行调同意占用转换轨的口头命令。

(3) 设备正常情况下,凭口头命令和调车信号出车辆段(场)。

(4) 电客车凭车辆段(停车场)进路防护信号机的显示或引导手信号进车辆段(场)股道。

(5) 设备故障不能开放信号时,原则上不办理洗车作业。

4. 调动计轴设备、轨道电路不能正常探测的机车车辆的有关规定

（1）信号楼值班员接到司机动车申请后，必须与司机落实机车车辆的具体停车位置，并根据计划正确排列进路、开放信号。信号开放后不能擅自取消信号，必须收到司机关于机车车辆到达目的地并停稳的汇报后，才能解锁保留的进路光带。

（2）调动非本运营公司的机车车辆或计轴设备、轨道电路探测不到的机车车辆时，段（场）调度员应安排人员之间的通信联络，确保通信畅通。

（3）如计轴设备、轨道电路出现不明红光带，必须派人到现场确认没有机车车辆占用后方可对设备进行复位。

5. 机车车辆在一条进路上来回运行的作业规定

机车车辆在一条进路上来回运行的作业规定（如打磨车作业、捣固作业、接触网检修作业）如下：

（1）信号楼应封锁进路，按规定为作业区相关股道的信号机戴上封锁帽，单锁进路上的每组道岔，确认无误后，用电台通知调车员/司机："××股道至××股道进路已封锁，准××车来回运行。"

（2）停车作业时间超过半小时，再次动车必须与信号楼确认该进路是否处于开通状态。

（3）作业完毕后，机车车辆应停在股道内方（如在××股道至××股道区段作业，则停在下一钩进路的股道内方）待令，调车员/司机向信号楼汇报："××车在××股道××信号机前方停稳，请求开放××股道至××股道的信号。"

（4）信号楼值班员接到调车员/司机汇报后，应认真确认并复诵，排列进路，开放信号后按规定通知调车员/司机凭地面信号行车。

（5）调车员/司机应严格执行相关规定，调车员还需在前端逐个确认道岔正确，并引导机车车辆限速 5 km/h 通过该进路。

（6）信号楼值班员允许机车车辆在某一条封锁进路上运行时，可以将能够正常开放的信号机作为办理进路的辅助手段使用，并加锁该进路有关道岔。原则上第一次往返运行时须开放进路信号机作为动车的凭证，之后司机在允许区域内动车，进路信号机的显示不作为行车凭证。严禁机车车辆越过允许的区域范围。

学习评价

学习完本模块后，请根据自己的学习所得，结合表 4-9 进行打分评价。

表 4-9 模块 4 学习评价表

评价内容	评价方式			评价等级
	自 评	小组评议	教师评议	
课前预习本模块相关知识、相关资料				A. 充分 B. 一般 C. 不足
熟悉车辆段的类型，了解车辆段的主要业务				A. 充分 B. 一般 C. 不足

续表

评价内容	评价方式			评价等级
	自 评	小组评议	教师评议	
掌握车辆段的主要功能和构成				A. 充分 B. 一般 C. 不足
熟悉车辆段内的列车运转流程,掌握车辆段接发车的相关规定				A. 充分 B. 一般 C. 不足
了解车辆段调车作业的概念,并熟悉其分类				A. 充分 B. 一般 C. 不足
能说出车辆段调车作业的作用				A. 充分 B. 一般 C. 不足
熟悉调车作业过程的有关规定				A. 充分 B. 一般 C. 不足
参加教学中的讨论和练习,并积极完成相关任务				A. 充分 B. 一般 C. 不足
善于与同学合作				A. 充分 B. 一般 C. 不足
学习态度,完成作业情况				A. 充分 B. 一般 C. 不足
总评				

思考与练习

(1) 车辆段可分为哪些类型?
(2) 简述车辆段的主要业务。
(3) 简述车辆段接发车的相关规定。
(4) 什么是车辆段调车作业?
(5) 简述车辆段调车作业的分类。
(6) 简述车辆段调车作业的作用。
(7) 车辆段调车作业的要求有哪些?

模块 5　列车开行计划

📖 学习目标

（1）了解列车的概念和列车运营时刻表。
（2）熟悉行车间隔时间和列车停站时间。
（3）掌握折返方式与折返时间的概念，熟悉列车运行速度的相关知识。
（4）掌握全日行车计划的编制。
（5）熟悉列车开行方案的种类。

📖 学习重点

（1）行车间隔时间。
（2）列车停站时间。
（3）折返方式与折返时间。
（4）全日行车计划的编制步骤。
（5）列车开行方案。

5.1 列车开行的基本概念

城市轨道交通列车的开行是一个系统工程,是城市轨道交通系统完成乘客运送、乘客完成空间位移的前提条件,为了保证列车安全、快速、有序地运行,必须做好有关列车的运行组织工作。

一、列车的概念

列车是指以正线运行为目的,按规定辆数编成并具有列车标志的车组。列车标志包括列车两端的标识灯、列车前端的车次号与目的地标识符。

列车运行主要是指列车在正线上的运行。城市轨道交通正线一般为双线,列车运行采用双线单向靠右侧行车。一般情况下,一条运营线路需确定一端终点站为上行端,即开往该站的列车为上行列车,反之为下行列车。

按照列车用途的不同,列车可分为专用列车、可用列车、空驶列车、试验列车、工程列车和救援列车等,不同的列车可根据不同的车次号来识别。

二、运营时刻表

运营时刻表是行车组织工作的基础,它规定了固定运营线路每个运营周期(一般为一天)的起止时间、高峰期起止时间、各次列车占有区间的顺序、列车在一个车站到达和出发(通过)的时刻、列车在区间的运行时分、列车在车站的停站时分、折返站列车折返作业时分及电动客车出入车场的时刻。

运营时刻表同时是城市轨道交通运营组织的一个综合计划。车站根据运营时刻表规定的列车到达和出发时刻安排本站行车组织和客运组织工作,车辆维修部门根据运营时刻表在每天运营前备好运营需求的列车数,车辆运转部门根据运营时刻表的要求确定列车的派出时间和乘务员的座席计划,线路桥梁、通信信号、牵引供电、机电等专业部门也要根据运营时刻表的规定来安排施工计划和维修计划。需要注意的是,详细的运营时刻表一般不对外发布,通常只发布线路各车站首、末班车的时刻表供乘客参考。

三、行车间隔时间

行车间隔时间是指同方向两列载客列车的间隔时间。缩短行车间隔时间可以减少乘客在站候车时间,有利于提高服务质量,增大对乘客的吸引力,也有利于减少列车编组辆数,节省工程投资。但是,缩短行车间隔时间受到多种因素的制约,行车间隔时间的极小值通常取决于信号系统、车辆性能、折返能力、停站时间等诸多因素,在有先进技术设备和足够工程投资做保证的前提下,停站时间往往成为最重要的制约因素。

因为在高峰小时内,线路上个别车站的乘客集散量可能特别大,导致列车在该站的上、下车时间较长。一般来说,当最长停站时间控制在 30 s 左右时,该线最小行车间隔时间可定为 2 min,据此可计算出线路的最大运输能力,编制列车运营时刻表。当然,在列车运行秩序稍有紊乱时,信号系统和列车折返系统应有能力进一步缩短行车间隔时间,使列车运行秩序尽快恢复正常。

四、列车停站时间

列车停站时间是指列车在车站进行作业所需要的时间，一般是指从列车对标停妥时刻起至列车从本站发出（不再停下）时刻止的这段时间。列车停站时间的长短取决于乘客乘降的需要，因此，它与车站的乘客集散量、车辆的车门数、座位布置、车站的疏导与管理措施等都有关系。

由于乘客发生量在时间上的不均衡性，以及乘客在列车各节车厢内分布的不均衡性，列车停站时间除了考虑乘客上、下车时间（据实测资料表明，每名乘客上、下车约需 0.6 s）以及开关车门反应时间和动作时间（约需 0.6 s）外，还应有一定的富余量，这往往使得列车停站时间成为列车最小行车间隔时间的制约因素，而且停站时间过长会降低列车运行速度。因此，车站应采取积极的疏导和管理措施，包括完善列车上的报站广播等设施，让上、下车的乘客提前做好准备，以免延误乘降等。

一般在编制列车时刻表时，根据设备能力和列车停站作业程序计算出列车停站时间的最小值，一般应控制在 30 s 以下，有屏蔽门的车站一般不少于 20 s，客流较大的车站可放宽至 30~50 s。

有时，为了更好地组织列车运行秩序和提高运行效率，列车在沿线不同车站也可以考虑不同的停站方式。

五、折返方式与折返时间

列车到达终点站后，如果不入段整备，就需要改变运行方向，进入另一个运行方向并继续在正线上运送乘客。将列车由一条线路转换至另一条线路的方式称为列车折返，凡具有列车折返能力的车站均称为折返站。

列车的折返方式首先涉及是否所有的列车都在线路上全线运行的问题，由于各区间断面客流量一般是不均衡的，个别线路甚至相差较大，如果按照最大断面客流量开行一种列车，将导致车辆客位利用率不高，造成一定程度的浪费。所以，应视线路的具体情况采用长短交路相结合的组织方法，这样不仅可以提高列车和车辆的运送效率，降低运营成本，避免运能损耗，同时可以给乘客带来极大的方便。

对应于不同的折返布置形式，列车折返所需时间是不同的。折返时间受折返线的形式、列车长度、列车制动力、信号设备及司机操作水平等诸多因素的影响。当所要求的列车行车间隔时间小于列车折返所需的时间时，必须采取其他措施，如在折返线预置另一列列车进行周转或在该站配备调车司机，避免原司机在折返线从车尾步行到车首，延长折返时间。

六、列车运行速度

在实际工作中，通常把速度分为 3 个不同的概念，即运行速度、技术速度和旅行速度。

（1）运行速度。运行速度是在列车运行时间中扣除加减速附加时间和在站停车时间后所求得的速度。

（2）技术速度。技术速度是在列车运行时间中扣除中间站停车时间后所求得的速度。

（3）旅行速度。旅行速度是指列车运送速度，它是列车在区段或铁路线路内运行的平均速度。

列车技术速度与车辆性能、信号设备和线路条件等因素有关。在技术速度既定的条件下,列车运送速度还与铁路平均站间距密切相关:站间距短,则列车运送速度较低。其原因是站间距短,不仅列车运行速度受到限制,而且会增加总的停站时间和加减速附加时间。虽然站间距短可能减少乘客步行入站候车的时间,但会延长乘客在列车上的旅行时间,并会大大增加投资和运营费用。在国外,特别是欧洲早期修建的地铁,站间距一般偏短,最短的只有 400 m 左右,但近年来新建的地铁及轻轨线路的站间距有变长的趋势,其范围为 800～2 400 m,平均为 1 600 m。结合我国的国情,地铁及轻轨线路站间距设置为 1 000 m 左右较为合适,运送速度不宜低于 30 km/h。

5.2 全日行车计划

全日行车计划是指运营时间内各个小时开行的计划列车数,它是编制列车运行图和确定车辆运用的基础资料。

一、全日行车计划的编制依据

全日行车计划是指城市轨道交通系统全日分阶段开行的列车对数计划。它决定着城市轨道交通系统的输送能力和设备(列车)使用计划,也是列车运行图(时刻表)编制的依据。

全日行车计划编制的依据包括:

(1) 营业时间计划。营业时间计划即城市轨道交通系统全日营业时间范围,它与城市居民的出行特点和文化背景、习惯有关。目前,世界上大多数城市轨道交通系统的营业时间都在 18～20 h,停止营业的目的主要是进行设备维护和设备检修。

(2) 全日分时最大断面客流分布。可根据客流数据推算全日分时最大断面客流分布。

(3) 列车运载能力。它涉及列车编成、车辆定员等数据。

(4) 满载率。满载率是指实际载客量与设计载客量之比,它反映着系统的服务水平。一般情况下,满载率可取 0.75～0.90。

全日行车计划的编制一般要在分时行车计划编制完毕的基础上汇总后完成。分时行车计划中的列车开行对数可按式(5-1)计算。

$$n_i = p_{\max,i}/(c_p \times \beta) \tag{5-1}$$

式中,n_i 为某 i 小时内应开行的列车数;$P_{\max,i}$ 为该小时最大客流断面乘客数量;c_p 为列车的设计载客能力(人);β 为列车满载率。

全日列车开行对数应为

$$N = \sum n_i \tag{5-2}$$

式中,N 为全日列车开行对数;n_i 为某 i 小时内应开行的列车数。

在实际交通系统中,经常需要用到另一个指标来评价行车计划,即发车间隔 I_i,其以分(min)计,计算式为

$$I_i = 60/n_i \tag{5-3}$$

或以秒(s)计,计算式为

$$I_i = 3600/n_i \tag{5-4}$$

二、全日行车计划的编制步骤

全日行车计划的编制步骤如下：
（1）根据各站上下车人数统计推算出各断面客流量。
（2）推算出全日列车开行计划。
（3）根据营业时间和全日分时行车计划确定各时段开行的列车数，并确定列车发车间隔。

三、全日行车计划编制案例

1. 已知条件

（1）站间客流 OD（original destination，即只考虑始发地和目的地客流，不考虑在此之间的途经地的一种市场分析方法）表如表 5-1 所示。根据表 5-1 可以统计各站上下车人数，即每行之和为上车人数，每列之和为下车人数，右下角为全线客流总量。区间的断面客流量可以在此基础上生成。如果要分方向，则需要看车站的排列顺序。

表 5-1　站间客流 OD 表

站　　名	A	B	C	D	E	合计
A		3 260	22 000	1 980	1 950	29 190
B	2 100		21 900	2 330	6 530	32 860
C	5 800	4 900		3 220	4 600	18 520
D	5 420	4 100	3 200		4 390	17 110
E	1 200	4 320	7 860	3 420		16 800
合计	14 520	16 580	54 960	10 950	17 470	114 480

（2）营业时间：5:00—23:00。
（3）全日分时最大断面客流分布比例。
（4）列车编组 6 辆，定员为 260 人。
（5）满载率：高峰小时为 120%，其他时间为 90%。
（6）高峰小时：7:00—8:00，17:00—18:00。

2. 编制步骤

（1）根据站间客流 OD 表推算出各站上下车人数，如表 5-2 所示。根据各站上下车人数推算出各站上下行断面客流量，如表 5-3 所示。

表 5-2　各站上下车人数统计

下行上车人数	下行下车人数	站　　名	上行上车人数	上行下车人数
29 190	0	A	0	14 520
30 760	3 260	B	2 100	13 320
7 820	43 900	C	10 700	11 060
4 390	7 530	D	12 720	3 420

续表

下行上车人数	下行下车人数	站　　名	上行上车人数	上行下车人数
0	17 470	E	16 800	0

表 5-3　各站上下行断面客流量

下　　行	区　　间	上　　行
29 190	A—B	14 520
56 690	B—C	325 740
20 610	C—D	26 100
17 470	D—E	16 800

(2) 根据以上条件编制全日列车开行计划。根据各站上下行断面客流量可知，早高峰小时最大断面客流量为 56 690 人。根据全日分时单向最大断面客流分布比例可计算出分时单向最大断面客流量，如表 5-4 所示。

根据已知条件计算可知：

高峰小时每列车乘客人数 $= 260 \times 6 \times 1.2 = 1\ 872$。

其他时间每列车乘客人数 $= 260 \times 6 \times 0.9 = 1\ 404$。

根据式(5-1)和式(5-3)可计算出分时行车计划中的列车开行对数和发车间隔，如表 5-4 所示。

表 5-4　全日列车开行计划

时　　间	全日分时最大断面客流分布比例/(%)	分时单向最大断面客流量/人	分时列车开行对数	发 车 间 隔
5:00—6:00	15	8 504	7	8 min 30 s
6:00—7:00	50	28 345	21	2 min 50 s
7:00—8:00	100	56 690	31	2 min
8:00—9:00	70	39 683	29	2 min 05 s
9:00—10:00	50	28 345	21	2 min 50 s
10:00—11:00	40	22 676	17	3 min 40 s
11:00—12:00	45	25 511	19	3 min 15 s
12:00—13:00	50	28 345	21	2 min 50 s
13:00—14:00	55	31 180	23	2 min 35 s
14:00—15:00	60	34 014	25	2 min 25 s
15:00—16:00	60	34 014	25	2 min 25 s
16:00—17:00	70	39 683	29	2 min 5 s
17:00—18:00	90	51 021	28	2 min 5 s
18:00—19:00	60	34 014	25	2 min 25 s

续表

时间	全日分时最大断面客流分布比例/(%)	分时单向最大断面客流量/人	分时列车开行对数	发车间隔
19:00—20:00	50	28 345	21	2 min 50 s
20:00—21:00	30	17 007	13	5 min
21:00—22:00	20	11 338	9	6 min 35 s
22:00—23:00	15	8 504	7	8 min 30 s

5.3 列车开行方案

列车开行方案包括列车编组方案、列车交路方案和列车停站方案3个部分。在列车开行方案中,列车编组方案规定了列车是固定编组还是非固定编组,以及列车的编组辆数;列车交路方案规定了列车的运行区段与折返车站;列车停站方案规定了列车是站站停车还是非站站停车,以及非站站停车的方式。此外,列车开行方案还规定了按不同编组、交路和停站方案开行的列车数。

列车开行方案是日常运营组织的基础。列车开行方案的比选应遵循客流分布特征与运营经济合理兼顾的原则,以实现既能维持较高的乘客服务水平,又能提高车辆运用效率的目标。

一、列车编组方案

1. 列车编组种类

(1) 大编组方案。大编组是指在运营时间内列车编组辆数固定且相对较多,如地铁列车采用6辆或8辆编组的情形。

(2) 小编组方案。小编组是指在运营时间内列车编组辆数固定且相对较少,如地铁列车采用3辆或4辆编组的情形。

(3) 大小编组方案。大小编组是指在运营时间内列车编组辆数不固定。大小编组有两种情形:一种是在客流非高峰时段编组辆数相对较少,在客流高峰时段编组辆数相对较多,如在客流非高峰和高峰时段,地铁列车分别采用3/6辆编组、4/6辆编组或4/8辆编组的情形;另一种是在全日运营时间内采用大小编组,如地铁列车采用3/6辆编组或4/6辆编组的情形。在采用大小编组方案时,与4/6辆编组方案相比,3/6辆编组方案具有乘客服务水平较高、可根据客流量灵活编组,以及车辆维修周期一致等优点。

应该指出,离开一定的客流条件来讨论列车编组方案的比选是无意义的。例如,在线路的分时客流比较均衡时,大小编组方案失去了比选的必要性;在客流已经接近远期设计客流量时,小编组方案失去了实施的可能性。因此,只有在客流量尚未达到远期设计客流量,并且分时客流不均衡程度较大的情况下,才有必要对列车编组方案进行比选。

2. 影响列车编组方案比选的因素

为满足客流需求,城市轨道交通必须提供一定的列车运能。小时列车运能既与小时内开行的列车数有关,也与列车编组辆数和车辆定员有关。假设小时列车运能应达到 18 000 人,在车辆选型一定时,列车编组与列车间隔成正比关系;在列车间隔一定时,列车编组与车辆定员成反比关系,如表 5-5 所示。由此可见,影响列车编组方案选用的主要因素是客流、车辆选型和列车间隔(通过能力)。此外,在进行列车编组方案比选时,通常还应考虑乘客服务水平、车辆运用经济性和运营组织复杂性等影响因素。

表 5-5 列车编组与车辆选型、通过能力的关系

方案序号	一	二	三	四
编组辆数/辆	3	6	4	6
车辆定员/人	300	300	300	200
列车间隔/min	3	6	4	4
列车运能/(人/小时)	18 000			

(1)客流。客流因素主要是指高峰小时最大断面客流与分时客流不均衡程度。高峰小时最大断面客流越大,需要的小时列车运能也越大。在车辆选型、列车间隔一定的情况下,列车编组辆数与高峰小时最大断面客流成正比关系,即客流较大时,列车编组也较大。从提供必要的小时列车运能出发,在高峰小时最大断面客流较大且列车间隔已无法进一步压缩时,列车编组只有大编组方案一种选择;在高峰小时最大断面客流不大,但分时客流不均衡程度较大时,选择小编组方案或大小编组方案有助于提高车辆运用经济性和乘客服务水平。

(2)车辆选型。车辆选型的依据是高峰小时最大断面客流量,在高峰小时最大断面客流量不小于 3 万人时应采用 A 型车或 B 型车,车辆定员分别为 310 人和 230 人左右。在列车间隔一定的情况下,小时列车运能取决于列车定员,而列车定员又是车辆定员与列车编组辆数的乘积,如果车辆定员较大,列车编组可相应减小。

(3)列车间隔。从提供必要的小时列车运能出发,在车辆定员一定的情况下,为适应小编组方案,列车间隔应相应压缩,但列车间隔的压缩受到线路通过能力和列车折返能力的制约。因此,采用小编组方案是有条件的,当用小编组方案替代大编组方案时,应验算列车间隔与通过能力是否相适应。当客流量接近远期设计客流量时,由于通过能力的利用接近饱和,无法进一步压缩列车间隔,小编组方案就失去了实施的可能性。

(4)乘客服务水平。在进行列车编组方案比选时,应考虑不同编组方案的乘客服务水平,在客流量不大、列车密度较低的情况下,与大编组方案相比,采用小编组方案时的乘客候车时间较短。因此,小编组方案有助于提高乘客服务水平。

另外,在采用大小编组方案时,应在站台上设置乘客候车位置导向标志。

(5)车辆运用经济性。采用小编组方案,对提高列车满载率及降低牵引能耗具有积极意义,但随着列车中的动车比例增加,车辆的平均价格也呈增长趋势。此外,随着小编组列车开行对数的增加,乘务员的配备数也相应增加。

(6)运营组织复杂性。在进行列车编组方案比选时,还应考虑运营组织的复杂性。与采用固定编组方案相比,在选用大、小编组方案时,列车的编组与解体、高峰与非高峰时段的过渡及列车间隔的调整等均增加了运营组织的复杂程度。

二、列车交路方案

1. 列车交路方案的种类

列车交路有常规交路、衔接交路和混合交路 3 种,其中混合交路和衔接交路又统称为特殊交路。

(1) 常规交路。常规交路又称为长交路。在这种交路模式下,列车在线路的两个终点站间运行,到达线路终点站后折返,如图 5-1(a)、(f)所示。采用常规交路方案与采用特殊交路方案相比,行车组织简单,乘客无须换乘,不需要设置中间折返站。但如果线路各区段断面客流不均衡程度较大,会造成部分区段列车运能的浪费。

(2) 衔接交路。衔接交路又称为短交路,是若干短交路的衔接组合,列车只在线路的某一区段内运行、在指定的中间站折返,如图 5-1(b)、(e)所示。与采用常规交路方案相比,采用衔接交路方案可提高断面客流较小区段的列车满载率,但跨区段出行的乘客需要换乘,并且需要设置中间折返站。与采用混合交路方案相比,衔接交路列车在中间折返站是双向折返,增加了折返作业的复杂性。

(3) 混合交路。混合交路又称为长短交路。在这种交路模式下,混合交路列车在线路的部分区段共线运行,常规交路列车到达终点站后折返、衔接交路列车在指定的中间站单向折返,如图 5-1(c)、(d)所示。与采用常规交路方案相比,采用混合交路方案可提高常规交路列车满载率、加快衔接交路列车周转,但部分乘坐常规交路列车的乘客,其候车时间增加,而且需要设置中间折返站。

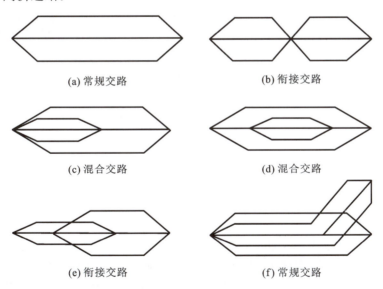

图 5-1 不同类型的列车交路

2. 影响列车交路方案比选的因素

符合客流的空间分布特征是选用列车交路方案的前提条件或必要条件。此外,影响列车交路方案比选的主要因素还有乘客服务水平、运营经济性、通过能力适应性和运营组织复杂性等。

(1) 客流空间分布特征。符合客流的空间分布特征是选用列车交路方案的基本依据,只有在线路各区段断面客流分布不均衡程度较大时,才有必要对常规交路和特殊交路方案进行比选。在断面客流分布为阶梯形时,可选用混合交路或衔接交路方案,在断面客流分布为"凸"字形时,可选用混合交路方案,而在断面客流分布比较均衡时,一般应选用常规交路方案。

(2) 乘客服务水平。在进行列车交路方案比选时,线路各区段断面客流分布的不均衡仅仅是采用特殊交路方案的必要条件,而不是充分条件。在采用混合交路时,部分乘常规交路列车的乘客的候车时间会增加;在采用衔接交路时,跨区段出行的乘客需要在中间折返站换乘。鉴于上述情形,采用特殊交路会使部分乘客的出行时间增加,从而引起乘客服务水平的下降。特殊交路方案对乘客服务水平的影响程度,取决于乘坐常规交路列车或跨区段出行乘客的数量及其所占比例。如果乘客出行时间增加幅度较大,一般不宜采用特殊交路方案。但应指出,当特殊交路与非站站停车方案结合选用时,乘客服务水平下降的情况可以得到改善。

(3) 运营经济性。与采用常规交路相比,采用特殊交路能提高列车满载率,加快列车周转,减少运用车数,从而提高车辆运用经济性,降低运营成本。但由于采用特殊交路方案需要在中间站铺设折返线、道岔和安装信号设备,因而也会增加投资与运营费用。

(4) 通过能力适应性。采用特殊交路方案时,部分列车在中间站单向折返,或全部列车在中间站双向折返。在单向折返时,衔接交路列车的折返作业与常规交路列车的到发作业有可能产生进路干扰;在双向折返时,两个方向衔接交路列车的折返作业有可能产生进路干扰。在产生进路干扰的情况下,线路折返能力,甚至最终通过能力均有可能降低。因此,通过能力的适应性是采用特殊交路方案的充分条件之一。

(5) 运营组织复杂性。由于列车按不同的交路运行并在中间站折返,以及需要加强站台乘车导向服务,因而特殊交路方案的运营组织要比常规交路方案复杂。此外,在采用特殊交路方案时,中间折返站的选择也是运营组织中需要考虑的问题。中间折返站一般应选在断面客流落差明显的车站,但如果这些车站的到达客流较大,乘客下车作业稍有延误就会造成列车出发晚点。因此,在选择中间折返站的位置时,可考虑将不同列车交路的中间折返站错开设置,以避免中间站折返能力不足的问题,以及可考虑将中间折返站的位置选在断面客流落差明显的前方车站,以缩短折返出发间隔时间。

三、列车停站方案

1. 列车停站种类

(1) 站站停车。站站停车,即列车在全线所有车站均停车,如图 5-2 所示。与非站站停车相比,线路上开行列车种类简单,不存在列车越行,乘客无须换乘,也无须关注站台上的列车信息显示。当跨区段、长距离出行乘客的比例较大时,站站停车在车辆运用与乘客服务水平方面均不能达到最佳状态。

○ 停车站

图 5-2 站站停车方案

(2) 区段停车。在混合交路情况下采用区段停车,常规交路列车在衔接交路区段外每站都停车,但在衔接交路区段内不停车;而衔接交路列车在衔接交路区段内每站都停车,衔接交路列车的中间折返站同时又是乘客换乘站,如图 5-3 所示。与站站停车相比,区段停车方案中的常规交路列车在衔接交路区段内直接通过,列车停站次数的减少使常规交路列车的停站时间及启停车附加时间总和也相应减少,提高了列车旅行速度,压缩了列车周转时间。因此,采用区段停车方案有利于减少长距离出行乘客的乘车时间,减少车辆的运用,降低运营成本。但是,区段停车方案也存在若干问题:首先,在行车量较大的情况下,有可能会产生列车越行情形,需要在部分中间站修建侧线;其次,对于在不同交路区段间上下车的乘客而言,其换乘时间会增加,而对于在衔接交路区段内上下车的乘客而言,其候车时间会延长。

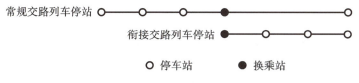

图 5-3 区段停车方案

(3) 跨站停车。在常规交路的情况下采用跨站停车,将线路上开行的列车分为 A、B 两类,全线的车站分为 A、B、C 三类,其中 A、B 两类车站按相邻分布的原则设置,C 类车站可按每隔 4 个或 6 个车站选择一个的原则设置。A 类列车在 A、C 两类车站停车,在 B 类车站通过;B 类列车在 B、C 两类车站停车,在 A 类车站通过,如图 5-4 所示。与站站停车方案比较,跨站停车方案的优点类似于区段停车方案,但由于 A、B 两类车站的列车到达间隔加大,在A、B 两类车站上车的乘客,其候车时间会有所增加。此外,在 A、B 两类车站间上下车的乘客需要在 C 类车站换乘,换乘时间的增加会带来不便。因此,跨站停车方案比较适用于 C 类车站上下车客流较大,并且乘客乘车距离较远的情形。

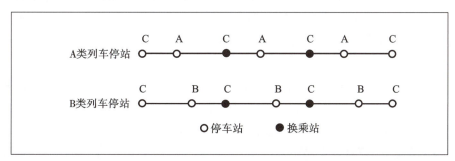

图 5-4 跨站停车方案

(4) 部分列车跨多站停车。部分列车跨多站停车是指线路上开行两类常规交路列车,即普速、站站停车列车和快速、跨多站停车列车。快速列车只在线路上的主要客流集散站停车,在其他站则不停站通过,如图 5-5 所示。该停车方案在提高跨多站停车列车运行速度的同时,避免了跨站停车方案存在的部分乘客需要换乘问题,既能提高运营经济性,又不会降低对乘客的服务水平。此外,该停车方案的运用比较灵活,运营部门可根据客流特征,按不同比例确定快速列车开行对数。在线路通过能力利用率比较高的情况下,采用这种停车方案通常会引起快速列车越行普速列车;如果不安排列车越行,则只能以损失线路通过能力来保证追踪列车间隔时间。

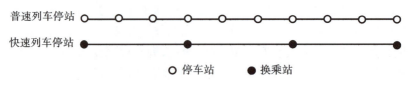

图 5-5　部分列车跨多站停车方案

2. 影响列车停站方案比选的因素

采用非站站停车方案通常有利于减少车辆运用与降低运营成本,但采用非站站停车方案在节约一部分乘客的乘车时间的同时,使得另一部分乘客增加了候车时间或换乘时间。乘客节约时间总和是否大于增加时间总和取决于站间 OD 客流的空间分布特征。此外,由于城市轨道交通车站一般不设置侧线,采用非站站停车方案还会产生列车越行问题。因此,影响列车停站方案比选的主要因素为站间 OD 客流特征、乘客服务水平、列车越行问题、运营经济性和运营组织复杂性等。

(1) 站间 OD 客流特征。在长距离出行乘客比例较大及某些发到站间的直达客流也较大的情况下,采用非站站停车方案通常是有利的。因此,区段停车方案比较适用于大部分乘客的乘车区间是郊区段各站与市区段终点站之间的通勤出行,如远郊区与中央商务区之间、远郊区车站与城市轨道交通环线换乘站之间的通勤出行;跨站停车方案比较适用于 C 类车站上下车客流较大,并且乘客乘车距离较远的情形。在线路上以同一区段内发到的短途客流为主时,不宜采用非站站停车方案。

(2) 乘客服务水平。采用非站站停车方案,在压缩长距离出行乘客乘车时间的同时,也会出现一部分乘客换乘时间或候车时间增加的情形。因此,采用非站站停车方案是否可行,应根据站间 OD 客流,定量分析计算长途乘客节约的出行时间与部分乘客增加的换乘和候车时间后再确定。一般而言,如果乘客的节约时间总和大于增加时间总和,或者乘客的节约时间与增加时间基本持平,采用非站站停车方案是可行的,能提高或至少不降低乘客服务水平。

(3) 列车越行问题。当采用列车非站站停车方案时,存在后行列车越行前行列车的可能性。为避免后行列车越行前行列车,可通过调整列车追踪运行间隔来实现,但这是以降低线路通过能力来换取列车不越行,难以适应大客流的线路或客流增加较快的线路。因此,采用非站站停车方案,必须对列车越行相关问题,如列车越行判定条件、越行站设置数量及位置等问题做进一步分析。

(4) 运营经济性。与站站停车方案相比,非站站停车方案能加快列车周转、减少运用车辆数,从而降低运营成本。但采用非站站停车方案时,通常要在部分中间站增设越行线,车站土建与轨道等费用的增加会造成车站造价上升。

(5) 运营组织复杂性。由于各类列车的停站安排不同及列车需要在中间站越行,控制中心、车站控制室对列车运行的监控,以及站台上的乘车导向服务均应加强。因此,非站站停车方案的运营组织要比站站停车方案更复杂。

学习评价

学习完本模块后,请根据自己的学习所得,结合表 5-6 进行打分评价。

表 5-6　模块 5 学习评价表

评价内容	评价方式			评价等级
	自评	小组评议	教师评议	
课前预习本模块相关知识、相关资料				A. 充分 B. 一般 C. 不足
了解列车的概念和运营时刻表				A. 充分 B. 一般 C. 不足
熟悉行车间隔时间和列车停站时间				A. 充分 B. 一般 C. 不足
掌握折返方式与折返时间的概念,熟悉列车运行速度的相关知识				A. 充分 B. 一般 C. 不足
掌握全日行车计划的编制				A. 充分 B. 一般 C. 不足
熟悉列车开行方案的种类				A. 充分 B. 一般 C. 不足
参加教学中的讨论和练习,并积极完成相关任务				A. 充分 B. 一般 C. 不足
善于与同学合作				A. 充分 B. 一般 C. 不足
学习态度,完成作业情况				A. 充分 B. 一般 C. 不足
总评				

思考与练习

(1) 列车的概念是什么? 什么是运营时刻表?
(2) 什么是行车间隔时间? 什么是列车停站时间?
(3) 简述全日行车计划的编制步骤。
(4) 列车开行方案有哪些?

模块 6　列车运行图编制

 学习目标

（1）知道什么是列车运行图，熟悉列车运行图的表示形式。
（2）掌握列车运行图的意义，能识别列车运行图的符号。
（3）熟悉列车运行图的分类，掌握车次规定。
（4）掌握列车运行图的组成要素。
（5）熟悉编制列车运行图的原则和要求。
（6）掌握编制列车运行图的步骤。

 学习重点

（1）列车运行图的意义和符号。
（2）列车运行图的组成要素。
（3）列车运行图的编制。

6.1 列车运行图的含义及表示形式

列车运行是一个复杂的过程,它要求各部门、各工种、各项作业之间相互协调与配合,这样才能保证行车安全,提高运输效率,而对各部门之间的协调与配合起统领作用的就是列车运行图。

一、列车运行图的含义

列车运行图是利用坐标原理对列车运行时间、空间关系(列车运行状况)的图解表示,横坐标是时间轴,纵坐标是车站轴(或者横坐标是车站轴,纵坐标是时间轴),运行线代表列车的运行轨迹,时刻表是列车运行图的文本表示形式。

列车运行图规定了各次列车占用区间的次序,列车在区间的运行时分,在车站的到达、出发或通过时刻,在车站的停站时间和在折返站的折返时间,以及列车交路和列车出入车辆段时刻等信息。

二、列车运行图的表示形式

列车运行图以横轴表示时间,以纵轴表示距离,如图 6-1 所示。

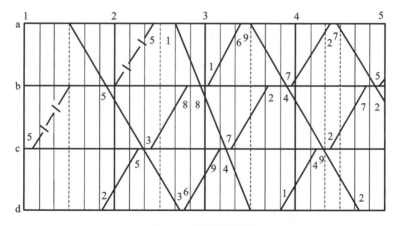

图 6-1　列车运行图

图 6-1 中的水平线表示各车站的中心线,水平线和水平线之间的间隔表示站间距离;垂直线表示时间;斜直线表示列车的运行,称为列车运行线;图中的数字为列车在车站的停车时分,填记在列车运行线与站名线相交的钝角内,通过时分填记在左侧的钝角内。

根据垂直线等分横轴的不同时间单位,列车运行图主要有以下 4 种格式:

(1) 一分格运行图,横轴以 1 min 为单位进行等分。一分格运行图是地铁、轻轨采用的列车运行图格式。

(2) 二分格运行图,横轴以 2 min 为单位进行等分。二分格运行图是市郊铁路编制新图时的列车运行图格式。

(3) 十分格运行图,横轴以 10 min 为单位进行等分,半小时格用虚线表示。十分格运行图是铁路日常使用的列车运行图格式,图 6-1 即为十分格运行图。

(4)小时格运行图。横轴以 1 h 为单位,用竖线加以划分。小时格运行图是编制旅客列车方案图、机车周转图或客车周转图采用的格式。

6.2 列车运行图的意义与符号

列车要实现安全、正点,必须按图行车,因此编制一张经济、合理的列车运行图,对于充分利用城市轨道交通设备的能力,满足各时期、各时段乘客运输的要求,使运能与运量很好地结合,具有十分重要的意义。这样,既能方便乘客出行的需要,又能使企业获得最佳的经济效益。

一、列车运行图的意义

列车运行图起着使各部门紧密配合、协调动作的重要作用。它能有效地把各单位组织起来,使它们都按列车运行图的规定制订各自的生产计划,并按一定的程序进行工作。列车运行图不仅规定了列车的运行,而且规定了轨道交通技术设备(线路、站场、电动车辆、通信信号、机电、供电)的运用,同时规定了所有与行车有关的单位的工作任务。综上所述,列车运行图是行车组织工作的基础,是轨道交通运输生产的综合计划。

(1)列车运行图规定了各次列车占用区间的顺序,列车在各个站的到达、出发时刻及各个区间的运行时分和在站的停车时分等。这样就能保证行车安全和运输工作的有条不紊。

(2)列车运行图可以把整个轨道交通的生产联系成为一个统一的整体,列车运行图是运输生产的综合计划,是行车组织工作的基础。

(3)列车运行图不仅是日常指挥列车运行的依据,也是轨道交通运输工作贯彻国家方针、政策,为广大乘客服务,为战备人防,为社会主义经济建设服务的重要工具。列车运行图是确保轨道交通运输安全、促进轨道交通设备的改造和更新、加速车辆周转、不断提高轨道交通通过能力的重要手段。

(4)列车运行图不但能充分体现轨道交通的管理水平,也能起到促进和提高运营管理水平、有效地使用现有的运输能力、挖掘运输潜力的作用。

二、列车运行图的符号

列车运行图是记录列车运行实际情况的图标,它采用不同的线条和符号来表示列车运行的有关信息,国内部分城市轨道交通一般采用如下表示方法。

(1)列车运行图上的列车运行线如表 6-1 所示。

表 6-1 列车运行图上的列车运行线

列车种类	符号	说明
客运列车	———————	红色实线
临时加开列车	- - - - - - - - -	红色虚线

续表

列车种类	符号	说明
专运列车		红色实线加箭头
排空列车		红色实线加圆圈
救援列车		红色实线加叉
调试列车		蓝色实线
施工列车		黑色实线

（2）列车运行图上的表示符号如表 6-2 所示。

表 6-2　列车运行图上的表示符号

符号	说明
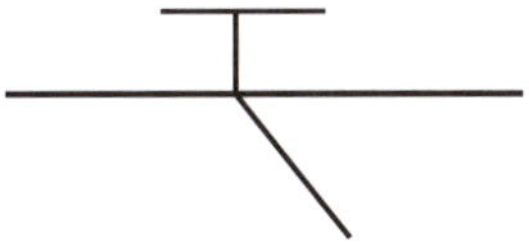	列车始发
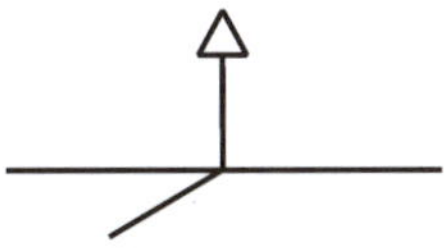	列车终到
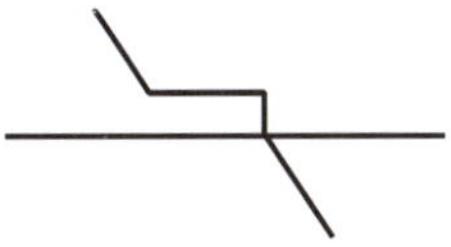	列车由邻线转来
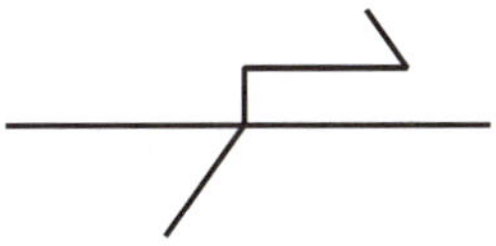	列车开往邻线
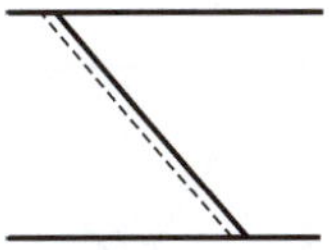	列车合并运行时，在红色实线下方加红色虚线
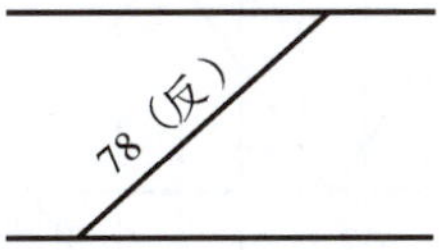 78（反）	列车反方向运行时，在反方向运行区间的运行线上填写车次及"反"字
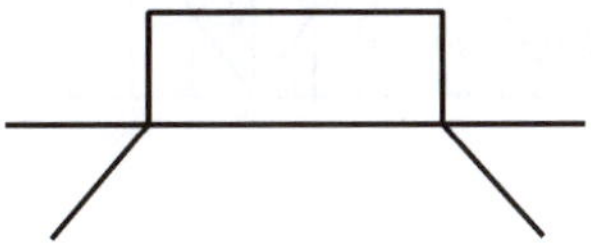	列车折返

续表

符　号	说　明
	列车不停站通过时，在列车运行线上方加带箭头的红色短实线
	列车停站超时时，图解实际站停时间，并在圆圈处注明原因
	列车在区间停车时，图解停车时间，并在圆圈处注明原因

6.3　列车运行图的分类及车次规定

一、列车运行图的分类

根据不同的分类标准可以对列车运行图进行不同的分类，常用的有按区间正线数目的不同分类、按各种列车运行速度的不同分类、按上下行方向列车数目是否相同分类、按同方向列车是否追踪运行分类等。

1. 按区间正线数目的不同分类

按照区间正线数目的不同，可以将列车运行图分为单线运行图、双线运行图和单双线运行图 3 种。

（1）单线运行图。单线运行图是指在列车运行图上，上下行列车都在同一正线上运行，上下行方向列车交会必须在车站进行。单线运行图如图 6-2 所示。

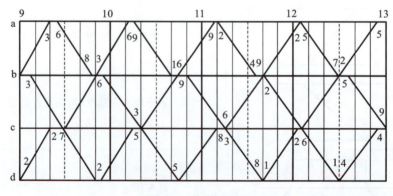

图 6-2　单线运行图

（2）双线运行图。双线运行图是指在列车运行图上，上下列车各自在正线运行，上下线列车交会可在区间或者车站进行。双线运行图如图6-3所示。

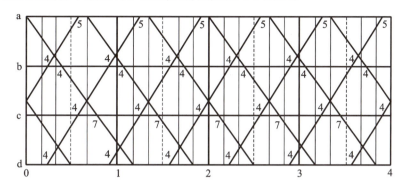

图6-3　双线运行图

(3) 单双线运行图。单双线运行图兼有单线运行图和双线运行图的特点，列车在单线区间和双线区间分别按照单线运行图和双线运行图运行。单双线运行图如图6-4所示。

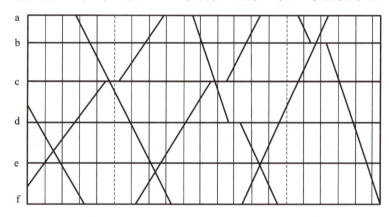

图6-4　单双线运行图

2. 按各种列车运行速度的不同分类

按各种列车运行速度的不同，可将列车运行图分为平行运行图和非平行运行图两种。

(1) 平行运行图。平行运行图是指在列车运行图上，同方向列车的运行速度相同。平行运行图如图6-5所示。

(2) 非平行运行图。在列车运行图上铺画有不同速度和不同种类的列车，因而部分列车运行线互不平行。非平行运行图如图6-6所示。

3. 按上下行方向列车数目是否相同分类

按上下行方向列车数目是否相同，列车运行图可分为成对运行图和不成对运行图两种。

(1) 成对运行图。成对运行图是指在列车运行图上，上下行方向列车数目相同。成对运行图如图6-7所示。

(2) 不成对运行图。不成对运行图是指在同一区段列车运行图上，上下行方向列车数目不相同。不成对运行图如图6-8所示。

4. 按同方向列车是否追踪运行分类

按同方向列车是否追踪运行，列车运行图可分为追踪运行图和非追踪运行图两种。

(1) 追踪运行图。在这种运行图中，同方向列车的运行是以闭塞分区为间隔的，一个站

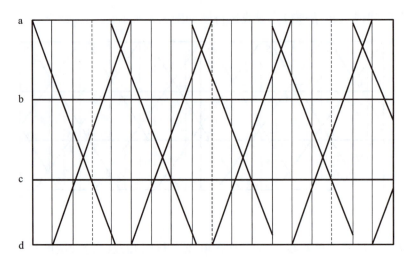

图 6-5 平行运行图

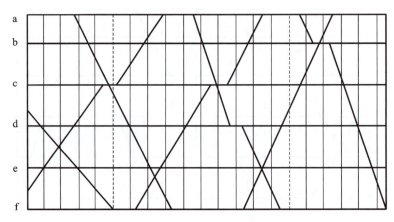

图 6-6 非平行运行图

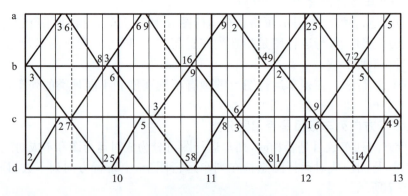

图 6-7 成对运行图

间区间内允许几列同向列车同时运行。追踪运行图如图 6-9 所示。

（2）非追踪运行图。非追踪运行图又称为连发运行图，如图 6-10 所示。在这种运行图中，同方向列车的运行是以站间区间为间隔的。在单线区段采用此运行图，在连续发出的一组列车之间不能铺画对向列车。

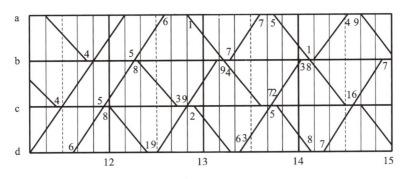

图 6-8　不成对运行图

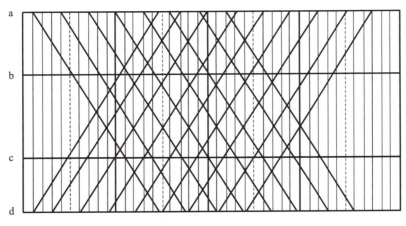

图 6-9　追踪运行图

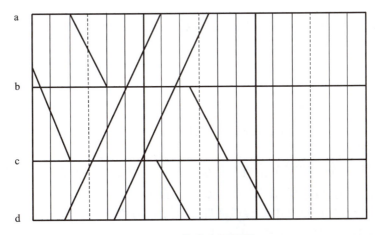

图 6-10　非追踪运行图

二、车次规定

在列车运行图上，每个列车均有不同的车号和车次。一般按发车顺序编列车车次，上行采用双数，下行采用单数。同时按不同的列车类别规定列车代号与列车号，如专运列车、客运列车、工程车等。表 6-3 列出了不同的车次号所代表的含义。

表 6-3　不同的车次号所代表的含义

车次号	含义	车次号	含义
001～099	专运列车	701～799	工程车
301～599	客运列车	801～899	
601～699	回空列车	901～999	救援列车

列车运行图中站名线的确定方法有两种：

（1）按区间里程的百分比确定，即按正规区段内各车站间实际里程的百分比来画横线，每一横线表示一个车站的中心线。采用这种方法时，运行图上站名线间的距离能明显地反映出站间距离的大小。但由于各区间线路的平面和纵断面情况不一，列车运行速度有所不同，列车在整个区段的运行线往往是一条斜折线，这样既不整齐，又不容易发现铺画中的错误，所以一般不采用这种方法。

（2）按区间运行时分的百分比确定，即按整个区段内下行（或上行）列车在各区间运行时分（当上下行运行时分差别较大时，可加以调整）的百分比来画横线。采用这种方法时，列车在整个区段的运行线基本上是一条斜直线，既整齐美观，又便于发现运行时分上的问题，所以多采用此方法确定站名线。

6.4　列车运行图的组成要素

根据列车运行图的特殊性，可以将列车运行图分为不同的种类。而列车运行图的共性，则是组成列车运行图的各项基本要素。

城市轨道交通列车运行图的组成要素可以分为 3 类，即时间要素、数量要素和其他相关要素。

一、时间要素

时间要素主要包括区间运行时分、停站时间、折返作业时分、列车出入停车场的作业时间、车站间隔时间、追踪列车间隔时间、运营时间等。

1. 区间运行时分

列车区间运行时分是指列车在两个相邻车站或线路所之间的运行时间标准，它由机务部门采用牵引计算和实际试验相结合的方法进行查定。

列车区间运行时分按车站中心线或线路所通过信号机之间的距离计算。当到发场中心线与车站中心线不一致时，按到发场中心线计算。

因为乘客列车和货物列车的运行速度各不相同，上下行方向的线路平面、纵断面条件和列车重量也不相同，所以列车区间运行时分应按各种列车类型和上下行方向分别查定。此外，列车区间运行时分还应根据列车在每一区间两个车站上不停车通过和列车到站停车两种情况分别查定。列车不停车通过两个相邻车站所需的区间运行时分称为纯运行时分。列车到站停车的停车附加时分和停站后出发的启动附加时分，应根据机车类型、列车重量及进出站线路平面与纵断面条件查定。

2. 停站时间

停站时间主要是指列车停站作业(包括减速、加速、开关车门等)和乘客上下车所需时间的总和。具体计算应从列车停稳开始,包括列车开门时间、乘客上下车时间、确认站台情况时间、关门时间等。

列车停站时间的长短取决于乘客乘降的需要,它与车站客流的大小、客车车门数的多少、车站的疏导和管理有关。

为了确保乘客的安全,在车辆处于停妥状态时才能开关车门。车门开关的时间根据车辆的不同而略有不同,开门时间在 5 s 左右,关门时间在 3~5 s。当站台上装有屏蔽门时,还应考虑屏蔽门与车门开关的不同步所产生的时差。乘客的上下车时间与高峰小时每列车的上下车人数,车辆的车门数和宽度,站台的疏导、管理密切相关,具体可以通过计算来确定。

3. 折返作业时分

折返作业时分是指列车到达终点站或在中间站进行折返作业的时间总和。折返作业时分包括列车在车站开关门时间、乘客上下车时间、确认信号时间、出入折返线时间、司机换岗时间等。折返作业时分受折返线的折返方式、列车长度、列车制动能力、信号设备水平、司机操作水平等诸多因素影响。

4. 列车出入停车场的作业时间

列车出入停车场的作业时间是指列车从车辆停车场到达与其衔接的车站正线或返回的作业时间,可以采用查标的方式确定。

5. 车站间隔时间

列车在车站的间隔时间称为车站间隔时间,是指车站办理两个列车的到达、出发或通过作业所需要的最小间隔时间。车站间隔时间在市郊铁路、城际铁路等轨道交通系统中使用。在地铁、轻轨等系统中,只在运行调整、线路或者信号设备不完善的情况下使用。在查定车站间隔时间时,应遵守有关规章的规定及车站技术作业时间标准,保证行车安全和最好地利用区间通过能力。

常用的车站间隔时间包括不同时到达间隔时间、会车间隔时间、连发间隔时间、同方向列车不同时发到及不同时到发间隔时间等几种。车站间隔时间的长短与车站邻接区间的行车闭塞方法、信号和道岔的操纵方法、车站类型、接近车站的线路平面和纵断面情况、机车类型、列车载重量、列车长度等因素有关。

6. 追踪列车间隔时间

在自动闭塞区段,一个站间区间内同方向可有两列及以上列车,以固定或非固定的闭塞分区间隔运行,称为追踪运行。追踪运行列车之间的最小间隔时间称为追踪列车间隔时间。追踪列车间隔时间取决于同方向列车间隔距离、运行速度、信号、联锁和闭塞设备类型。

(1)固定闭塞追踪列车间隔时间。固定闭塞将线路划分为固定的区段,前后列车的位置和间距都是用固定的地面设备来检测的。列车定位以固定区段的长度为单位,如闭塞分区长度较长,且一个分区只能被一列列车占用,则不利于缩短列车运行间隔时间。固定闭塞追踪列车间隔时间又可分为以下两种类型:

①三显示自动闭塞区段追踪列车间隔时间。在三显示自动闭塞区段追踪列车之间的间隔,通常情况下需要相隔 3 个闭塞分区。这样,可以保证后行列车经常能看到绿灯显示,使列车保持高速运行。当列车在长度长、坡度大的坡道上运行时,由于运行速度较低,追踪列

车间隔时间也可以按照前后列车间隔两个比色分区的条件来确定。

②四显示自动闭塞区段追踪列车间隔时间。通过色灯信号机显示红、黄、绿黄、绿4种灯光信号的自动闭塞为四显示自动闭塞。

（2）准移动自动闭塞追踪列车间隔时间。准移动自动闭塞是预先设定列车的安全追踪间隔距离，根据前方目标状态设定列车的可行车距离和运行速度，它是介于固定闭塞和移动闭塞之间的一种闭塞方式。准移动自动闭塞对前行列车的定位仍采用固定闭塞的方式，而对后续列车的定位采用连续的或移动的方式。

（3）移动自动闭塞追踪列车间隔时间。移动自动闭塞是在确保行车安全的前提下，以车站控制装置和列车控制装置为中心的、使追踪列车间的间隔时间最小的闭塞控制系统。在这一系统中，列车准确定位是一项关键性技术。区间内运行的每一列列车均与前方站的中心控制装置周期性地保持高可靠度的通信联系；车站中心控制装置接到列车信息后，根据列车牵引特性曲线及区间相关参数计算出每一列追踪列车的最大允许运行速度并发送给列车，对于接近车站的列车，则根据调度命令发出允许该列列车进站及进入股道等信号。采用移动自动闭塞系统，可以有效地压缩追踪间隔时间，提高区间通过能力。

7. 运营时间

运营时间即城市轨道交通运营线路运送乘客的时间，它一般和该城市的工作时间及生活习惯有关。一般来说，各国城市轨道交通系统均有一定的夜间时间（2~6 h不等）作为设备、设施的维修和保养时间。

二、数量要素

数量要素主要包括全日分时段客流分布、列车满载率、出入库能力、列车最大载客量。

1. 全日分时段客流分布

全日分时段客流分布按客流的时间分布进行预测、调查分析，确定高峰、低谷时段的客流量，从而对列车编组数或列车运行列数等相关因素进行合理安排，并作为开行不同形式列车的主要依据，如区间列车、连发列车等。全日分时段客流分布主要取决于城市轨道交通的运能、车站所处的交通位置及周围客流的交通需求。

2. 列车满载率

列车满载率是指列车实际载客量与列车定员数之比，编制列车运行图时，既要保证一定的列车满载率，使运输能力得到充分的利用；又要留有一定的余地，以应付某些不可预测的因素带来的客流量波动，同时要考虑乘客的舒适度。

3. 出入库能力

单位时间内通过出入库线进入正线运营的最大列车数，称为出入库能力。因为车辆基地与接入车站之间的出入库线有限，加之出入库列车进入正线受正线通过能力的影响，所以，出入库能力是编制列车运行图的一个重要因素。

4. 列车最大载客量

列车最大载客量即一个编制列车按车厢定员计算允许装载的最大乘客数，分为定员载客量和超载客量。列车最大载客量主要与采用的车辆类型及编组辆数有关。

三、其他相关要素

其他相关要素如下所示。

1. 与城市其他交通方式的衔接

城市轨道交通应与其他交通方式实现有效衔接,包括大交通方面的铁路车站、港口、机场、公路交通枢纽,城市交通方面的公交系统、自行车交通、其他交通(如私家车)等,给乘客换乘提供尽可能多的方便。

2. 与其他城市公共设施的衔接

城市中有大量客流聚集的公共设施,如大型体育场、娱乐场所、商业中心、大型工矿企业等,这些场所经常会有短时间的大量突发客流,给城市轨道交通的正常运营带来了一定的考验,在一定程度上造成了运力和人力的紧张。

3. 列车试车作业

检修完毕的车辆,应首先在车辆检修基地的试验线上进行试验,各项指标合格后才能投入运营。有时某些项目的测试需要到正线上才能完成,此时,需要在列车运行图上进行调整。

4. 列车检修作业

经过一定时间的运营后,车辆需要进行定期的维修和保养,因此需要合理安排列车运行时间和检修时间,以保证每列列车都有日常维护保养的时间,又能使各列车的走行千米数接近,达到各列车均衡使用。

5. 司机作息时间安排

司机的作息时间与列车交路、交接班地点、途中用餐、工时考核等因素有关,应均衡安排司机的休班和工作时间。

6. 车站的存车能力

城市轨道交通中大部分车站不设配线,没有存车能力,只在区间个别车站或终点站设有停车线。这些线路可以存放一定数量的列车,供日常维护用或作为备车;夜间作为停车线,以减少列车的空驶,均衡早晨的发车频次。

7. 投运列车数目

列车是城市轨道交通运营的主要行车设备,是唯一的载客工具。增加投运列车数目是提高运营能力的主要措施,但绝非投运列车数目越多越好。作为城市轨道交通运营企业,首先要考虑运营成本,要做到运能和运量之间很好的配合,经济合理地安排列车的数量,如此才能取得较好的社会效益和经济效益。

6.5 列车运行图的编制

随着城市轨道交通客运量的不断增长,尤其是当轨道交通形成网络之后,客运量的增长日益显著,同时运输市场不断发展变化,各项新技术、新设备陆续投入使用,运输组织工作不断得到改进,列车运行速度不断得到提高,因此,每经过一定时期,就要重新编制一次列车运行图。

一、编制列车运行图的原则和要求

1. 编制列车运行图的原则

为了使列车运行图能满足实际客运需要,编制列车运行图时应遵循以下原则:

（1）在保证安全可靠的条件下，提高列车的运行速度，缩小列车的运行时分。列车运行速度高是城市轨道交通系统的主要优势，在安全得到保证的前提下，通过提高列车运行速度、压缩折返时间、减少出入库作业时间等，可提高系统的运行效率和服务水平。

（2）尽量方便乘客。城市轨道交通系统是城市公共交通的重要组成部分，编制列车运行图时，在满足运行技术的前提下，列车发车间隔应尽量选择最小值，从而减少乘客的候车时间。在安排低谷运行时，最大的列车运行图间隔不宜过大。如果能改变列车编组，那么保持较小的列车间隔不失为一种节省运能并减少乘客候车时间的良策。

（3）充分利用线路的能力和车辆的能力。通常情况下，折返站的折返能力是限制全线能力的关键，因此必须对折返线的折返作业时间进行精确计算，尽可能安排平行作业。当车辆周转达不到运营要求时，要合理安排车辆，解决高峰客流组织问题。

（4）在保证运量需求的条件下，运营列车编组辆数达到最少。在综合考虑高峰时段列车运行速度、折返时间、列车开行方式等要素，在保证运量需求的条件下，使运营列车数量达到最少，从而降低城市轨道交通系统的车辆保有量与运营成本。

2. 编制列车运行图的要求

编制列车运行图应符合以下要求：

（1）确保行车安全。列车运行图应符合各种行车规章的有关规定，严格遵守行车作业程序和时间标准。

（2）合理运用设备。列车运行图应充分利用线路的通过能力，达到运力与运量的匹配，在满足客流需求的同时，注意提高车辆满载率和运行速度。

（3）优化运输产品。列车运行图应根据客流的特点开行运行间隔、编组数量、站停次数和运行速度不同的列车，以吸引客流。列车运行图应合理规定列车的到达、出发时刻，合理规划停站时间，缩短乘客出行时间。另外，应注意与其他交通运输工具的衔接配合。

（4）配合站段工作。列车运行图应合理安排列车，使其均衡、交错地到达换乘站，使车站作业能力比较均衡。

二、编制列车运行图的准备资料与步骤

1. 编制列车运行图的准备资料

在编制列车运行图之前，需要准备以下资料：

（1）线路通过能力和车站折返能力。

（2）车站的换乘能力。

（3）追踪列车间隔时间。

（4）列车区间运行时分。

（5）列车停站时间标准。

（6）列车在折返站停留时间标准。

（7）列车出入车辆段作业时间标准。

（8）能够提供的运用车辆数。

（9）列车编组辆数。

（10）轨道交通运营时间。

（11）全日分时行车量。

(12) 列车交路计划。
(13) 车辆连续运用圈数和乘务工作制度。
(14) 供电部门停送电时间。
(15) 现行列车运行图的完成情况的分析。

2. 编制列车运行图的步骤

在新线开通或线路客流量、技术设备和行车组织方式发生变化时,都需要编制列车运行图。其编制步骤如下:

(1) 按要求和编制目标确定编图的注意事项。
(2) 收集编图资料,对有关问题组织调查研究和试验。
(3) 对于修改运行图,应总结、分析现行列车运行图的完成情况和存在的问题,提出改进意见。
(4) 确定全日行车计划。
(5) 计算所需运用列车数量。
(6) 征求调度部门、行车部门、客运部门和车辆部门的意见,对行车运行方案进行调整。
(7) 根据列车运行方案制定详细的列车运行图、列车运行时刻表和编制说明。
(8) 对列车运行图的编制质量进行全面的检查,并计算列车运行图的指标。
(9) 将编制完毕的列车运行图、列车运行时刻表和编制说明报有关部门审核,批准后执行。

三、实行新列车运行图之前的准备工作

列车运行图经过最后的批准后,为了保证新图能够正确、顺利地实行,必须在实行前进行以下准备工作:

(1) 发布实行新图的命令。
(2) 印刷并分发列车运行图和列车时刻表。
(3) 拟订执行新列车运行图的技术组织措施。
(4) 组织有关人员学习新列车运行图。
(5) 根据新列车运行图的规定组织各站段修订《行车工作细则》。
(6) 做好车辆和司乘人员的调配工作。

学习评价

学习完本模块后,请根据自己的学习所得,结合表 6-4 进行打分评价。

表 6-4　模块 6 学习评价表

评价内容	评价方式			评价等级
	自　评	小组评议	教师评议	
课前预习本模块相关知识、相关资料				A. 充分 B. 一般 C. 不足

续表

评价内容	评价方式			评价等级
	自 评	小组评议	教师评议	
知道什么是列车运行图,熟悉列车运行图的表示形式				A. 充分 B. 一般 C. 不足
掌握列车运行图的意义,能识别列车运行图的符号				A. 充分 B. 一般 C. 不足
熟悉列车运行图的分类,掌握车次规定				A. 充分 B. 一般 C. 不足
掌握列车运行图的组成要素				A. 充分 B. 一般 C. 不足
熟悉编制列车运行图的原则和要求				A. 充分 B. 一般 C. 不足
掌握编制列车运行图的步骤				A. 充分 B. 一般 C. 不足
参加教学中的讨论和练习,并积极完成相关任务				A. 充分 B. 一般 C. 不足
善于与同学合作				A. 充分 B. 一般 C. 不足
学习态度,完成作业情况				A. 充分 B. 一般 C. 不足
总评				

思考与练习

(1) 什么是列车运行图？简述列车运行图的表示形式。

(2) 简述列车运行图的意义,并说明列车运行图中各个符号的意义。

(3) 列车运行图分为哪几类？

(4) 列车运行图的组成要素有哪些？

(5) 简述编制列车运行图的步骤。

模块 7　行车调度工作

学习目标

(1) 熟悉行车调度的基本任务,掌握行车调度指挥的原则。
(2) 能说出运营调度的组织架构,掌握行车调度员的职责。
(3) 熟悉行车调度的控制方式。
(4) 掌握行车调度的组织工作。
(5) 掌握行车调度的工作制度。
(6) 掌握列车运行调整方法。

学习重点

(1) 行车调度员的职责和行车调度主要设备。
(2) 行车调度的控制方式。
(3) 行车调度的工作制度。
(4) 列车运行调整方法。

7.1 行车调度概述

城市轨道交通系统是技术密集型的公共交通系统,行车调度工作由调度控制中心实施,实行集中领导、统一指挥的原则,以使各个环节紧密配合、协同动作,从而保证列车安全、正点地运行。

一、行车调度的基本任务

行车调度是城市轨道交通日常运输组织的指挥中枢,以安全运送乘客、满足设备维护的需要,按列车运行图的要求实现安全、准点、舒适、快捷的运营服务为宗旨。各单位、各部门必须在集中领导、统一指挥的原则下,紧密配合、协调动作,确保行车和乘客安全,完成各项工作任务。

(1) 负责组织各站及有关行车部门按列车运行计划行车,监督各有关行车部门的执行情况,及时、正确地发布有关行车命令和指示。

(2) 监督列车到发及运行情况,遇到列车晚点和突发事件时,及时采取运营调整措施,迅速恢复列车正常运行。

(3) 遇到列车进行运行调整时,正确指导车站及有关行车部门进行工作。

(4) 负责入轨施工作业的管理。

(5) 负责工程车、试验列车等上线车辆的调度指挥工作。

(6) 当发生行车事故时,按规定程序及时向上级主管部门汇报,并采取措施防止事故扩大,同时积极参与救援工作的指挥。

(7) 建立、健全运营生产、调度指挥等各项原始记录台账及统计、分析报表,并按规定向上级主管部门报告。

(8) 密切关注客流动态,协同有关部门根据客流变化采取相应的组织方案。

二、行车调度指挥的原则

行车调度指挥的原则有以下几点。

1. 安全生产原则

在列车调度指挥工作中,必须坚持安全生产的原则,正确指挥列车运行。不能发布没有安全保障依据的命令和指示。当得到有关危及行车安全的信息时,要正确、及时、妥善处理,以保证列车的安全为重点,组织列车安全运行。

2. 按图行车原则

列车正点率是评价城市轨道交通运营质量的重要技术指标,也是组织管理水平的综合反映。只有按图行车,才能保持正常的运输秩序,进而保证列车的正点率。

3. 单一指挥原则

城市轨道交通系统是一个由互相联系、互相影响的多部门、多单位、多工种所组成的完整系统。在这个系统中,各部门、各单位、各工种间应紧密联系、协调一致,这对于保证行车安全和运输效率有着决定性的意义。行车调度员是为适应城市轨道交通行车特点而设置的行车工作的统一指挥者。在列车运行调整工作中，与行车有关的人员必须服从所在区段当班行车调度员的集中统一指挥，其他任何人不得发布与行车有关的命令和指示。

4. 下级调度服从上级调度的原则

在列车运行组织与调整过程中，相邻调度台之间应保持紧密联系，以保证列车的正常交接。对出现的问题，双方要主动协商解决，当出现意见不一致的情况时，由上一级调度进行仲裁。一经上级调度决定，有关人员必须无条件执行。

三、运营调度组织架构

运营调度是城市轨道交通系统的核心组成部分，包括负责对整个运营网络内所有列车的运行实施计划、监控和调整，组织列车或车列在车辆段运行，以及正线的施工检修作业组织，等等。其基本工作内容包括编制列车运行图、组织列车运行和应对突发事件的调整。

目前，我国城市轨道交通调度控制中心一般分为两个层次，即中央运营协调与应急指挥中心和线路运营控制中心。

1. 中央运营协调与应急指挥中心

随着城市中轨道交通线路的增加，单一设置线路运营控制中心将导致各条线路之间信息传递不畅，单条线路采取的调度措施往往不适应整个轨道交通网络的客流需求，因此，集成多条线路对整个运营网络进行协调控制成为必然，中央运营协调与应急指挥中心便应运而生。

中央运营协调与应急指挥中心负责协调整个运营网络中的各条线路运营控制中心和相关部门，对路网的运营状态、设备运行情况进行实时监控。在遇到突发事件时，根据影响程度及时发布预警指令，控制影响范围，减少不利影响，根据公司信息传递的相关规定做好内外部信息的传递工作。特别是发生影响两条及以上线路的紧急情况时，实现运营资源的统筹、协调和联动，提升应急突发事件的处置能力。中央运营协调与应急指挥中心的基本任务如下：

（1）管辖范围为试运营及运营载客的线路、车站、出入口、通道、停车场、车辆段等的列车服务，客流变化、设施设备运转状态的处置与协调。

（2）实时监督运营状态，监督日常行车组织、客运组织、设备状态等各类生产活动。

（3）协调运营生产，协调企业内部各单位和部门之间、各运营线路之间的日常运营生产。

（4）实时诱导路网客流。

（5）收集反映路网运营生产情况的基础数据，汇总每日路网运营生产情况。

（6）对外发布运营实时信息与信息控制。

（7）指挥与协调社会影响较大的突发事件。

2. 线路运营控制中心

线路运营控制中心是城市轨道交通系统的运营生产指挥部门，负责所管辖线路的运营调度和突发事件处理，是城市轨道交通日常运营工作的指挥中枢。其基本任务是组织指挥线路与列车运行有关的各部门和各工种协同工作，确保列车按照列车运行图运行，保证行车秩序和乘客安全，提高列车的运输效率。

线路运营控制中心实行分工管理原则，按照业务性质的不同，可设置不同的调度工种。

各个城市轨道交通调度生产组织机构不尽相同,通常设置行车调度、电力调度、环控调度和客运调度等调度工种,也有一些城市将行车调度和客运调度合并为运营调度,将电力调度和环控调度合并为设备调度。某些城市的线路运营控制中心还设置了车辆检修岗位和列车指导司机岗位,以便在应对列车故障时,能够给予运营调度员一定的支持。

线路运营控制中心经理全面负责运营线路的调度管理工作,运营主管负责运营调度行车业务方案的制定及实施、突发事件分析、运营统计、周报及月报的编制,设备主管负责线路的施工作业管理、安全生产管理和电力、环控专业领域内的技术指导。其中,运营调度工作是城市轨道交通系统的核心。

四、行车调度员的职责和行车调度主要设备

1. 行车调度员的职责

行车调度员应履行以下职责:

(1) 组织各部门、各工种严格按照列车运行图工作。

(2) 监控列车到达、出发及途中运行情况,确保列车按正常秩序运行。

(3) 随时掌握客流情况,必要时调整列车运行方案。

(4) 检查督促各行车部门执行运行图情况。

(5) 当列车运行秩序不正常时,及时采取措施,尽快恢复正常运行秩序。

(6) 及时、准确地处理行车异常情况,防止行车事故发生。

(7) 当发生行车事故时,按规定程序及时向上级主管部门汇报,并采取措施防止事故扩大,积极参与组织救援工作。

(8) 收集并填写与线路运营工作有关的数据指标,做好原始记录。

(9) 服从值班主任的指挥,与电力调度员、环控调度员和维修调度员等配合,共同完成行车和施工组织工作。

2. 行车调度主要设备

(1) 中央运营协调与应急指挥中心的运营生产监督设备主要包括以下内容:

①显示大屏。显示大屏是中央运营协调与应急指挥中心设备的核心系统,主要显示各种信息、全网线路示意图、AFC全网客流情况等图像。

②智能公共交通调度系统(advanced transit dispatching system,ATDS)。智能公共交通调度系统的显示界面由若干显示器组成。它实时获取各条线路列车的运行信息,对各线路的 ATS 进行监督,但不控制。

③监控和数据采集系统(supervisory control and data acquisition,SCADA)。监控和数据采集系统的显示界面由若干显示器组成。它具有遥信功能,但不具备遥测功能,包含一次接线图相关的所有位置信号,可定制画面,但不包含事故信号报警。

④闭路电视(closed circuit television,CCTV)。通过闭路电视可查看各线路运营控制中心调度选择的画面,调度员可了解车站站台、站厅的客流和列车到发等情况。

⑤中央运营协调与应急指挥中心调度电话。中央运营协调与应急指挥中心调度电话供中央运营协调与应急指挥中心调度员选呼各线路运营控制中心调度员、轨道交通公安指挥室、各运营单位。

⑥公务电话。公务电话供中央运营协调和应急指挥中心调度员与内部各单位、生产部

门进行业务联络。

⑦自动分析系统。自动分析系统对路网在线列车与站间区间的实时延误、在线列车与站间区间客流饱和度进行实时跟踪。

（2）线路运营控制中心的相关行车调度设备如下：

城市轨道交通线路运营控制中心一般装有行车、供电、环控中央监控终端设备，各模拟屏能够显示现场（车站、车辆段）设备的使用和占用情况，包括列车运行状态、供电系统情况和车站环控设备工作情况，如图7-1所示。

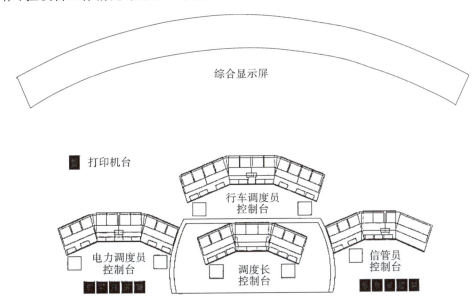

图7-1　线路运营控制中心布置

①综合显示屏。综合显示屏主要显示有关行车的信息，包括轨道电路、线路、信号平面布置，各站及区间线路布置，以及列车车次及其运行状态。

②中央级ATS工作站。在线路运营控制中心内，综合显示屏可供所有人员监察，而各类工作台的设备按各种专业功能的不同而分别设置。控制中心的工作台分别设置了列车自动控制系统、自动售检票终端监控系统、通信系统、电力监控、防灾报警等操作设备，供有关人员操控、监察日常客运作业及处理故障和事故时使用。

行车调度员配备若干监视终端和一个操作盘，通过监视器可以监视各车站的情况，可对各车站的站台、站厅进行图像监视，并可对监视图像进行切换，同时可使用移动摄像机进行监控，并对监视的对象进行录像。

③通信设备。控制中心的通信设备主要有调度电话、无线调度电话、中央广播设备等。

a. 调度电话。调度电话是为列车运行、电力供应、维修施工、发布命令等提供指挥手段的专用通信工具，包括调度直通电话、公务电话等。控制中心设置有防灾调度、行车调度及电力调度直通电话。调度直通电话具有单呼、组呼、全呼、紧急呼叫和录音等功能。各工作台设置有数字话机，可实现与其他部门的通信，并具有会议电话、来电显示、呼叫转移等业务功能。

b. 无线调度电话。无线调度电话包括无线调度台和手持台。

无线调度台:值班调度主管工作台及行车调度员工作台均需设置无线调度台(互为备用),用于对列车司机、站场无线工作人员实施无线通信。该设备具有组呼、紧急呼叫、私密呼叫及对列车进行广播等功能。

手持台:控制中心配备多部手持台,作为无线调度台发生故障时的备用设备,分为车站维修台与电力调度台等。在日常交接班时手持台需保持良好状态。

c. 中央广播设备。值班调度主管、行车调度及电力调度工作台分别设置广播控制台,它可对各车站、停车场、车辆段等相关单位进行广播,具有人工和自动广播两种模式,并可指定区域广播。

7.2 行车调度控制方式

城市轨道交通系统的行车调度控制方式主要与采用的行车调度指挥设备类型有关。随着科学技术的发展,城市轨道交通系统运行控制设备正逐步向自动化、远程化、计算机化发展,行车调度工作逐步由人工控制方式向电子调度集中系统和行车指挥自动化控制系统发展。

一、人工调度指挥系统

人工调度指挥系统主要包括控制调度中心设备(包括调度电话、无线调度电话、传输线路)、车站设备(包括调度电话、传输线路)、列车设备(包括无线调度电话)。人工调度指挥系统只起督导作用,不具备直接控制功能。

该系统主要由行车调度员通过调度电话向车站值班员直接发布指令,按电话闭塞法组织行车。车站值班员负责排列接发列车进路,调度员通过与车站值班员联系,掌握列车到达、出发信息,下达列车运行调整调度命令。调度员通过无线调度电话呼叫列车司机,发布调度指令,指挥列车运行。列车运行图由行车调度员手工绘制。这种方式通常在线路开通初期,设施设备尚未到位等特殊情况下才使用。

二、电子调度集中系统

电子调度集中系统主要包括调度控制中心设备(包括集中总机、运行显示屏、运行图自动控制仪等)、车站设备(包括调度集中分机、传输线路)、机车设备(包括无线调度电话、信息接收装置)。由行车调度员人工排列列车进路,组织指挥列车运行。控制中心行车调度员利用计重设备对车站上列车的到发、通过、折返等作业进行远程控制和调整。行车调度员是唯一的行车指挥者和操控者,车站一般不参与行车指挥工作,只是对有关作业进行监督。

调度集中控制设备是一种远程控制的信号设备,目前能实现运行调度指挥的遥信和遥控两大远程控制功能。它的特点是区间采用自动闭塞,车站采用电气集中联锁,并利用电缆引接到指挥控制中心。控制中心的行车调度员通过中央 ATS 工作站对车站进行集中控制,可以直接排列进路,直接指挥列车的运行调整,并通过运行显示屏监控列车到达、出发及途中运行情况,及时掌握线路上列车运行及分布情况、各信号机的显示状态和道岔开通位置,确保列车运行秩序正常。基本闭塞方法为自动闭塞法,列车运行采用自动驾驶。在必要时,可由调度集中控制改为车站控制,即将列车运行进路排列权限下放给车站,由车站值班员进行操作。

三、行车指挥自动化控制系统

行车指挥自动化控制系统是一个实时控制系统,一般由调度控制和数据传输电子计算机、工作站、显示盘、绘图仪等构成,电子计算机按双机冗余配置。

行车指挥自动化控制系统是目前城市轨道交通采用的主要列车运行方式。它利用计算机技术对列车实行自动指挥和自动运行监护,并利用列车自动防护系统保护列车运行安全。在正常情况下,系统能够根据列车运行图自动排列车站的接发车进路。列车运行一般采用ATO系统模式,必要时转换为人工控制,列车占用区间的凭证为列车收到的速度码。列车自动防护系统为列车运行安全提供保证,使前后列车保持必要的间隔。

行车指挥自动化控制系统的主要功能如下:

(1) 运行显示及人工控制功能。

(2) 能发出控制需求信息,并从轨道线路及信号设备上接收信息。

(3) 由行车调度员人工或自动地将调度指挥信息(如停站时间、运行等级)传递至各集中站 ATC 设备上。

(4) 实现了列车的动态显示,如列车位置、车站到发时分、车次号等。

(5) 能储存多套列车运行图,如基本运行图、双休日运行图、客流组织运行图,并按照当前使用的运行图进行调整。

(6) 监督列车运行,调整列车发车时刻,控制列车停站时分和终点站列车折返方式。

(7) 自动进行列车运行调查,自动绘制列车运行图并生成各种运行报告。

7.3 行车调度组织工作

一、行车调度工作制度

为了保证调度工作质量,就必须坚持标准化作业,按各项规章制度办事。我国许多城市的轨道交通系统根据自身的特点,制定了完整的调度工作制度,这些制度可以归纳为日常工作制度、安全管理制度、业务培训制度和填写书面报告制度等几种。

1. 日常工作制度

日常工作制度包括交接班制度、文件传阅制度、员工大会制度、调班申请制度、卫生轮值制度等。

(1) 交接班制度。交接班在调度工作中具有承上启下的作用,当班的调度人员必须提前 10 min 到岗,全面了解上一班需要跟进的工作和本班的生产任务。接班值班主任主持召开交接班会,听取各岗位的工作汇报,布置本班的工作重点,分配工作任务,并制定具体的工作措施。

(2) 文件传阅制度。当值人员必须按时传阅最新文件,学习、贯彻文件的相关精神。在传阅文件后,当值人员应按要求签名并注明日期。

(3) 员工大会制度。每月月初召开一次全体员工大会,总结上月的工作情况,并布置本月的工作任务,对重点工作内容提出具体要求,同时传达上级(公司或部门)会议精神。

(4) 调班申请制度。调度岗位轮值必须按照排班表进行,遇雨雪等特殊情况无法按照班表上班时,应与相同岗位的同事协商,双方一致同意调班后,由申请人填写调度员调班申请表,经双方值班主任同意后调班。

2. 安全管理制度

安全管理制度包括安全例会制度、安全检查制度、安全演练制度和事故分析制度。

(1) 安全例会制度。每月月初召开一次安全例会,总结上月的安全工作情况,对上月发生的故障、事件和事故处理进行分析与学习,同时布置本月的安全工作任务,对安全工作的重点内容提出具体要求,传达上级(公司或部门)安全会议精神。

(2) 安全检查制度。安全检查制度包括运营前检查制度、每周一查制度、非正班检查制度、消防日查制度及安全大检查制度。

①运营前检查制度。行车调度员在每天运营开始前 30 min 检查各车站的运营准备情况,填写运营前准备工作检查记录表,并进行一次 MMI 操作功能检查,发现设备设施发生故障或出现其他异常情况时,应做好记录,并及时通知设备维修调度处理。

②每周一查制度。安全员每周检查安全培训记录、设备运行的安全、调度日志(兼交接班簿)、调度命令、线路施工作业登记表登记情况、故障及延误报告的填写等,发现问题应及时提出整改。

③非正班检查制度。在非正班时间段,控制中心或上级部门领导不定期对控制中心进行突击抽查,检查各班组的"两纪一化"(作业纪律、劳动纪律以及标准化作业)和安全运作情况。

④消防日查制度。部分城市的轨道交通系统的消防设施采取自查形式,大多数城市的轨道交通系统的消防设施委托物业管理检查。

⑤安全大检查制度。逢元旦、春节等大型节日时,在节前对安全网络进行一次安全大检查,检查内容除了日常的安全检查外,还包括节假日的运营组织方案和运作命令等。

(3) 安全演练制度。为了使调度员熟练掌握各种应急方案,提高调度指挥水平,各班组每月应至少进行一次桌面演练。此外,各班组还需参加上级部门组织的突击演练。

(4) 事故分析制度。发生事故后,当值班组要进行全面分析,分析不足,总结经验,完成事故处理报告,由控制中心上报部门安全网络;控制中心视情况召开全体成员的分析会,对事故的责任进行内部分析,制定防范措施,教育广大员工,防止出现同类事故。

3. 业务培训制度

业务培训制度包括班组学习制度和每日一问制度。

(1) 班组学习制度。所有调度员必须参加培训网络组织的班组学习。学习内容包括规章文件、运营方案和各种故障、事故处理案例。

(2) 每日一问制度。为了检查员工对近期重点工作内容和安全关键点的掌握,值班主任每班会抽问调度班组成员,了解班组成员的掌握情况,发现有不熟练的情况时要进行有针对性的培训。

4. 填写书面报告制度

(1) 运营日报。

①值班主任每日 7:00 前编写运营日报，报告前一天 6:00 至当日 6:00 的营运计划完成情况。

②运营日报需送交分公司领导、相关部门领导。

③日报的主要内容如下：

a. 列车服务情况，包括列车事故、列车故障和列车延误及处理等。

b. 当日完成运送客运量、列车开行情况、兑现率及正点率。

c. 列车晚点、清客、下线、抽线、救援、加开等服务情况。

d. 当日施工计划件数及截至 6:00 的施工完成件数，有关工程车、试验列车运行方面的信息。

e. 耗电量（总耗电与牵引耗电）和车站温湿情况。

f. 接待情况说明。

g. 派班员上报的当日运营列车运营里程、空驶里程、载客里程。

④运营日报的格式按城市轨道交通运营部门的规定执行。

（2）故障和延误报告。

①行车调度员应在行车设备发生故障及造成列车延误时，及时填写故障和延误报告。

②故障和延误报告作为编写运营日报原始资料的一部分。

③故障和延误报告主要内容如下：

a. 发生故障的时间、地点、列车编组、报告人员及概况（故障现象）等情况。

b. 发生故障导致行车延误（直接延误、本列延误）及影响情况。

c. 所采用的调整列车运行措施。

d. 恢复正常运作的时间。

④故障及延误报告。

（3）行车事故概况。

①行车调度员应根据每次行车事故及时填写行车事故概况。

②行车事故概况应按《行车事故管理规则》规定的时间报分公司安全保卫部。

二、列车运行调整原则和方式

1. 列车运行调整原则

列车运行调整原则如下：

（1）按图行车，提高列车正点率原则。列车正点率是衡量城市轨道交通运行质量的重要指标，是运输管理水平的综合体现。在列车运行调整中，要加强调度指挥水平，严格按图行车，提高列车正点率，确保列车正点运行。

（2）单一指挥原则。行车调度员要努力提高调度指挥的科学性，在列车运行调整的过程中，与行车有关的各部门的工作人员必须服从行车调度员的集中统一指挥，各级领导和主管领导对列车运行的指示要通过所在线路的行车调度员去实现，坚决杜绝出现多口或多头指挥，维护调度命令的严肃性和权威性。

（3）下级调度服从上级调度指挥原则。在列车运行调整中，必须严肃调度纪律，下级调度必须服从上级调度的指挥，行车值班员必须听从行车调度员的指挥。

（4）安全生产原则。调度指挥必须坚持安全生产原则，正确、及时地指挥列车运行。杜绝因调度指挥不当造成事故隐患，当出现危害行车安全的情况时，要正确、及时、妥善地处理，提高应变能力。行车调度员必须正确、及时、清晰地发布调度命令，以保证列车安全为重点，组织列车安全运行。

（5）按列车运行状态及等级进行调整原则。行车调度员在进行列车运行调整时，对处于正常状态下运行的各次列车，应按列车运行图正常办理；对不能按列车运行图运行的列车，应及时做出调整，尽快恢复其正点运行。在调控上，晚点列车应服从正点列车，一般列车应服从重点列车。列车等级顺序依次排列为专运列车、客运列车、调试列车、回空列车、其他列车，在抢险救灾的情况下，优先放行救援列车。

2. 列车运行调整方式

列车运行调整分为自动列车运行调整和人工列车运行调整。

（1）自动列车运行调整。在执行自动列车运行调整时，ATS 系统不断地对计划时刻表与列车实际所在位置及时间进行比较，在比较的同时，系统将在预定数值的基础上自动产生列车的出发时间。同时，系统能计算出每列列车在每个车站的停站时分与每个区间的运行时分同时刻表的偏差，常态下列车相关的运行将消除任何时间偏差。

（2）当列车运行偏离运行图的时间偏差超过定义值时，MMI 工作站将发出警告。系统可自动采用调整策略，最大限度地减少这种偏差对后续列车运行的影响。由于受到车辆性能、线路条件和站停时间等约束，当这种误差较大时，往往不可能一次性调整到位，此时系统可采取弹性的调整策略，通过改变前后多辆列车的运行状态，逐步消除当前列车的运行偏差对系统总体的影响。

（3）人工列车运行调整。若列车实际运行偏离时间超过自动列车运行调整的能力，或者列车运行秩序较紊乱时，控制中心 ATS 可执行人工干预功能，由行车调度员进行人工列车运行调整。

三、列车运行调整方法

列车运行调整方法有以下几种。

1. 提前或推迟发车

行车调度员根据情况可通过调度命令通知司机在始发站提前发车或推迟发车，也可以通过系统设备操作实现，如进行扣车或在系统设备中通过修正列车运行时间来实现。

2. 缩短区间运行时间

行车调度员根据列车的技术状态、司机操作水平及线路允许速度改变列车登记，组织列车提高速度，压缩区间运行时间，以恢复正点运行。

3. 缩短停站时间

行车调度员通过指挥司机和车站行车值班员组织列车在车站快速作业，使乘客快上快下，缩短在车站的停留时间。

4. 组织列车载客通过

组织列车载客通过又称为列车跳停，一般情况下不采取此措施。只有当某一列车因故晚点，后行列车大量拥堵，且在短时间内无法恢复，造成运行秩序紊乱，系统无法及时调整时,行车调度员才可以适当地采取列车跳停措施,使列车不停车(放站)通过某些车站,缩短该列车运行时间,减少对后续列车的影响,恢复列车的正常运营秩序。

5. 扣车

当一条线路上的列车由于车辆及其他设备发生故障或因某种原因不能正常运行,造成换乘站站台上乘客拥挤时,行车调度员应采取扣车措施,即将另一条线路的上下行列车扣在换乘站附近的各个车站,以缓解换乘站的压力。扣车时间一般应控制在 10 min 内,如果堵塞线路的列车在短时间内不能恢复正常运行,可组织扣下的列车在换乘站通过。同时,行车调度员应发布畅通线路各站停售跨线票的命令。另外,行车调度员视情况将第二列列车后面的各列列车扣在车站。

6. 调整列车运行时间间隔

当换乘站由于客流骤增造成列车运行作业困难时,行车调度员可根据列车的运行情况适当调整列车运行时间间隔,尽量避免各线列车同时到达换乘站。

7. 加开备用车

当出现列车晚点、客流异常、列车发生故障、开行专列等情况时,可以使用加开备用车的调整方法。备用车可以从自备车停车线或车库进入正线投入运营,从而提高运能,解决运输"瓶颈"。该方法可以有效地解决短时运力紧张的局面。

8. 变更列车运行交路

当有些故障持续时间比较长,有可能造成线路的堵塞时,在列车自动控制系统功能良好区段运行的列车可采取分段小交路运行,在具备条件的中间站折返。

9. 组织列车反方向运行

一般情况下,城市轨道交通线路均为双线设置,上下行列车各自运行,互不影响。列车反方向运行主要适用于特殊情况下的列车运行调整及救援列车的开行。通常列车反方向运行都没有 ATP 保护,因此只有在满足一些必要条件后,行车调度员才可以考虑使用这一调整措施。

10. 组织乘客换线乘车

在环形线情况下,当一条线路运行秩序紊乱时,要尽力维持另一条线路列车的正常运行,并通知各站组织乘客乘坐畅通线路方向的列车。

11. 停运列车

故障区段列车运行速度低、办理作业时间长,而 ATC 正常区段列车运行速度高、行车作业时间短,这势必会造成列车堵塞的情况。通过减少线上列车数量(抽线)的方法来实现均衡运输,这样既便于调度指挥,又方便客流组织。

行车调度员对列车运行调整方法的选择,取决于列车运行的具体情况。在实际工作中,往往可以结合几种列车运行调整方法加以运用。

学习评价

学习完本模块后,请根据自己的学习所得,结合表 7-1 进行打分评价。

表 7-1　模块 7 学习评价表

评价内容	评价方式			评价等级
	自评	小组评议	教师评议	
课前预习本模块相关知识、相关资料				A. 充分 B. 一般 C. 不足
熟悉行车调度的基本任务,掌握行车调度指挥的原则				A. 充分 B. 一般 C. 不足
能说出运营调度的组织架构,掌握行车调度员的职责				A. 充分 B. 一般 C. 不足
熟悉行车调度的控制方式				A. 充分 B. 一般 C. 不足
掌握行车调度的组织工作				A. 充分 B. 一般 C. 不足
掌握行车调度的工作制度				A. 充分 B. 一般 C. 不足
掌握列车运行调整方法				A. 充分 B. 一般 C. 不足
参加教学中的讨论和练习,并积极完成相关任务				A. 充分 B. 一般 C. 不足
善于与同学合作				A. 充分 B. 一般 C. 不足
学习态度,完成作业情况				A. 充分 B. 一般 C. 不足
总评				

思考与练习

（1）简述行车调度的基本任务和指挥原则。
（2）行车调度员的职责有哪些？
（3）行车调度的主要设备包括哪些？
（4）行车调度的控制方式有哪些？
（5）什么是人工调度指挥系统？
（6）简述列车运行调整的原则和方式。

模块 8　正常情况下的行车组织

学习目标

(1) 熟悉行车组织指挥体系。
(2) 了解列车调度指挥中心的主要工作,熟悉列车运行组织方式的分类。
(3) 熟悉不同的列车驾驶模式。
(4) 掌握列车司机作业流程。
(5) 熟悉行车指挥自动化子系统的主要功能。
(6) 掌握调度集中控制下的行车组织。
(7) 掌握调度监督下半自动控制的行车组织。

学习重点

(1) 列车运行组织方式。
(2) 列车驾驶模式。
(3) 行车指挥自动化时的列车运行组织。

8.1 行车组织指挥体系

城市轨道交通是一个技术密集型的复杂的城市公共交通系统,具有各项作业环节紧密联系和各部门、各工种协同工作的特点。因此,城市轨道交通行车组织必须贯彻安全生产的方针,坚持高度集中、统一指挥、逐级负责的原则。同一个调度区段应由该区段的行车调度员统一指挥,相关行车人员必须执行调度命令,服从指挥。一般城市轨道交通行车组织指挥体系结构如图 8-1 所示。

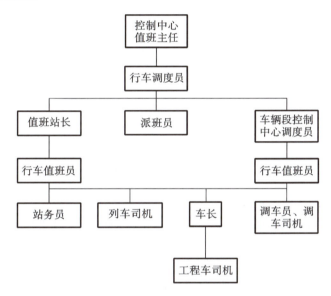

图 8-1　一般城市轨道交通行车组织指挥体系结构

正常情况下,城市轨道交通列车的一个运行周期如下:根据列车运行图,列车按照规定时间从车辆段存车线出来,进入正线并投入运营,一直到运营结束退出服务并回到车辆段进行整备,整备完毕后再次从车辆段存车线出来,进入正线并投入运营服务为止。

正常情况下,列车的一个运行周期是 24 h。这一过程需要由行车调度员指挥,车辆段控制中心调度员、车辆段值班员、车站行车值班员、站台站务员、司机等人员共同完成。

城市轨道交通行车组织阶段性比较强,主要分为运营前准备、运营中的行车组织和运营结束后的作业 3 个阶段。不同的作业人员在不同的阶段有不同的行车组织作业,这里主要介绍行车调度员、车站和司机的行车组织作业。

1. 行车调度员的行车组织作业

行车调度员在运营前主要进行试验道岔、检查人员到岗情况和设备情况、装入运营时刻表等工作。运营期间主要是利用各种调度设备组织指挥列车按照列车运行图的计划安全、准点运行。运营结束后,行车调度员要对当天的行车工作进行分析、总结,主要是打印当日计划、实际运行图,编写运营情况报告,进行列车统计分析等工作。

2. 车站的行车组织作业

正常情况下,城市轨道交通车站的行车组织作业主要包括首班车组织、运营期间的接发车作业等工作。开行首班车前,车站各岗位工作人员要准时开门、开启照明和电扶梯,并进行试验道岔、巡视车站等工作。车站末班车发出前,应在规定时间开始广播,通知停止售检票工作,检查付费区乘客均已上车,确认无异常情况后向司机发出发车信号。

3. 司机的行车组织作业

司机在一个运营周期的作业也分为运营前准备、运营中的行车组织和运营结束后的作业3个阶段。在运营前,司机主要进行列车整备作业(如检查车体内外情况、车载电器、制动设备、无线电话等);在运营期间,司机主要负责列车的正线运行作业、站台作业和折返作业;运营结束后,司机应驾驶列车进入车辆段进行整备,以确保第二天的正常运行。

8.2 列车运行组织方式

一、列车调度指挥中心的主要工作

列车调度指挥中心的列车指挥工作主要包括以下内容:

(1) 组织制定行车、电力、环控调度规程,参与运营技术管理、行车组织等规程及突发事件预案的制定,并组织实施。

(2) 组织、控制有关行车人员按运行图行车;遇到列车晚点或突发事件时,应及时采取调整措施,迅速恢复列车正常运行。

(3) 密切注意客流动态,并按规定负责下达和通知自动售检票系统有关单位实行相关运营方案。

(4) 负责行车、设备事故及突发事件的救援抢修的调度指挥,及时采取有效措施,防止事故扩大,尽快恢复列车正常运行;按事故报告程序及时做好上报和下达工作。

(5) 负责编制和组织实施正线的施工、调试列车的作业计划。

(6) 建立、健全生产运营、调度指挥等各项原始记录及统计分析报表,并按规定向上级主管部门上报。

(7) 维护调度纪律,督察各基层单位执行行车调度员调度命令和有关规章制度的情况,发现问题应立即采取相应措施。

二、列车运行组织方式分类

列车运行组织按照组织控制主体的不同,分为遥控和站控两种方式。列车运行组织按照列车运行设备和过程,分为调度集中控制下的列车运行组织、调度监督下的列车自动运行组织和调度监督下的半自动运行组织3种方式,如图8-2所示。

(1) 调度集中控制下的列车运行组织。调度集中控制下的列车运行组织是在行车调度员的统一指挥下,采用自动闭塞技术,利用调度集中的行车设备对列车进行直接指挥运行的组织方式。此时,调度集中设备能实现以下功能:

①远程控制各车站信号机、道岔和进路安排。

②远程监督列车运行状态、信号机状态、道岔及区间占用情况等。

③可自动或人工绘制实际列车运行图。

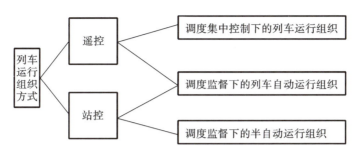

图 8-2　列车运行组织方式分类

④远程指挥组织进行列车运行调整。

(2) 调度监督下的列车自动运行组织。调度监督下的列车自动运行组织,是指行车调度员能监督现场设备和列车运行状态,但不能直接控制列车运行的组织方式。

调度监督下的列车自动运行组织与调度集中控制下的列车运行组织这两种组织方式,主要区别在于是否远程控制各车站信号机、道岔和进路安排。

正常情况下,多数城市轨道交通线路采用调度监督下的列车自动运行组织。此时,调度监督设备一般采用 ATC 系统,可以实现以下功能:

①储存多套列车运行图,按照列车运行图自动进行行车指挥。

②对正线列车实行自动跟踪,显示列车运行状态、信号机状态、道岔及区间占用情况等。

③自动或人工对列车进行运行调整。

④可以实现控制权在控制中心和车站之间的转换。

⑤具有 ATO 系统。

⑥可自动或人工绘制实际列车运行图,并进行运营数据统计。

(3) 调度监督下的半自动运行组织。调度监督下的半自动运行组织是在控制中心行车调度员的统一指挥下,由车站行车人员操作车站计算机联锁或电气集中联锁设备或临时信号设备来控制列车运行的组织方式。早期的城市轨道交通线路部分采用该方式组织列车运行,一些新线由于信号系统尚未安装调试完毕,在过渡期采取这种方式进行行车组织。这种组织方式可实现以下功能:

①车站行车人员利用车站信号系统具有的联锁功能,对进路排列、道岔转换、信号开放实行人工操作。

②实时反映进路占用、信号机道岔等工作状态,对列车运行进行监护。

③储存信号开放时刻、道岔动作、列车运行等运行资料并供需要时调用。

④车站根据中央指令对列车运行进行调整。

⑤计算机自动或人工绘制列车实际运行图。

三、列车运行组织的原则

列车运行组织应遵循以下原则:

(1) 在 ATC 系统正常的情况下,客车以 ATO 模式驾驶,司机需在客车出库或交接班时输入乘务组号。在有 ATS 计划运行图时,客车进入正线运行时自动接收目的地及车次信息;在没有 ATS 计划运行图且客车在正线运行时,司机或行调需要输入目的地码和车次号信息。

(2) 正常情况下,正线上司机凭车载信号显示或行调命令行车,按运营时刻表和发车计时器(departure time indicator,DTI)显示时分掌握运行及停站时间。

(3) 非正常情况下行车时,司机应严格掌握进出站、过岔、线路限制等特殊运行速度。

(4) 客车在运行中,司机应在前端驾驶;如推进运行,则由副司机或引导员在前端驾驶室引导和监控客车运行。

(5) 在车场范围内指挥列车或车场调车的信号以地面信号和调车专用电台为主,手信号旗/灯为辅。

(6) 调度电话、站车无线电话用于行车工作联系,须使用标准用语。

(7) 客车司机可使用客车广播系统向乘客进行信息广播。遇到信息广播发生故障时,可使用人工广播,若人工广播也不能使用,则报告行调,按行调的指示办理。

(8) 当客车晚点时,行调应根据客车晚点情况及时采取措施,调整客车运行。

8.3 列车驾驶模式

对于不同的城市、不同的线路、不同的车型,车辆的驾驶模式略有区别。城市轨道交通车辆的列车驾驶模式主要有 5 种,即列车自动驾驶模式、列车自动折返(automatic reversal,AR)模式、受监控的人工驾驶(supervised manual,SM)模式、受限制的人工驾驶(restricted manual,RM)模式和不受限制的人工驾驶(unrestricted manual,URM)模式。

一、列车自动驾驶模式

1. 列车自动驾驶模式的基本特征

列车自动驾驶模式的基本特征如下:

(1) 列车自动驾驶模式是优先级最高的驾驶模式,通过列车自动控制 ATC 信号系统实现。

(2) 在该模式下,两站间的列车自动运行,列车的运行不取决于司机。

(3) 司机负责监督 ATP/ATO 指示、列车状况、列车所要通过的轨道、道岔、信号的状态,必要时加以干预。

2. 列车自动驾驶模式的基本运用

该模式一般用于正线的正常运行,包括折返线和试车线。

二、列车自动折返模式

1. 列车自动折返模式的基本特征

列车自动折返模式的基本特征如下:

(1) 列车自动折返模式包括列车的自动换向和有折返轨的自动折返。

(2) 有折返轨的自动折返又可分为人工折返和无人折返。

2. 列车自动折返模式的基本运用

该模式主要用于折返站和具有换向功能的轨道区段。

三、受监控的人工驾驶模式

1. 受监控的人工驾驶模式的基本特征

受监控的人工驾驶模式的基本特征如下:

(1) 受监控的人工驾驶模式是次优先级的驾驶模式,正常情况下在培训时采用,或在列车自动驾驶 ATO 设备发生故障,但车载和轨旁的列车自动防护 ATP 设备良好时采用。

(2) 在该模式下,司机必须根据显示屏显示的推荐速度驾驶列车,当实际速度与推荐速度相差超过 $-1\sim4$ km/h 时,会有报警声音;当实际速度超过推荐速度 4 km/h 时,列车自动防护 ATP 会产生紧急制动。

(3) 司机要负责监督列车状况,包括所要通过的轨道、道岔、信号的状态。

(4) 司机以该模式驾驶时,要按下警惕按钮,否则会产生紧急制动。

(5) 司机以该模式驾驶列车进站,且停在停车窗内时,列车自动防护 ATP 给出门释放命令后,司机手动开门。

2. 受监控的人工驾驶模式的基本运用

该模式主要应用于以下状态:

(1) 列车自动驾驶 ATO 发生故障时的降级运行。

(2) 列车运行时,轨道上发现有障碍物(如人、杂物)。

(3) 列车在下雨时的地面站行驶。

四、受限制的人工驾驶模式

1. 受限制的人工驾驶模式的基本特征

受限制的人工驾驶模式的基本特征如下:

(1) 受限制的人工驾驶模式是较低级的驾驶模式。

(2) 在该模式下,列车由司机驾驶,司机负责监督 ATP/ATO 指示显示以及列车所要通过的轨道、道岔、信号的状态。

(3) 速度不能大于 25 km/h,列车自动防护 ATP 只提供 25 km/h 的超速防护。

2. 受限制的人工驾驶模式的基本运用

该模式主要应用于以下状态:

(1) 车辆段运行。

(2) 联锁、轨道电路、列车自动防护 ATP 轨旁设备。

(3) 列车紧急制动以后。

五、不受限制的人工驾驶模式

1. 不受限制的人工驾驶模式的基本特征

不受限制的人工驾驶模式的基本特征如下:

(1) 不受限制的人工驾驶模式是故障级驾驶模式。

(2) 在该模式下,列车的运行安全由司机负责,没有列车自动防护 ATP 的监控。

(3) 国内部分地铁车辆采用该模式时,列车前进最高速度可达到 80 km/h,后退最高速度可达到 10 km/h。

2. 不受限制的人工驾驶模式的基本运用

该模式主要应用于以下状态：

(1) 车载列车自动防护 ATP 设备发生故障，不能使用。

(2) 列车部分设备检修和调试。

8.4 列车司机作业

在非全自动驾驶轨道交通系统中，列车司机是轨道交通运营服务的最基本工作人员之一，面对轨道交通线网的发展、客流量的增大、行车密度的增大，必须更有效地规范列车司机的作业行为。

一、出勤流程及携带物品

1. 司机出勤流程

司机出勤流程如下：签到，领取轮值班表，测试钥匙，阅读相关安全指引及通告，了解和抄阅有关行车命令、指示和安全注意事项，检查司机手提包，领取出车纸。签到、领取轮值班表时，应认真回答运转值班员的提问，听取运转值班员传达的有关事项，向当值人员报告。其报告格式为：××组×××担当××××××任务，出库时间××××，申请出勤。经值班人员检查确认后，方可上岗，并领取有关行车用品(钥匙、时刻表、相关单据及其他行车用品)。

2. 司机携带物品

司机上车所带物品包括司机手提包、钥匙、手持电台、轮值表、出车纸、列车运行状态记录单、手信号灯、手电等。出发前登车查车，按时发车。禁止携带与工作无关的物品。

二、在车站站台的作业程序

以表 8-1 为例，模拟演练司机在站台的作业过程，也可以根据其他线路的操作规程规定的程序运行。

表 8-1　自动防护人工驾驶模式下的站台作业

序号	作业内容	呼唤内容
1	使用司控器控制列车以 30~35 km/h 的速度进站	列车进站(对标停车)
2	缓慢制动，并控制列车车速在 20 km/h 时，距离码为 50 m 左右	无
3	缓慢制动，并控制列车在距离码为 10 m 时，车速为 10 km/h	无
4	实施制动，对标停车	无
5	观察列车司机操作盘(train operator display, TOD)(泊位或发车栏)显示 YES	开左门或开右门
6	按压(相应站台)侧开门按钮	无
7	站在驾驶室侧门处等待人机界面(human-machine interface, HMD)显示列车门打开情况	门全开

续表

序号	作业内容	呼唤内容
8	开启驾驶室门,通过就地控制盘(platform screen door local control panel,PSL)确认屏蔽门打开情况	门灯亮
9	通过CCTV查看乘客乘降情况,完毕后按关门按钮	关左门或关右门
10	通过PSL确认屏蔽门关闭情况	门全关
11	确认车门与屏蔽门之间的缝隙	无异物
12	等(出站信号)开放后,关闭驾驶室侧门	无
13	观察(门全关闭指示)灯及HMI显示屏情况	门关好
14	观察TOD显示屏(发车栏)显示YES等情况	发车条件具备
15	确认一切正常后,驾驶列车出站	出站绿灯

三、在列车终点站的作业程序

司机在列车终点站的作业程序如下:
(1) 在停车点范围内停车。
(2) 车门开启后,司机走出驾驶室进行监护。
(3) 确认全部乘客下车。
(4) 广播播放关门通知。
(5) 关门,完成终点站清客作业。

四、交接班规定

司机的交接班规定如下:
(1) 接班时应按规定时间提前到站台规定位置候车。
(2) 交班前,值乘人员须将各种记录及交接内容准备好,向接班司机交接清楚并不得影响列车运行。
(3) 确认列车到达时刻、列车编号、车次、车号。
(4) 确认车辆运行情况、有效的行车调度命令及其他行车注意事项。
(5) 交接钥匙(车门钥匙、屏蔽门就地控制盘钥匙、司机手推门钥匙等)、手持电台及其他工具备品。

五、列车故障报修和退勤

列车故障报修和退勤的规定如下:
(1) 值乘后,司机应将列车在运行中发生的故障及处理情况如实填写在规定的单据上。
(2) 列车回库后,值乘司机应及时报修,并说明列车运行情况、运行中发生的故障及其他必要的事项。
(3) 掉线列车入库后,值乘司机要与试车调车司机共同确认故障。
(4) 交班后,司机到规定地点退勤。

（5）退勤时，将填写好的相关单据交值班人员，并将值乘中的车辆状况、运行情况等事宜汇报清楚，必要时（如发生事故、服务纠纷等）给出书面报告并服从安排。

六、司机作业标准化

为了规范司机作业程序，提高司机队伍整体素质，有的轨道交通运营企业制定了司机作业标准化的要求。下面以某地铁运营公司的作业标准化要求为例进行说明：

司机在出乘前 8h 内严禁食用含有酒精类的食品，出乘前必须保证休息充分（至少有 4h 的卧床休息时间），身体条件应符合乘务工作的需要，准时出勤作业。司机出勤和接车时间：一般在距开车前 20 min 出勤和接车，并在开车时间前 3 min 到达指定地点立岗、接车。动车司机在出勤时，应了解和抄阅有关行车命令、指示和安全注意事项，领取报单后方可上岗。司机应按规定标准化着装，携带地铁电动客车驾驶证、司机手账等，并领取钥匙、时刻表、相关单据等。禁止携带与工作无关的物品。

1. 接班作业标准化

（1）在接班时，要进行"六确认"和"一了解"，具体内容如下：

①确认列车到达时刻和运行早晚点情况。

②确认列车车号和车次。

③确认列车故障记录单和司机报单。

④确认车门钥匙、屏蔽门就地控制盘开关门钥匙、司机手推门钥匙等工具备品齐全。

⑤确认列车车辆技术状况。

⑥确认继续有效的调度命令。

⑦了解有关行车注意事项。

（2）出勤时唱诵。出勤轮乘组按规定时间到达出勤地点唱诵"××组×××担当平（节假、双休）日××轮乘 B××时××分，申请出勤"。

（3）二次出勤。按接车规定时间提前 5 min 到轮乘值班室轮乘组唱诵"××组接××表××××次列车，提前 3 min 到接车位置"。

2. 交班作业标准化

在交班退勤时，应做到以下几点：

（1）交（接）班司机必须到规定地点退勤。

（2）退勤时将填写好的司机报单交乘务调控员，并将值乘中的车辆状态、运行情况、出现的问题等事宜汇报清楚；发生事故或服务纠纷时，应给出书面报告，必要时回段退勤。退勤时，到轮乘值班室唱诵"××组值乘××车××次列车运行正常，下次出勤时间××时××分"。轮乘结束退勤唱诵"××组担当××表××车，列车运行正常，轮乘结束"。填表后唱诵"××组×××于××××年××月××日担当（白、夜）××时××分地，出勤"。

3. 正线驾驶作业姿势标准化

关于正线驾驶作业姿势及要求也有以下规定：

（1）正司机。正线驾驶时必须挺胸抬头，右手握住牵引手柄，不做呼唤应答时左手食指放于电笛按钮上；双脚平放，不得将双腿、双脚交叉，不得抖动双腿。

（2）副司机。副司机在驾驶室立岗时，必须位于正司机左侧，姿势端正，双手自然下垂，不得将手放于裤兜或交叉在胸前；身体不得倚靠车内任何部位，不许东张西望，在电客车运行不稳时可用右手扶住司机台扶手;副司机也可将左脚向前跨立一小步,以保持身体平衡。

(3)司机值乘时,身上不允许背负任何包裹,手里禁止携带任何物品。司机不许接打任何与工作无关的电话,手机必须调为振动状态。在有副司机时,如有紧急情况,须让副司机接听并传达;严禁在驾驶室内闲聊、嬉笑打闹。禁止向轨行区内抛弃任何杂物。副司机应严格按照正司机的命令执行各项工作任务。

4. 呼唤应答动作标准化

左臂端平,左手握拳,食指中指并拢平伸,指尖须指向要确认的部位;同时眼看要确定的部位;口中呼唤确认内容,声音洪亮,吐字清晰。有副司机时,一般情况下正司机先呼唤,副司机再复诵;只有在确认驾驶室门是否锁好时才由副司机先呼唤,正司机复诵。常见作业呼唤标准如表 8-2 所示。

表 8-2 常见作业呼唤标准

适用作业	呼唤时机	呼唤用语	动作标准
道岔防护信号呼唤	司机能看清信号机的显示时	(1)绿灯。 (2)黄灯,注意限速。 (3)红灯停车。	手指眼看信号机,口呼信号颜色,绿灯通过/黄灯限速/红灯停车
道岔位置呼唤	列车运行到司机能清晰看出道岔位置时	(1)道岔好。 (2)停车。	手指、眼看道岔,口呼"道岔好",如果道岔位置不正确,立即停车
列车进站呼唤	(1)列车运行至最后一个进站预告标时(大约距离车站尾端墙100 m处)。 (2)列车鸣笛	进站注意!(注意的内容包括进站限速、车站轨行区是否有异物侵入限界、客流量大小和停车标位置等)	正司机端正坐姿,副司机摆正站姿,口呼"进站注意"
对标停车呼唤	列车运行至站台中部时	对标停车	手指、眼看停车标,口呼"对标停车",司机注意控制速度
开门作业呼唤	列车停稳,还未打开驾驶室侧门时	开左/右门	到达站台时,副司机眼看、口呼"开左/右门",正司机执行开门操作,副司机直接到安全门控制箱附近立岗,听到车门开门提示铃响两声时,打开安全门
确认车门已全部打开	正司机按压开门按钮,车门已打开后	车门已开	手指、眼看 TMS 屏上显示开门侧车门全部为黄色时,口呼"车门已开"

8.5 行车指挥自动化时的列车运行组织

行车指挥自动化是利用电子计算机控制调度集中设备,指挥列车运行的一种自动远程遥控设备。在行车指挥自动化时,自动闭塞为基本闭塞法。

一、行车指挥自动化子系统的主要功能

行车指挥自动化子系统的主要功能如下:
(1) 由基本列车运行图或计划列车运行图生成使用列车运行图。
(2) 自动或人工控制管辖范围内各车站的发车表示器、道岔及排列列车进路。
(3) 跟踪正线列车运行,显示各车站发车表示器开闭、进路占有和列车车次、列车运行状态等。
(4) 自动或人工进行列车运行调整。
(5) 自动绘制实际列车运行图并生成运营统计报告。

二、列车运行组织方法

在行车指挥自动化情况下,由电子计算机通过调度集中设备实现当日使用列车运行图、列车进路自动排列和列车运行自动调整,指挥列车运行。控制中心 ATS 通常储存数个基本列车运行图,经过加开或停运列车等修改后的基本列车运行图称为计划列车运行图。使用列车运行图是当日列车运行的计划,由基本列车运行图或计划列车运行图生成。行车调度员通过显示盘与工作站显示器,准确掌握线路上列车的运行和分布情况、区间和站内线路的占用情况及发车表示器的显示状态和道岔开通位置等。行车调度员也可应用人工功能,通过工作站终端键盘输入各种控制命令,控制管辖线路上的发车表示器、道岔及排列列车进路,进行列车运行调整。

在行车指挥自动化情况下,列车占用区间的行车凭证为列车收到的速度码,凭发车表示器显示的稳定白色灯光发车,如发车表示器发生故障无显示,则凭行车调度员的命令发车。追踪运行列车间的安全间隔由列车自动防护 ATP 子系统自动实现。

三、控制中心 ATS

控制中心 ATS 包括控制中心 ATS 设备、车站 ATS 设备和车载 ATS 设备 3 个部分。控制中心 ATS 是一个实时控制系统,由调度控制和数据传输电子计算机、工作站、显示盘和绘图仪等构成,电子计算机按双机备份配置;车站 ATS 由列车与地面间数据传输设备和电气集中联锁或计算机联锁设备等构成;车载 ATS 由列车与地面间的数据传输设备等构成。

四、列车正线运行

列车正线运行时可采用以下几种驾驶模式:
(1) 列车自动驾驶模式。列车出发前,在列车进路已设置完毕、车门及屏蔽门已关闭的条件下,司机可操作列车进入自动驾驶模式。车载列车自动驾驶 ATO 系统根据从线路上接收到的速度码,自动控制列车加速、巡航、惰行、制动,控制列车按要求停车,并自动控制车门、屏蔽门的开启。车门、屏蔽门的关闭是由司机按压关门按钮完成的。司机主要监督车载 ATP/ATO 设备的状态显示,并注意列车运行所经过的线路(如道岔、信号机)状况,必要时可进行人工干预,以保证行车安全。列车在站台停车时,如果超出了停车区域,则车门和屏蔽门均不能打开。

(2)列车自动防护系统监控的人工驾驶模式。在列车自动驾驶ATO设备发生故障,但车载和轨旁的列车自动防护系统ATP设备良好,列车发车前,列车进路已设置完毕,车门及屏蔽门已关闭的条件下,司机操作列车进入列车自动防护系统ATP监控的SM模式。列车由司机驾驶,运行速度受列车自动防护系统ATP的实时监督。当列车运行速度接近列车自动防护系统ATP的限制速度时,系统对司机给出声、光报警信号,提醒司机注意。如果司机未采取措施,当列车的运行速度超过限制速度,并达到了列车"紧急制动曲线"确定的速度时,列车自动防护系统ATP将对列车实施紧急制动。一旦产生紧急制动,就不能进行人工缓解,必须待列车停稳并经特殊操作后才能重新启动列车。到站停车时,采用人工驾驶SM模式的列车与采用列车自动驾驶ATO模式的列车停站规定相同。

(3)受限制的人工驾驶模式。司机根据信号显示等要求,操作列车进入受限制的人工驾驶模式,若列车运行速度超过列车自动防护系统ATP的限制速度,则产生紧急制动。

在此模式下运行时,司机对列车的运行安全负责。此运营模式主要作为联锁设备故障情况的降级运行模式及列车在车辆段内的运行模式。

(4)不受限制的人工驾驶模式。在此模式下,列车自动防护系统ATP将不起任何作用,列车的运行安全完全由调度员、车站值班员和司机人为保证。司机必须使用特殊的钥匙开关才能进入该模式。

五、列车出入段

车辆段内的列车驾驶模式采用受限制的人工驾驶模式。在所有设备运行正常的情况下,列车按照设计的模式运行。因车辆段没有安装轨旁列车自动防护系统ATP设备,且联锁设备为6502电气集中联锁或计算机联锁,与列车自动防护系统ATP设备没有接口关系,列车在车辆段范围内只能以RM模式运行,车载列车自动防护系统ATP提供25 km/h的超速防护。

列车出入段的程序如下:

(1)列车整备完毕,列车状态符合正线服务要求后,报告车场信号值班员列车整备完毕。

(2)确认出厂信号开放,按该列车出车场时刻以RM模式驾驶列车出库,整列离开库门前限速5 km/h。在库门前、平交道口应一度停车,确认线路状况良好后动车。

(3)列车运行到转换轨一度停车,待显示屏收到速度码,ATO灯亮后,司机确认进入进路防护信号开放,以ATO/SM模式运行至车站。

六、列车运行调整

1. 自动列车运行调整

在执行自动列车运行调整功能时,列车自动监控系统ATS根据使用列车运行图对早、晚点时间在一定范围内的图定列车自动进行列车运行调整。

自动列车运行调整通过控制列车的停站时间和列车的运行等级来实现。列车运行等级的自动降低或升高可实现对列车运行速度的自动控制。列车运行等级的设置如下:

(1)运行等级1。列车自动监控系统ATS限速等于列车自动防护系统ATP限速,列车在列车自动监控系统ATS限速±2 km/h范围内调速。

(2) 运行等级 2。列车自动监控系统 ATS 限速等于列车自动防护系统 ATP 限速,但经过惰行标志线圈后,在列车速度高于 30 km/h 时,惰行进站停车;在列车速度低于 30 km/h 时,提速至 30 km/h 运行。

(3) 运行等级 3。除列车自动防护系统 ATP 限速为 20 km/h 和 30 km/h 外,列车自动监控系统 ATS 限速等于 75% 的列车自动防护系统 ATP 限速。例如,列车自动防护系统 ATP 限速为 65 km/h,列车自动监控系统 ATS 限速为 48 km/h。

(4) 运行等级 4。列车自动监控系统 ATS 限速等于 65% 的列车自动防护系统 ATS 限速。

2. 人工列车运行调整

凡列车早点早于"太早"、晚点晚于"太晚"或列车运行秩序较紊乱时,控制中心 ATS 可执行人工功能,由行车调度员进行人工列车运行调整。

在列车早点早于"太早"或晚点晚于"太晚"时,可在不退出自动功能的情况下执行人工功能,进行列车运行调整,此时人工功能优先于自动功能。但执行人工功能时设定的列车停站时间和列车运行等级仅对经过指定车站的指定列车一次有效。当指定列车经过指定车站后,系统将自动恢复对经过该站的后续列车进行自动列车运行调整。

在列车运行秩序较紊乱时,应退出自动功能,进行人工列车运行调整,待列车运行基本恢复正常后,再进入列车运行调整的自动功能。人工列车运行调整的主要方法如下:

(1) 列车跳站停车。列车跳站停车分为列车载客跳站停车和列车空驶跳站停车两种。对列车载客跳站停车应严格掌握,客流较大的车站原则上不应组织列车跳停通过,仅在由于列车或其他设备发生故障、出现事故、车站因乘客滞留造成拥挤等原因引起列车运行秩序紊乱,以及特殊需要时,方准列车载客跳站停车通过。安排列车跳站停车时,应考虑跳站乘客是否有返回乘坐的列车,末班列车不办理列车载客跳站通过。为了缓解客流压力或因列车晚点影响后续列车运行时,准许始发列车空驶跳停,但不宜连续两个空驶列车跳站停车。组织列车跳站停车时,行车调度员要加强预见性和计划性,提前下达命令。司机和车站有关人员应对乘客做好宣传解释工作。车站应维持秩序,组织好乘客乘降,保证乘客安全。

列车跳站停车的设置可由行车调度员在工作站上进行,也可由行车调度员命令司机在当次列车上进行,前者称为中央设置,后者称为列车设置。

中央设置对允许跳停车站有所限制,并且不能设置同一列列车在两个车站连续跳停。列车设置对允许跳停车站没有限制,并且具有连续设置跳停功能。

在行车组织上,为保证一定的服务水平和行车安全,有以下规定:

①一般情况下,不采取列车跳站停车措施。
②图定首、末班客运列车不办理列车跳站停车。
③同一车站不允许连续两列车跳停通过。
④除特殊情形外,客流较大的车站不准列车跳停通过。

(2) 扣车。行车调度员实施扣车应在列车到达指令站台停稳,并在发车表示器闪光前完成。如多列车分别在各站进行扣车,行车调度员应及时命令司机在指定车站扣车。实施扣车后,如要终止列车停站,行车调度员应进行催发车。

(3) 设置列车运行等级。除系统自动调整列车运行等级外,行车调度员还可人工设置列车运行等级,即由初始设定的运行等级 2 改设为其他运行等级。列车运行等级的设置可由行车调度员在工作站上进行,也可由行车调度员命令司机在当次列车上进行。行车调度员设置只对指定列车一次有效。

8.6 调度集中控制下的行车组织

调度集中设备是指挥列车运行的一种远程遥控设备。在调度集中时,自动闭塞为基本闭塞法。

一、调度集中控制的类型与主要功能

1. 调度集中控制的类型

调度集中控制分为调度集中和行车指挥自动化时两种情况。

(1) 在调度集中情况下,由行车调度员通过进路控制终端控制管辖线路上的信号机、道岔,直接排列列车进路,办理列车接发作业。

(2) 在行车指挥自动化情况下,控制中心 ATS 能根据当前使用列车运行图及列车运行实际情况,自动办理与实时控制车站上的列车接发作业,即自动完成与接发列车有关的列车进路排列和发车表示器显示控制。

因此,在上述两种情况下,车站的接发列车作业实际上由行车调度员集中办理或控制中心 ATS 自动完成,车站行车值班员通过行车控制台监视列车进路排列、信号显示和列车到发、通过情况及列车运行状态是否正常等。

2. 调度集中控制的主要功能

调度集中控制的主要功能如下:

(1) 控制管辖范围内各车站的信号机、道岔及排列列车进路。

(2) 显示各车站信号机开闭、进路占用和列车车次、列车运行状态等。

(3) 自动绘制列车实际运行图。

二、调度集中控制下的列车运行组织方法

在调度集中控制下,由行车调度员人工排列列车进路,指挥列车运行及进行运行列车调整。行车调度员通过进路控制终端键盘输入各种控制命令,控制管辖线路上的信号机、道岔及排列列车进路;通过显示盘与显示器,准确掌握线路上列车运行和分布情况、区间和站内线路的占用情况及信号机的显示状态和道岔开通位置等。

在调度集中控制下,列车进入区间的行车凭证为出站信号机的绿灯显示。如出站信号机故障,凭行车调度员的命令发车。追踪运行列车间的安全间隔由自动闭塞设备实现。

三、调度集中控制下的列车运行调整

为了实现按图行车,行车调度员要努力组织列车正点运行,而组织列车正点始发又是列车正点运行的基础。对始发列车,行车调度员应在列车出段、列车折返交路和客流情况等各方面进行具体掌握和组织,以确保正点始发。

在始发站列车正点始发的情况下,由于途停运缓、作业延误或设备发生故障等原因,难

免出现列车晚点的情况。因此,行车调度员应根据列车运行的实际情况,按恢复正点和行车安全兼顾的原则,根据列车登记规定进行调整,尽可能地在最短时间内使晚点列车恢复正点运行。

对同一等级的客运列车,可根据列车的接续车次和载客人数等情况进行运行调整。列车运行调整的主要方法如下:

(1) 始发站提前或推迟发出列车。

(2) 根据车辆的技术状况、司机驾驶水平和线路允许速度,组织列车加速运行、恢复正点。

(3) 组织车站快速作业,压缩列车停站时间。

(4) 组织列车跳站停车。

(5) 变更列车进行交路,组织列车在具备条件的中间站折返。

(6) 组织列车反方向运行。在双线线路上,如果一个方向上的列车密度较大,而另一个方向上的列车密度较小,为了恢复正点运行,可利用有道岔车站的渡线将列车转到列车密度较小的线路上反方向运行。

(7) 扣车。

(8) 调整列车运行时间间隔。当换乘站由于客流骤增造成作业困难时,行车调度员可根据列车的运行情况,适当调整列车运行时间间隔,尽量避免各线列车同时到达换乘站。

(9) 在环行线情况下,当一条线路运行秩序紊乱时,要尽力维持另一条线路列车的正常运行,并通知各站组织乘客乘坐畅通线路方向的列车。

(10) 停运列车。

行车调度员对列车运行调整方法的选择,取决于列车运行的具体情况。在实际工作中,往往可以结合几种列车运行调整方法加以运用。

8.7 调度监督下半自动控制的行车组织

城市轨道交通系统装备了列车自动控制 ATC 系统,ATC 系统的 ATS 子系统能根据列车运行图自动排列进路、开放信号。当中央 ATS 系统发生故障时,可通过 LOW 办理接发列车作业。

一、调度监督时的接发列车作业

在调度监督情况下,由于行车调度员只能监督现场设备和列车运行状态,不能直接控制现场列车运行,因此下放调控权,由车站行车值班员运用车站信号、联锁和闭塞设备办理接发列车作业。

车站行车值班员办理接发列车作业时必须按规定的程序和要求进行。车站接发列车作业的内容与程序如下:

(1) 准备进路。有道岔车站的列车接发车进路可根据行车调度员下达的列车运行计划预先办理。

(2) 办理闭塞。发车站行车值班员用车站集中电话向接车站请求闭塞;接车站行车值班员接到请求闭塞电话后,确认前次列车已经到达前方站,接车区间空闲,接车进路畅通,有关道岔位置正确和影响接车进路的调车作业已经停止后,按同意接车按钮。此时,接车站接车表示灯由黄灯显示变为灭灯。

(3) 开放信号。发车站行车值班员再次确认发车进路正确无误后,按压发车信号按钮。此时,发车站出站信号机为绿灯显示,发车表示灯变为红灯显示,接车站接车表示灯变为红灯显示及闭塞电铃鸣响。

(4) 列车出发。列车出发后,发车站行车值班员操作发车信号按钮,向接车站行车值班员和行车调度员报点,填写行车日志;接车站行车值班员接到报点后填写行车日志。此时,发车站出站信号机变为红灯显示。

(5) 列车到达。列车到达后,接车站行车值班员向发车站行车值班员和行车调度员报点,填写行车日志,发车站行车值班员接到报点后填写行车日志。此时,接车站列车到达表示灯为红灯显示及闭塞电铃鸣响,接车站接车表示灯为红黄灯显示,发车站发车表示灯为黄灯显示。

(6) 取消闭塞。当发车站请求闭塞、接车站同意接车和发车站尚未开放出站信号时,如因故需要取消闭塞,由发车站行车值班员用车站集中电话向接车站行车值班员请求取消闭塞,接车站行车值班员接到请求取消闭塞电话后,破封登记,按压故障按钮。此时,发车站发车表示灯为黄灯显示,接车站接车表示灯为红黄灯显示。

(7) 接送列车。列车在车站到发或通过时,站台站务员应按规章要求站在规定地点接送列车,密切注意列车运行状态及乘客乘降情况,发现有危及行车安全和乘客安全的情况时,应立即采取有效措施,做出妥善处理。

二、改用电话闭塞法时的接发列车作业

改用电话闭塞法或恢复基本闭塞法行车,必须要有行车调度员命令。当停止使用基本闭塞法,改用电话闭塞法行车时,调控权下放,实行车站控制,即由车站行车值班员办理接发列车作业。由于电话闭塞法行车室无设备控制,为了防止因疏忽而占用区间发车,造成同向列车追尾,要求车站行车值班员在进行接发列车作业时,严格按照规定的作业程序和要求进行,以确保接发列车作业安全和能按调整后的列车运行计划不间断地接发列车。根据是在集中站间办理电话闭塞还是在相邻站间办理电话闭塞,电话闭塞法接发列车作业程序与办法有所不同。

1. 集中站间电话闭塞法行车时的接发列车作业程序与办法

(1) 办理闭塞。电话闭塞在集中站间办理。由发车站向接车站请求闭塞,接车站在确认接车区间空闲、接车线路空闲、接车进路准备妥当后,向发车站发出承认某次列车闭塞的电话记录号码。

(2) 发出列车。发车站接到接车站承认闭塞的电话记录号码后,填写行车凭证路票并交与司机,向列车显示发车手信号。列车出发后,发车站向接车站通报列车车次、出发时分,并向行车调度员报点,填写行车日志。

(3) 闭塞解除。列车整列到达并发出或进入折返线,以及列车进路准备妥当后,接车站可向发车站发出列车到达信号,闭塞解除电话记录号码,并向行车调度员报点,填写行车日志。

(4) 取消闭塞。闭塞办妥后，因故不能接车或发车时，立即发出停车手信号进行防护，由提出一方发出电话记录号码作为取消的依据。列车由区间退回发车站时，由发车站发出电话记录号码作为闭塞取消的依据。取消闭塞后应及时向行车调度员报告。

2. 相邻站间电话闭塞法行车时的接发列车作业程序与办法

(1) 办理闭塞。电话闭塞在相邻站间办理。由发车站向接车站请求闭塞，接车站在确认接车区间空闲、接车线路空闲、接车进路准备妥当后，向发车站承认某次列车闭塞。接车站向发车站承认闭塞，对最初列车、反方向运行列车，以及在车辆段与相邻站间运行列车发出承认闭塞的电话记录号码；对其余列车则可用电话闭塞解除法来承认闭塞。

电话闭塞解除法是指接车站在前次列车已经由本站发出或进入折返线，接车进路已经准备妥当后，用车站集中电话通知发车站前次列车闭塞解除，作为对后次列车闭塞的承认。

(2) 发出列车。发车站接到接车站承认闭塞的电话记录号码或电话通知后，列车凭出站信号机的绿灯显示发车。如出站信号机发生故障，以绿色许可证作为列车占用区间的行车凭证，向列车显示手信号发车。应在确认接车站承认闭塞和发车进路正确无误后开放出站信号。

列车出发后，发车站关闭出站信号机，向接车站行车值班员和行车调度员报点，填写行车日志。

(3) 闭塞解除。列车到达或进入折返线，以及接车进路准备妥当后，接车站通知发车站前次列车闭塞解除，并向行车调度员报点，填写行车日志。

(4) 取消闭塞。闭塞办妥后，因故不能接车或发车时，立即发出停车手信号进行防护，由提出一方发出电话记录号码，作为闭塞取消的依据；如列车已经出发，但接车站因故无法接车，应派专人到进站方向站界附近，向驶近列车显示停车信号。列车由区间退回发车站时，由发车站发出电话记录号码，作为闭塞取消的依据。取消闭塞应及时向行车调度员报告。

(5) 行车凭证。电话闭塞法行车时，如果是反方向运行，列车占用区间的行车凭证是路票；在出站信号机发生故障时，列车占用区间的行车凭证是绿色许可证，凭助理行车值班员的手信号发车。

行车凭证由车站行车值班员负责填发，助理行车值班员负责与司机办理交接。

行车凭证在取得接车站承认闭塞，并确认闭塞区间空闲后方可填发。填写行车凭证，要求内容完整、字迹清楚，出现填写错误时，应重新填写。行车凭证在车站行车值班员确认无误并签名后，方可递交司机。

三、改用时间间隔法时的接发列车作业

当车站的一切电话中断时，为维持列车运行，双线区间可改用时间间隔法行车。此时，车站行车值班员具体组织和直接办理接发列车作业。由于与行车调度员和邻站行车值班员均无法取得联系，为了安全、不间断地接发列车，须按照特定的行车组织办法进行列车接发作业。

(1) 将出站信号机或发车表示器置于停车信号显示，将中间站道岔一律置于正线列车运行位置。

(2) 停止办理一切妨碍正线列车运行的调车作业。

(3) 列车进入区间的行车凭证是红色许可证,凭助理行车值班员手信号发车。

(4) 列车发车间隔和列车运行速度应符合有关规定。

(5) 通信设备恢复正常后,立刻向行车调度员报告列车运行情况,并根据调度命令恢复原行车闭塞法。

四、站间电话联系法组织行车

目前,国内部分城市轨道交通系统为了提高正线通过能力,规定当正线信号联锁发生故障时,采用站间电话联系法组织行车。只有车辆段和与其相邻的车站间的信号联锁发生故障时,方可采用电话闭塞法组织行车。

采用站间电话联系法组织行车时,行车调度员应及时向有关车站及司机发布命令"从×时×分起,在××站至××站间采用站间电话联系法组织行车";行车调度员亲自或通过车站通知司机口头调度命令的内容。车站及行车调度员共同确认第一趟发出的列车运行前方的车站和区间空闲,列车的行车凭证为行车调度员的口头命令,不需要交给司机书面凭证,在确认发车进路准备妥当,并得到前方接车站同意接车的电话记录后,向司机显示发车信号,列车即可启动。列车采用 RM 驾驶模式运行,每一站间区间及前方站内线路只允许一趟列车占用。

学习评价

学习完本模块后,请根据自己的学习所得,结合表 8-3 进行打分评价。

表 8-3 模块 8 学习评价表

评价内容	评价方式			评价等级
	自 评	小组评议	教师评议	
课前预习本模块相关知识、相关资料				A. 充分 B. 一般 C. 不足
熟悉行车组织指挥体系				A. 充分 B. 一般 C. 不足
了解列车调度指挥中心的主要工作,熟悉列车运行组织方式的分类				A. 充分 B. 一般 C. 不足
熟悉不同的列车驾驶模式				A. 充分 B. 一般 C. 不足
掌握列车司机作业流程				A. 充分 B. 一般 C. 不足

续表

评 价 内 容	评价方式			评 价 等 级
	自　评	小组评议	教师评议	
熟悉行车指挥自动化子系统的主要功能				A. 充分 B. 一般 C. 不足
掌握调度集中控制下的行车组织				A. 充分 B. 一般 C. 不足
掌握调度监督下半自动控制的行车组织				A. 充分 B. 一般 C. 不足
参加教学中的讨论和练习,并积极完成相关任务				A. 充分 B. 一般 C. 不足
善于与同学合作				A. 充分 B. 一般 C. 不足
学习态度,完成作业情况				A. 充分 B. 一般 C. 不足
总评				

思考与练习

（1）简述列车调度指挥中心的主要工作。

（2）简述列车运行组织方式分类。

（3）什么是列车自动驾驶模式？

（4）简述列车司机出勤流程。

（5）简述行车指挥自动化子系统的主要功能。

（6）简述调度集中控制的类型与主要功能。

（7）简述调度监督时的接发列车作业流程。

模块 9　非正常情况下的行车组织

学习目标

(1) 熟悉 ATC 系统发生故障时的行车组织。
(2) 掌握信号联锁设备发生故障时的列车运行组织。
(3) 熟悉特殊情况下的行车组织。

学习重点

(1) ATC 系统发生故障时的行车组织。
(2) 信号联锁设备发生故障时的列车运行组织。

9.1 ATC 系统发生故障时的行车组织

当城市轨道交通运营期间设备故障影响到正线行车组织时,一般由相关设备维修部门对故障进行先期处理,确保车辆正常运行。如果短时间内不能处理完毕,则需要采取其他方式保证列车的运行,维持一定水平的客运服务。当非运营期间设备发生故障时,需要立即组织维修人员进行抢修,以保证不影响正常的运营服务。

ATC 系统即列车运行自动控制系统,主要包括列车自动监控(ATS)系统、列车自动防护(ATP)系统和列车自动驾驶(ATO)系统,其中任何一个子系统发生故障,都将影响地铁的正常运营,因此需要及时处理。

一、ATS 系统发生故障时的行车组织

ATS 系统的主要功能是控制和监督列车运行。ATS 系统按列车运行图指挥列车运行,办理列车进路,控制列车发车时刻,及时收集和记录列车运行信息,跟踪列车位置、车次,绘制列车运行图,并在控制中心的模拟盘上显示列车信息及线路情况。

当 ATS 系统发生故障时,ATS 系统功能将不能实现,需要行车调度中心人工控制所管辖线路上的信号机和道岔,办理列车进路,组织和指挥列车运行。如果中央 ATS 系统发生无显示等故障,则行车调度中心应与联锁站办理监控权切换,实现站控。

联锁站值班员首先应确认联锁工作站上 ATS 的远程终端控制单元(remote terminal unit,RTU)降级模式是否激活,当"RTU 降级模式"被激活时,联锁站不用操作,列车可自动排列进路并自动取消运营停车点。当"RTU 降级模式"未被激活,行车调度中心没有特殊指示时,车站必须在工作站上按正常情况下人工排列进路并人工取消运营停车点。

ATS 系统发生故障时,将影响列车位置、车次等列车运行信息的记录,进一步影响列车运行图的自动绘制。故 ATS 设备发生故障时,司机应人工输入车次号,换向运行时,输入新的车次。各规定报点站向行车调度中心报告各次列车的到开点,行车调度中心以报点站为单位人工铺画客车运行图。

如果车站在工作站上不能取消运营停车点,应立即报告行车调度中心,由行车调度中心转告司机,用 RM 模式驾驶列车出站,直至转换为 ATO 模式;当车站取消运营停车点而客车目标速度仍为零,且超过规定的时间时,车站值班员应报告行调,由行调指示司机开车,当 ATO 驾驶恢复正常时,应向行车调度中心报告。

二、ATP 系统发生故障时的行车组织

ATP 系统是确保列车安全的关键设备,由轨旁地面设备和车载设备组成。列车通过地面 ATP 设备接收在该区段运行的目标速度,保证列车在不超过此目标速度的情况下运行,从而保证后续列车与先行列车之间的安全距离。对于联锁车站,ATP 系统确保只有一条进路有效。ATP 系统同时监督列车车门和车站站台屏蔽门的开启与关闭,保证操作安全。

1. ATP 地面设备发生故障

当 ATP 地面设备发生故障时,ATO 车载设备接收不到限速命令,无法按自动闭塞法行

车。此时,如果是小范围的设备发生故障,可由行车调度人员确认故障区间空闲后,命令司机在故障区间以 RM 模式限速运行,如果经过规定数量的轨道电路还未恢复 ATO 模式时,以 RM 模式驾驶至前方车站或终点站。如果是大范围的设备故障,须停止使用自动闭塞法,改为车站控制,按电话闭塞法组织行车。

2. ATP 车载设备发生故障

ATP 车载设备发生故障时,因故障列车无法接收 ATP 限速命令,故此时主要是解决列车的驾驶模式问题。一般 ATP 车载设备发生故障,司机根据行车调度命令以人工驾驶方式限速运行,即以 URM(有限速规定)模式驾驶列车至前方站。列车到达前方站(或在车站发生故障)仍不能修复时,由车站派行车人员上驾驶室添乘,沿途协助司机瞭望、监控速度表,超速时,立即按压紧急停车按钮。司机以 URM 模式按规定的限速要求继续驾驶列车至前方终点站,退出服务。此时,行车调度人员应随时注意 ATP 车载设备发生故障的列车运行情况,严格控制速度,以确保列车与列车之间的最小间隔在一个区间及以上。

列车在运行中因道岔显示发生故障造成紧急停车(停在岔区)时,车站应报行车调度人员,由其通知信号检修人员。车站人员到现场将道岔锁定后,司机根据行车调度人员命令限速离开岔区。

如果客车在站台发车前收不到 ATP 速度码,司机应报行车调度人员,在得到行车调度人员同意后方可使用 RM 模式动车。

三、ATO 系统发生故障时的行车组织

ATO 系统的主要功能是站间运行控制,使列车实现按时刻表的时间和最大可能的节能原则自动调整实际运行时分和在站内的停留时间、在车站的定位停车控制、车门控制及站台屏蔽门的开启等。

当 ATO 系统发生故障时,列车自动运行功能不能实现,此时列车改为 SM 人工驾驶,在 ATP 车载设备的监护下,按车内速度信号显示运行。

ATO 系统一旦发生故障,列车将无法按照 ATO 自动驾驶模式行车,但在 ATS 系统可根据当时赋予的用户身份(identification,ID 或 DID)办理相应的进路。故障现象通常表现为电客车驾驶室内特征显示单元(aspect display unit,ADU)面板上 ATO 报警灯点亮,TMS 中有相应的报警信息。ATO 发生故障时的处理程序如下:

(1) 行车调度员接到司机车载 ATO 相关的报警信息,认真记录。

(2) 行车调度员确认 ATS 控制终端显示及设备正常。

(3) 行车调度员将故障情况通知转运室值班人员及停车场控制中心(depot control center,DCC),并要求跟车维修人员及时上车抢修。

(4) 行车调度员须保持自动进路功能与中央控制。

(5) 行车调度员通知本次列车司机将驾驶模式转换为"ATP 监督下的人工驾驶模式"并继续运行。在站台的发车凭证仍参照"倒计时发车表示器"执行,如因列车车载 ATO 故障延误造成晚点,行车调度员可要求该次列车在站台乘降完毕、车门关好的情况下发车,并在区间根据情况加速运行。

(6) 车载 ATO 故障解除后,行车调度员采取相应措施恢复系统原时刻表控制功能。

9.2 信号联锁设备发生故障时的列车运行组织

当信号联锁设备发生故障时,根据故障发生的地点不同,可分别采用不同的行车组织方法。

一、采用电话闭塞法组织行车

一般情况下,城市轨道交通信号联锁设备发生故障时,应采用电话闭塞法组织行车。

电话闭塞法是在没有机械、电气设备控制的条件下,仅凭电话联系来保证列车空间间隔的行车闭塞法,其安全程度较低。

改用电话闭塞法行车时的作业办法与要求如下:

(1) 基本行车闭塞法的变更或恢复。为保证同一区间在同一时间内不会采用两种闭塞法,在停止使用基本闭塞法改用电话闭塞法或恢复基本闭塞法时均应有调度命令。行车调度员应及时调整列车运行计划,车站值班员根据行车调度员的命令办理闭塞、准备进路、开闭信号(或交接凭证)和接发列车。采用电话闭塞法行车时,一个闭塞区段内只允许一列列车占用。列车占用闭塞区间的行车凭证为路票。

(2) 办理闭塞。使用电话闭塞法行车的发车站行车值班员必须在发车前得到接车站行车值班员以电话记录号码承认的闭塞,其余列车则实行电话闭塞解除法。

接车站报告发车站前次列车闭塞解除的条件:接车站接到发车站发车通知,该出发列车到达本站,并且已由本站发出或已进入折返线,下一列列车的接车进路已准备妥当。接车站解除前次列车闭塞即表示接车站承认后一次列车闭塞。

(3) 准备进路。接车站在准备好接车进路后,同意发车站的闭塞请求,发车站准备发车进路。当道岔在控制终端上表示正常时,把道岔单独操作到正确位置并使用单独锁定,当道岔在控制终端上无表示或表示不正常时,须人工将进路上的有关道岔开通于正确位置,使用钩锁器钩锁,并实行现场两人确定制。

国内部分城市轨道交通系统总结出了手摇道岔的标准作业程序,即"手摇道岔六步曲"。

一看:看道岔开通位置是否正确,是否需要改变位置。

二开:开盖孔板及钩锁器,拆下钩锁器。

三摇:摇道岔转向到所需的位置,在听到"咔嚓"的落槽声后停止。

四确认:手指尖轨,口呼"尖轨密贴开通×位",并和另一人共同确认。

五加锁:另一人在确认道岔位置开通正确后,用钩锁器锁定道岔尖轨。

六汇报:向车站行车控制室汇报道岔开通位置正确。

(4) 接发列车。发车站接到接车站的车站闭塞承认号码后,填发路票并交付司机,司机确认路票正确后凭车站发车指示信号开车,列车凭路票占用闭塞区段。

(5) 路票的填写规定。路票是列车占用区间的行车凭证,填写路票是采用电话闭塞法办理行车作业的重要环节。错填、漏填路票都容易导致行车事故,因此车站值班员在办理电话闭塞法组织行车时,对填写路票这一环节应高度重视。

路票须在确认闭塞区间空闲,取得接车站承认闭塞,且发车进路准备妥当后,方可填发。

路票应由车站行车值班员(或值班站长)亲自填写。填写路票时要求内容齐全,字迹清楚,不得涂改。出现填写错误时,应画"×"注销,重新填写。车站值班员对于填写完毕的路票,应与电话记录进行核对,确认无误并签名后,方可交给司机。

(6) 正确填记行车日志。在改用电话闭塞法行车时,行车日志内应正确填记列车的车次、承认闭塞的电话记录号码、列车到达时间、出发时间及闭塞解除时间。

(7) 电话记录号码。电话记录号码是采用电话闭塞法行车时,区间两端站正确办理行车闭塞事项的记录。车站在发出电话记录的同时还要编以号码,以明确办理的事项和责任。承认闭塞、列车到达、取消闭塞等行车事项均应发出电话记录。

二、采用调车方式组织行车

部分城市轨道交通系统规定,当换乘站信号联锁设备发生故障时,联络线的行车组织应采用调车方式。

当换乘站信号联锁发生故障,影响到进出联络线进路的正常办理,行车调度人员发布同意调车的书面调度命令,授权该换乘站按调车方式现场办理列车进出联络线,需人工现场准备进路时,由站务人员在确认进路已准备妥当后,向司机显示道岔开通信号,司机凭道岔开通信号或地面信号显示动车。当进路在联锁工作站上排列好,但不能开放信号时,由车站使用车站无线电通知司机动车。

9.3 特殊情况下的行车组织

一、应急扣车时的行车组织

当出现紧急情况采取应急扣车措施时,应合理、有效地利用扣停的调度手段,根据不同的扣车方式采取对应措施,避免列车进入故障区段,影响运营。

1. 扣车的方式

(1) 通过 ATS 命令扣车。当行车调度员需要扣停列车时,需要在控制中心调度终端人机界面 MMI 上进行操作,并通知司机和车站。通过调度终端操作扣车的前提条件:一是列车必须以 SM、ATO 或 AR 模式驾驶,二是列车未进入站台或在站台停稳时,运营停车点未取消。扣车的有效区段是站台区段。

(2) 车站人员应急扣车。当车站遇紧急情况需要立即将进站或出站列车扣停时,车站人员(站务员或行车值班员)可按下车控室或站台的紧急停车按钮,使站台方位内的列车紧急停下。当情况紧急,不具备第一时间按下按钮的条件时,也可向司机猛烈摇动红色信号旗(灯)或高举双手并左右交叉、急剧摇动,以此作为紧急停车的手信号,指示司机将列车停下。

2. 扣车后应采取的措施

(1) 扣车后,应及时通报相关人员,通过广播等方式通知乘客扣车原因及预警扣停恢复时间,如为车站扣停列车应及时向行车调度员汇报情况。

(2) 扣车后的放行原则是"谁扣谁放",但在 ATS 发生故障时,对原 MMI 扣停的列车,经行车调度员授权后由相关车站放行。

（3）取消扣车作业时，行车调度员或车站值班员确认列车已经停稳后方可操作。放行的具体操作方法如下：首先在现场控制盘（local control panel，LCP）上按压"取消扣车"按钮，之后LCP上相应的扣车指示灯灭，再按压相应的"扣车"按钮一次（复位），最后按压相应的"取消扣车"按钮一次（复位），同时在LOW上对应的B类报警的第三栏有"扣车恢复"的提示信息。

二、列车反方向运行时的行车组织

列车反方向运行时的行车组织作业过程如下：

（1）在没有列车自动防护系统ATP保护的情况下，除降级运营时组织单线双向行车或开行救援列车外，载客列车原则上不能反方向运行。

（2）在列车自动防护系统ATP正常使用的情况下：

①列车反向运行时，在各站不能通过，不能自动停车，没有跳停功能，停站时刻由司机掌握。

②列车须反向运行时，在人机界面MMI（计算机联锁区域操作员工作站LOW）上排列进路，列车根据列车自动防护系统ATP的允许速度以列车自动驾驶系统ATO或受监控的人工驾驶SM模式运行。

（3）当列车自动防护系统ATP轨旁设备发生故障时，行车调度员通知司机以受限制的人工驾驶RM模式运行。

（4）工程车在明确行车计划和进路已安排好的情况下，方可反方向运行。

三、列车退行时的行车组织

列车退行是指列车在区间因自然灾害、线路故障、迫停等原因不能继续向前运行而退回原发车站，列车部分或全部车厢越过站台须退回站台内办理乘降作业。

1. 列车退行的基本规定

（1）当列车需要在两站之间进行退行作业时，应参照列车反方向运行作业办理。

（2）当列车在区间因前方车站或列车发生火灾、自然灾害、线路故障、迫停等原因无法继续前进，须退行作业时，行车调度员应在确保退行列车运行进路空闲的前提下，安排列车退行至指定地点。

（3）当列车在站台停车，列车部分或全部车厢越出站台，须退回办理乘降作业时，行车调度员应在做好站台秩序维护的情况下，指挥列车退行。

2. 列车退行的具体程序

（1）报告通知。当列车的一部分冒进车站发车显示器时，司机应使用无线电话向行车值班员报告，按车站行车值班员的调车手信号将列车退回到规定的停车位置。

当列车整列冒进车站发车显示器时，司机应使用无线电话向行车值班员申请退行，按车站行车值班员的引导手信号退回到规定停车位置。

列车因故障等特殊原因在站间停车必须退行时，司机应使用无线电话及时报告行车调度员，在得到行车调度员的命令后方可退行。行车调度员应及时通知有关车站。

（2）车站防护。列车退行进入车站时，车站接车人员应在进站站台端处显示引导信号，列车在进站站台端外必须一度停车，确认引导信号正确后方可进站，后端推进退回车站难以确认时,车站应做好站台防护工作。

(3) 清客或运行。退行列车到达车站后,司机应及时向行车调度员报告,同时根据行车调度员的命令处理。行车调度员根据情况可做出继续运行或清客停运的处置。

因前方车站或列车发生火灾、自然灾害、线路故障、迫停等原因退行,退行列车到达车站后,待故障或事故处理完毕后方可恢复正常运行。

列车部分或全部车厢越过站台须退回站台,具备发车条件后继续运行。

四、列车推进运行时的行车组织

当开展列车救援、调车作业等工作时,经常需要采用列车推进运行。列车推进运行是指在列车尾部驾驶室操纵列车运行或救援列车在前端驾驶室推送被救援客车运行。列车推进运行应严格按照下列规定进行:

(1) 列车推进运行,必须得到列车调度员的调度命令,应有引导员在列车头部进行引导。

(2) 因天气影响而难以辨认信号时,禁止列车推进运行。

(3) 在3‰及以上的下坡道推进运行时,禁止在该坡道上停车作业,并注意列车的运行安全。

五、恶劣天气时的行车组织

恶劣天气通常是指大雾、暴风雨、雪、极端高/低温等天气条件。这样的天气条件会对城市轨道交通运营设备的稳定性及行车人员作业造成一定影响,可能会给行车组织带来安全隐患。

(1) 在恶劣天气条件下的行车组织,应以确保行车安全为原则,采取降低运行速度、严格控制一个站间区间只准同方向一列列车占用的办法组织行车。

(2) 当恶劣气候影响运营时,车站(高架及地面)应做到以下两点:

①各岗位要按照职责分工,加强对各自负责区域的检查和巡视,发现危及运营安全的情况时,立即向控制中心行车调度员、维修调度员汇报。

②车站值班站长要立即赶往现场了解情况,并及时组织人员、物资,进行先期处理。

(3) 当恶劣气候影响司机瞭望或危及运营安全时,司机应立即向行车调度员汇报。在特殊地段(如出入基地、进站、区间弯道等)操纵列车,应采取减速运行、加强瞭望等安全措施,确保列车正常运营。

(4) 控制中心根据气象台发布的预警信息,立即向运营公司领导和有关部门、中心通报,当大雾、暴风雨、雪、严寒等恶劣天气来临时,须提供不同等级的预警、预报。

(5) 控制中心根据各类天气的影响程度和相应级别向运营公司领导报告,经同意后,成立指挥机构和现场处置机构。

(6) 控制中心应对恶劣气候条件下的现场防范措施进行检查、指导,及时向车站发布运营信息。

(7) 控制中心执行指挥机构的指令,对不具备安全运营条件的车站下达关闭命令,启动公交接驳方案。

(8) 控制中心组织具备运行条件的区段维持运营。

六、救援的请求、处理与列车的派遣

1. 救援的请求

列车运行中遇有故障,首先由司机在最短的时间内判明是否能维持运行。不致危及行车安全时,应继续运行至有条件处理的处所,尽可能靠近车站,并及时向控制中心行车调度员报告,防止阻塞正线,影响后续列车运行。

一旦列车在区间被迫停车,不能继续运行时,司机要立即向控制中心行车调度员报告。征得控制中心行车调度员同意后,司机应及时判明故障部位,并确定自己是否能处理。如果列车的故障在规定时间内未能排除,且不能动车时,司机要立即使用无线电话向控制中心行车调度员申请救援,不得动车并做好防护。

行车调度员得到救援申请后,应编制救援计划并向控制中心值班主任申请,由值班主任确定处理办法。当决定救援时,司机做好救援的防护连挂工作。救援结束后,行车调度员应尽快恢复正常运营。

2. 救援的处理

(1) 了解情况、制定方案。接到救援请求后,行车调度员首先要了解现场,掌握第一手资料,然后才能做出正确的安排,如询问司机在驾驶室内看到的指示灯情况、车门异常的迹象、是否发现或接到报告有人跌出车外、有无任何协助要求等。然后,发布封锁故障列车所在区间的命令,同时尽快编制救援列车开行方案。救援方案应由行车调度员提出,值班调度主任批准实施。

(2) 方案传达。确定救援方案后,行车调度员应及时将方案通知相关车站、司机(DCC、运转值班员),要求相关人员尽快做好救援前的准备工作。如使用在线列车救援,应在救援前对列车进行清客作业;如需开行工程车救援,还应通知车辆段(场)车辆调度。

(3) 乘客疏散的处理。故障列车如受条件限制需要疏散乘客时,行车调度员应命令司机和有关车站做好乘客疏散及引导工作。司机引导乘客全部下车,与前来进行疏散引导的车站人员进行工作交接后,应留在现场做好列车的防护及协助救援工作。

3. 救援列车的派遣

行车调度员接到司机的救援请求并决定救援后,使用无线调度电话向有关车站、司机(DCC、运转值班员)发布开行救援列车的调度命令,及时组织备用车上线。也可以采用正线上运行的列车就近安排,担当救援任务。从节省时间的角度考虑,一般情况下优先使用在线列车进行救援作业。调度命令内容包括清客地点(救援列车担当救援任务时须清客)、救援任务(连挂地点、运行径路、被救援列车清客地)、救援列车车次及注意事项等。

必须开行救援列车接载乘客或输送救援人员时,应限速 25 km/h。行车调度员应与现场负责人员确定乘客位置,并转告救援列车司机,救援列车司机应加强瞭望并做好随时停车的准备;将后续列车扣停在后方站,以防止其停在两站间。

七、救援故障列车前的准备工作

1. 列车制动的准备

已申请救援的列车严禁动车,司机应做好防护及救援准备工作。

2. 救援列车清客的安排

原则上,救援列车空车前往救援。救援列车必须在就近站台进行清客作业,救援列车司机接到救援命令后,在车站进行清客广播,车站负责协助清客。故障列车停在站台或部分已进入站台时,应先清客再进行救援;如故障列车处于区间,在情况允许的前提下可以救援至就近站台后进行清客作业,否则应立即组织区间清客。

被迫停在区间的列车启动后,行车调度员应及时通知环控调度员取消区间阻塞模式,并通过 CCTV 大屏监视列车到达车站的状况。

3. 建立无线通信

救援列车、故障列车与行车调度员间建立无线通信,进行通话测试。在任何情况下救援列车司机及故障列车司机都必须保持联络,遇通信不畅时不得盲目行车,如遇突发事件应立即停车了解实际情况,直至完成救援作业。

当行车调度员接到被救援列车在车站清客完毕的报告后,使用无线调度电话发布调度命令,通知救援列车运行目的地(车辆段、停车场或临时停车线)。

4. 选择驾驶模式

(1) 使用正向牵引方式时,完成清客作业后,司机应前往另一端的驾驶室,根据行车调度员的命令,使用 RM 驾驶模式前往故障列车现场,并在故障列车前的安全距离外停车,根据救援负责人(被救援列车司机)指挥与故障列车进行连挂。

(2) 使用推进运行方式时,完成清客作业后,司机应根据行车调度员的命令,使用 SM 驾驶模式前往故障列车现场;接近故障列车时必须得到行车调度员授权,使用 RM 驾驶模式并停在故障列车前时安全距离以外,根据救援负责人(被救援列车司机)指挥与故障列车进行连挂。

八、救援列车的开行

救援列车的开行规定如下:

(1) 封锁区间并发布开行救援列车的命令。行车调度员决定救援或接到司机的救援请求后,向有关车站、司机(检调、运转派班员)发布开行救援列车的命令,及时组织备用车上线。采用无 ATP 保护的列车救援或因挤岔、脱轨、线路故障等可能会影响后续列车行车安全的原因实施救援时,必须发布封锁线路的命令。

(2) 做好防护。已申请救援的列车严禁动车,司机应做好清客、防护及救援准备工作。

(3) 原则上,救援列车空车前往救援。救援列车司机接到救援命令,清客广播两次后,可关闭客室照明,若 2 min 内未能清客完毕,则带客前往救援。列车到达存车线车辆段前,在车站、公安的配合下再次清客。

(4) 救援列车运行至被救援车 20 m 外停车,以 5 km/h 的速度接近运行,故障车 3 m 处一度停车,听候救援负责人(被救援列车司机)的指挥连挂。故障车在连挂之前可继续排除故障,但不能动车,如故障排除则报告行车调度员解除救援。

(5) 向封锁线路发出救援列车时,不办理行车闭塞手续,以行车调度员命令作为进入该封锁线路的许可。在未接到开通封锁线路的调度命令前,不得将救援列车以外的其他列车开往该线路。

九、救援列车与故障列车连挂

救援过程中,列车连挂由车站行车值班员现场指挥,行车调度员须通过 ATS 系统监视列车当前状况。

(1) 故障列车司机必须确定故障部分已被切除,并将有关情况通报给救援列车司机。救援列车司机确定得到此信息后方可进行连挂作业。

(2) 完成挂接后,救援列车、故障列车司机必须将"列车连挂"开关扳到"通"位,并经相互确认后,进行制动系统测试。确定制动系统作用正常及故障列车的制动系统已缓解后,向行车调度员报告。

(3) 得到行车调度员授权后,救援列车司机可使用以下驾驶模式及指定速度开动列车驶离故障地点。

①使用正向牵引方式:救援列车司机可使用 RM 驾驶模式,以不高于指定速度的速度驾驶列车。

②使用推进运行方式:救援列车司机可使用 URM 人工驾驶模式,以不高于指定速度的速度驾驶列车,在途中必须依据故障列车司机的指示驾驶,如在规定时间(如 5 s)内得不到故障列车司机的指示,救援列车司机必须停车。

救援列车的基本任务是及时处理灾害,排除线路故障,迅速恢复正常运输秩序。为此目的而开行的列车或轨道车等,都属于救援列车。

 学习评价

学习完本模块后,请根据自己的学习所得,结合表 9-1 进行打分评价。

表 9-1 模块 9 学习评价表

评价内容	评价方式			评价等级
	自 评	小组评议	教师评议	
课前预习本模块相关知识、相关资料				A. 充分 B. 一般 C. 不足
熟悉 ATC 系统发生故障时的行车组织				A. 充分 B. 一般 C. 不足
掌握信号联锁设备发生故障时的列车运行组织				A. 充分 B. 一般 C. 不足
熟悉特殊情况下的行车组织				A. 充分 B. 一般 C. 不足

续表

评价内容	评价方式			评价等级
	自 评	小组评议	教师评议	
参加教学中的讨论和练习,并积极完成相关任务				A. 充分 B. 一般 C. 不足
善于与同学合作				A. 充分 B. 一般 C. 不足
学习态度,完成作业情况				A. 充分 B. 一般 C. 不足
总评				

思考与练习

（1）简述改用电话闭塞法行车时的作业办法与要求。
（2）简述列车退行的基本规定。
（3）简述列车推进运行应遵循的规定。

模块 10 施工及工程列车运行组织

📚 学习目标

（1）掌握施工相关术语。
（2）了解施工计划的分类及申报、审批手续。
（3）掌握施工作业组织流程。
（4）理解施工作业注意事项。

📚 学习重点

（1）施工组织。
（2）工程列车的运行组织。

10.1 施工组织

城市轨道交通系统是城市公共交通体系中的客运服务系统。运营过程中,一般是不能为了进行施工作业而中断正线行车的。考虑到安全问题,一般也不会在运营中安排施工作业。因此,城市轨道交通系统的施工作业,尤其是正线范围内的施工作业,往往安排在夜间停运后进行。对于采用接触轨系统的城市轨道交通而言,因接触轨设在走行轨一侧,为了确保线路范围内施工作业人员的人身安全,对施工有着更严格的要求。

一、施工相关术语

1. 施工

城市轨道交通各专业的设备都要按照计划进行定期维修,同时,对运营时间内发生的设备故障还要进行临时抢修,以确保行车设备处于良好的运行状态,保证城市轨道交通行车安全。施工按施工作业地点及影响程度的分类如表 10-1 所示。

表 10-1 施工按施工作业地点及影响程度分类

类别	描述		详 细 分 类
A	影响正线、辅助线行车的施工	A1	在正线,需要开行工程车、电客车的施工
		A2	在正线,不需要开行工程车、电客车的施工
		A3	在车站、主变电所、控制中心范围内影响正线行车设备的施工
B	影响车场线行车的施工	B1	车场线开行工程车、电客车的施工(不含车辆部工程车、电客车的检修)
		B2	不需要开行工程车、电客车,但需要进入车场线路限界内,影响接触网、信号等设备运行,或在车场线路限界外 3 m 内种植树木、搭建相关设施,或需要动火等影响行车的施工
C	在车站、主变电所、控制中心、车辆段(场)不影响行车的施工	C1	大面积影响客运、消防设备正常使用,需要动火或对设备设施维护检修等的施工
		C2	局部影响客运,但采取措施后影响不大,不影响任何设备运行的巡视检查、清扫、测试,日常检车作业,动用简单设备(如动用 220 V 及以下电力、钻孔等,不违反安全规定)等的施工

2. 施工计划的分类

正常情况下,设备、设施在运用过程中必然存在的老化、磨损等现象具有一定内在规律,维护单位会根据相关规律,按照一定的周期对其进行检查、保养、维护、维修,甚至更换。当然,运营中也存在特殊情况,使设备、设施因意外而发生故障或损坏,此时需要马上进行维修或更换,否则无法保证运营安全。由此决定了施工作业既有一定的计划性,也有一定的临时性。

以国内部分城市轨道交通系统为例,施工计划按时间可分为周计划、日补充计划及临时补修计划。

(1) 周计划。计划性施工一般以周为单位。各施工单位根据所负责的设备设施的运营状态，于本周规定的时间内向施工计划管理部门提出下周施工计划的申请，由施工计划管理部门协调各施工单位形成统一的周施工计划并发布至各部门。施工作业方、施工手续办理方及施工计划审批方共同遵照计划施行。下列情况中属正常修程内的应提报周计划：

①客车在正线进行调试工作。

②开行工程列车(含轨道车)的检查、维修、施工、运输作业。

③影响行车的设备检查、维修、施工作业(如在设备房或传输通道进行的通信、信号、接触网供电、洗车机等设备的检查、维修、施工作业，影响或可能影响设备使用时)。

④需要进入正线及辅助线的检查、维修、清洗、消杀、施工作业。

⑤屏蔽门的检查、维修、清洁、保养、施工作业。

⑥需要接触网停电的检查、维修、施工作业。

⑦需要进入车场行车线路(含设备限界内)、车场变电所的检查、维修、施工作业。

⑧不进入线路，但需其他部门配合的作业。

⑨不进入线路，但需进入车站各设备房的检查、维修作业。

(2) 日补充计划。因设备检修需要，将在周计划里未列入的需进行补充的计划或周计划中需调整变更的计划，以及周计划内日作业项目的变更计划，称为日补充计划。

(3) 临时补修计划。临时性施工是因故未能在规定的时间内上报计划申请的施工项目或因无法预料的施工需求(如运营中设备突发故障需要抢修)而不能在每周的施工计划内申报的施工项目。相对计划性施工而言，因故未能在规定的时间内上报的计划申请可按照临时性施工向施工计划管理部门或施工作业审批部门提出补报申请。因此，这种临时性施工也可视为临时计划施工。对于应对紧急情况而产生的抢修等施工作业，由施工作业负责人直接通过施工区域管理方向施工作业审批单位提出申请。施工作业审批单位视情况予以办理。

3. 施工计划的编制、申报和审批

(1) 施工计划的编制原则。

在施工计划的受理方面，施工计划管理部门应按照先重点后次要、先紧急后一般、先申请先安排的基本原则予以安排。对于影响大且安全上重点控制的项目和一些重点施工项目等核心计划应优先安排。

城市轨道交通每日白天运营时间长、夜间停运时间短，停运后的施工作业时间有限。施工计划的编制需遵循以下原则：首先应在确保施工人员及设备安全的前提下，结合作业条件，按照资源共享原则进行安排，合理利用各项资源，避免资源浪费。其次严格按照施工组织规定以及其他规定对行车组织、时间以及设备的要求进行安排。施工计划的安排既要尽量满足施工作业在时间上的需求，又要确保施工作业不对正常的运营造成影响。

①施工作业周计划的安排应确保在安全的前提下，均衡安排，避免集中作业。

②处理好列车的开行时间、密度和施工封锁等几方面的关系，避免和克服抢时、争点现象。

③施工作业系统计划内的各项作业应注明施工日期、作业起止时间、作业内容、作业区域、负责人、安全事项、是否停电及其他应说明的问题。

④确保计划的严肃性,规定日补充计划不能超过周计划数的一定比例。施工计划一般需要各工种的相互配合和协调,应合理安排,不得随意变更。

(2) 施工计划的申报。

①在每周规定的时间内,由施工部门向施工计划管理部门提报施工计划申报单,外单位按照要求办理外单位施工计划许可单。施工计划管理部门根据各部门申报的计划统筹处理、合理安排,形成施工计划的行车通告文件,在施工统筹会上统一批复。

对于未列入每周的施工计划中的普通临时性施工,由施工部门向施工计划管理部门或施工作业审批单位提出申请。

②对于由于特殊原因,未列入周计划中的施工作业(如申请时日不够,须延日完工的施工作业等),施工单位需要在"行车通告"截稿后向施工计划管理部门申请施工,采用日补充计划形式。

③对于紧急情况下需要抢修的临时性施工作业,可直接向施工审批单位提出申请。临时补修计划适用于紧急抢修情况,不受周计划及日补充计划限制,此计划将予以优先处理。

临时补修计划分为运营期间的补修计划和非运营期间的补修计划。运营期间的补修计划由OCC或车场调度员根据抢修需要直接在施工作业管理系统中增加作业(增加作业即为批准作业并可开始施工,OCC或车场调度员在增加作业时必须确认作业区域出清或将列车扣停在相应区间并下达不准动车的命令)。非运营期间的补修计划由各部门的工程师提报并录入施工作业管理系统,提交后电话通知OCC或车场调度员审批(属正线抢修的报OCC,属车场范围内抢修的报车场调度员,在车场范围内但影响列车出入车场的抢修需报OCC确认)。一般情况下施工计划以周计划形式进行审批,如有充分理由可申请日补充计划,如属于紧急抢修情况可申请临时补修计划。

④施工计划申报单。施工计划申报的各项作业必须注明施工申请部门、施工工程范围、施工内容、申报人、施工作业人数、施工范围内的车站、施工作业的起止时间、作业注销日期及安全注意事项等。如果施工作业需要开行工程列车进行配合,施工作业计划还应包括有关车辆编号、列车编组、配属段(场)、停车位置、所配合的作业、列车出发时间和到达时间以及有关注意事项。施工单位申请施工时需填写施工计划申报单。施工计划申报单如表10-2所示。

表 10-2 施工计划申报单

填报单位(盖章):　　　填报日期:　年　月　日　　　填报人:

作业日期	作业类别	作业部门	作业时间	作业内容	作业区域	接触网停电安排	配合要求	防护措施	申报人	备注

⑤外单位施工计划许可单。外单位施工计划许可单如表 10-3 所示。

表 10-3　外单位施工计划许可单

外单位名称：

工程负责人：　　　　编号：

工程名称		施工作业内容		施工所属类别		第联（交）
作业期限						
许可证有效期限						
监管部门		要求				
配合部门		（1）施工单位和监管部门要严格按照相关规定做好现场安全防护措施和施工安全监督工作,文明规范施工,不得损坏其他设施。 （2）施工单位要严格按照施工技术方案进行施工,监管部门跟进、协调,相关配合部门按照要求提供配合。 （3）详细施工内容参见施工方案,注明施工联系电话。 （4）其他要求：				

签发人：　　　　签发日期：

（3）施工计划的审批。

①审批方式。施工计划的审批方式有两种：一是集中审批,各单位按照层级申报,逐层审核,最终召开施工协调会统一审批及确定施工计划安排或集中编制后,按照专业进行审核；二是集中审批和分散审批相结合,安全性高及资源紧张的计划实行集中审批,其余计划按照属地管理原则分散审批。

②审批规定。

a. 周计划审批。

•一般由生产调度部施工管理工程师汇总各施工部门提报的核心计划（开车计划及重要施工）后,进行协调、批准,于每周规定时间（如周一 17：00 前）发布。

•生产调度部施工管理工程师汇总各施工部门提报的普通计划后,结合核心计划进行统筹安排、协调和审批,必要时组织施工协调会进行协调。审核周计划时,对于安全上有特殊要求和规定的,在计划审核会议上讨论并确定。于每周规定时间（如每周五 14：00 前）完成所有施工计划的审批并编制"施工行车通告"。

•编制好的"施工行车通告"交施工管理工作小组组长审核,施工管理领导小组组长签发。

•计划内涉及其他线路或影响其他线路管辖设备的作业,该作业计划必须在相关线路

"施工行车通告"中体现。

b. 日补充计划审批。

- 生产调度部施工管理工程师接到申报后汇总,于规定时间(如 14:00 前,特殊情况除外)发 OCC、车场调度员按专业审核,OCC、车场调度员应将日补充计划审核情况于规定时间(如 15:00 前,特殊情况除外)返回生产调度部,生产调度部再将审批后的日补充计划返回申报计划的各中心、部门。
- 日补充计划要在周计划的基础上进行安排,以提高周计划的兑现率。日补充计划申报的作业项目不得超过同期同类周计划内日作业项目的 10%。
- 日补充计划中应明确说明施工作业请销点的时间、地点。
- 日补充计划原则上不安排工程车及调试列车作业,特殊情况(如抢修、不影响周计划安排的计划)除外。
- 日补充计划如涉及邻线或影响邻线管辖设备的作业,按以下审批程序进行审批:生产调度部在接到申报后,将初步制订的日补充计划提交本线 OCC 审核;本线 OCC 审核完毕后,将审核结果再发邻线 OCC 审核;邻线 OCC 审核完毕后,将审核结果发回本线 OCC;本线 OCC 将最终的审核结果发回生产调度部,生产调度部将审批的日补充计划表返还相关申报中心、部门。涉及邻线或影响邻线管辖设备的作业,在审批过程中,如其中有一个 OCC 不同意,则视为不同意该项施工作业计划。

c. 临时补修计划审批。

- 工作日工作时间,生产调度部接报临时补修计划后,根据实际情况进行调整安排,并报 OCC、车场调度员按专业审核,OCC、车场调度员审核后,生产调度部将审批的临时补修计划返回相关中心、部门,同时通知相关中心调整相关作业计划。
- 工作日以外的时间,车务中心调度部值班主任助理接报临时补修计划后,根据实际情况进行调整安排,并报 OCC、车场调度员按专业审核,值班主任或车场调度员最终审批,车务中心调度部值班主任助理将审批的临时补修计划返回相关中心、部门,同时通知相关中心调整相关作业计划。
- 临时补修计划应及时优先安排,不受周计划和日补充计划限制。
- 当临时补修计划涉及邻线或影响邻线管辖设备的作业时,审批程序按照日补充计划的相同情况进行审批。

③审批文件。审批完成后,以正式的施工行车通告文件下发各部门,如表 10-4、表 10-5 所示。各部门依据施工行车通告文件组织计划日期内的有关施工项目。

表 10-4 施工行车通告

年　月　日

第一类:A 类作业

作业代码	作业部门	作业时间	作业内容	作业区域	接触网停电安排	配合要求	防护措施	申报人	备注

第一类:B类作业

作业代码	作业部门	作业时间	作业内容	作业区域	接触网停电安排	配合要求	防护措施	申报人	备注

表 10-5　施工行车通告补充说明

年　　月　　日

第一类:A类作业

作业代码	作业部门	作业时间	作业内容	作业区域	接触网停电安排	配合要求	防护措施	申报人	备注

第一类:B类作业

作业代码	作业部门	作业时间	作业内容	作业区域	接触网停电安排	配合要求	防护措施	申报人	备注

补充说明(注明施工计划变更、取消等详细修改情况):

发布日期(盖章):

为了维护计划编制的严肃性,凡列入计划的施工项目,应按期、按申报内容履行实施。对于因故不能实施的项目,施工负责人应在规定的时限内向施工作业审批单位提出注销。施工作业管理与审批表如表 10-6 所示。

表 10-6　施工作业管理与审批表

施工作业类型	施工区域管理单位	施工区域管理人员	施工作业审批单位	施工作业审批人员
占用正线施工作业	车站	车站值班员	控制中心	行车调度员
车站公共区域施工作业	车站	车站值班员	车站	车站值班员
车站设备房间施工作业	车站	车站值班员	控制中心	电力或环控调度员
段(场)施工作业	段(场)信号楼	信号楼值班员	段(场)信号楼	信号楼值班员

4. 施工作业令

施工作业令是在城市轨道交通企业管辖范围内进行施工作业的凭证。凡在城市轨道交通企业所辖设备或所辖范围内进行的施工作业,原则上必须持施工作业令或外单位施工计划许可单才可进场作业。其中编入施工周计划、日补充计划及临时补修计划的施工,都必须领取施工作业令。

(1)签发与发放。施工作业令由生产调度部统一管理。生产调度部是企业施工作业的管理部门,负责根据企业职责划分向相应部门授权审核、签发施工进场作业令。

凡属各中心内部作业,不涉及其他中心部门配合协作的施工作业令,分别由生产调度部授权维修中心、通信信号中心、车辆中心、车务中心签发。其他施工进场作业令(含企业其他部门、外单位的,涉及企业内两个及以上中心部门协作配合的)由生产调度部签发。

(2) 填写内容与要求。施工作业令如表 10-7 所示。

表 10-7 施工作业令

作业代码		作业令号	［年份］运营×字 （月份日期）—×号
作业部门 （单位）		申报人及 联系方式	
作业名称		作业区域	
作业日期		作业时间	
主要作业内容			
防护措施			
接触网停电安排			
配合部门及要求			
主站		负责人及联系方式	
辅站及责任人		作业人数	
备注			
签发人	（施工作业令签发专用章）	发放人	（施工作业令发放专用章）
完成情况			
请点	时间	销点	时间	销令	时间
	批准人		批准人		批准人

①作业代码:填写此项作业在施工行车通告、施工行车通告补充说明、日补充计划表和临时补修计划中的作业代码,如 1A1-01-1AL-01-02(临修)等。

②作业令号:［年份］签发部门×字(月份日期)—×号。其中,"年份"以四位数填写;"签发部门"在"运营、车务、维修、通号、车辆"中选择填写;"×字"中的"×"为线别的阿拉伯数字号,如"1 字"代表 1 号线;"月份日期"分别以两位数(合计四位数)填写;"×号"中的"×"为当日该部门签发作业令的流水号,以阿拉伯数字顺序填写。例如,［2018］运营 1 字(1022)—1 号。

③作业部门(单位)、申报人及联系方式、作业名称、作业区域、作业日期、作业时间等栏必须按照施工计划如实填写。

④主要作业内容:应简要描述具体作业的内容、作业的防护措施(不包括封锁、接挂地线)等。此栏由作业部门或监管部门填写。

⑤防护措施、接触网停电安排:需要进行线路封锁、接触网停电、挂接地线等特殊要求的区间,在描述时应清晰、准确。

⑥配合部门及要求:作业过程中需企业内相关部门(分部、室)进行协作的要求,包括提供水、电源等需求,配合部门应按此栏内容进行配合。

⑦签发人、发放人：签发人是指调度部签发该"施工作业令"的人，此栏应加盖公司施工作业令签发专用章。发放人是指调度部车间发放该"施工作业令"的人，此栏应加盖车间施工作业令发放专用章。

⑧主站、负责人及联系方式、辅站及责任人、作业人数：如一项作业有多组人从不同地点进入作业区域进行施工，应分别如实填写主站、负责人及联系方式、辅站及责任人、作业人数，并由施工负责人负责按规定统一办理相关施工手续；如只有一组人员作业，则只需在主站、负责人及联系方式栏如实填写。此四栏由作业部门或监管部门填写。

⑨完成情况：作业完成情况包括销点情况、防护撤除情况等。此栏由负责人填写作业完成情况、施工点的防护撤除情况。

⑩请点、销点：填写批准请点、销点的时间与批准人。该信息由车站提供，由施工负责人填写，在车场则由车场调度员填写。

⑪销令：批准人为车间当值生产调度员，销令时间由车间生产调度员提供。

表 10-7 中各项基本涵盖了所有公司施工作业令的内容，各公司会略有差别，但大体相同。表 10-8 所示为某地铁公司施工作业令。

表 10-8 某地铁公司施工作业令

作业代码	4A2-20-22 作业令号			[2018]运营 4 字(1020)—38 号				
单位	环境公司			申报人		李晓		
作业题目	屏蔽门清洁、站台两端垃圾清理、屏蔽门底槽清洁			联系电话		××××		
作业地点	车陂南站 4—新造站下行线；车陂南站 4—新造站上行线			作业人数		6		
作业日期	2018-10-20			作业时间		次日 1:15—4:00		
主要作业内容	(1)屏蔽门清洁、站台两端垃圾清理、屏蔽门底槽清洁。 (2)穿荧光服，现场设防护员防护。 (3)严禁越出作业区域。 (4)做好线路出清工作，作业不能遗留金属物；严禁踏、踩、拉电缆架；在销点时向车站报告出清情况。 (5)严格按作业令安排的时间和空间范围进行作业，原则上不得延点，如特殊原因延点必须提前 30 min 以上向 OCC 提出申请，经同意后方能按批准的时间延点							
封锁区间	车陂南站 4—新造站下行线；车陂南站 4—新造站上行线							
停电区间	4B15/4A15/4A14/4B12/4B13/4B14/4A11/4A12/4A13 停电挂地线							
协作及其他	车务中心站务配合。许可单号：093 不得打开应急门。联系电话：××××。维修中心供电部接触网四分部配合挂地线							
OCC 确认	见施工行车通告							
发令人	刘韬 2018-10-19							
主站	大学城北站			负责人张晨				
辅站及责任人								
完成情况								
请点	时间	次日 2:00	销点	时间	次日 3:00	销令	时间	
	批准人	赵飞		批准人	赵飞		批准人	

(3) 施工作业令的使用。施工作业令一经签发,如无特殊情况(如抢修、调试等)不得更改或取消。如因特殊原因确需取消相关作业时,必须在施工作业令规定的作业开始时间前一定时间(如 2 h)向线路值班主任提出申请,得到批准后方可取消,并由调度室将调整情况通报相关部门。在进行施工登记时,可以使用施工作业令复印件或传真件。

二、施工组织管理

由于城市轨道交通施工作业涉及面广,参与作业的人员较多,对次日的行车作业能否顺利安全进行有较大影响,故必须加强施工组织管理。

1. 设立施工领导小组

为加强对维修、施工作业的管理,城市轨道交通运营公司须成立施工计划协调管理小组,成员主要包括行车、设备、车辆、安全监察等部门人员。施工领导小组的职责是负责审批施工计划,发布施工计划,组织召开施工协调会,协调解决施工、运输及安全问题,并负责施工现场的组织协调工作。

2. 施工组织实施

施工组织实施主要包括确定施工负责人、施工批准权限、具体施工时间的登记及注销规定(施工请点、销点)、施工安全防护规定等方面。

(1) 施工负责人。一般城市轨道交通企业施工项目必须有施工负责人,其主要职责是负责办理该项作业请、销点手续,负责该项作业人员、设备的安全管理,负责作业过程的组织指挥,负责及时与车站、车场联系作业有关事项,组织设置、撤销作业安全防护设施(接触网停电及挂地线由电力调度员组织),负责恢复施工所涉及设备的正常状态,负责出清作业区域。

施工负责人应具备的条件:须经过严格培训和考核认证,熟知施工相关内容;熟悉该项作业的性质、内容、方法、步骤、要求等;具备该项作业相关的安全知识和技能。同时施工队伍必须具有相关资质认证,有一定的专业技能。

若同一施工项目需在多个作业点进行,则该施工项目除配备施工负责人外,各点(辅站)的施工需配备站(点)施工责任人,站(点)施工责任人在辅站办理进段(场)作业登记和负责该作业点施工的组织、安全和管理。两者都须经过培训并取得安全合格证,实行持证上岗制度。由于轨道交通行业的特殊性,所有劳务工上岗前必须经过安全教育,并参加所从事的工序的相关培训,经施工负责人签字认可,方能上道作业。

(2) 施工批准权限。城市轨道交通施工根据施工作业地点和作业性质,施工前必须办理相应批准手续才能动工。施工组织管理可按照"谁负责谁管理"的方式来组织。对于占用正线的施工作业,施工负责人需要在施工区域所属车站进行登记,经行车调度员审批后才能施工;车站内施工经施工负责人到车站登记审批,如涉及相关设备,经专业调度同意后才能施工(如供电设备经电力调度同意,机电设备经环控调度同意);段(场)内施工作业须经段(场)信号楼值班员审批。

(3) 施工请点及销点规定。施工作业必须向行车调度员或段(场)调度员请点生效后方可开始动工,施工完毕且线路出清后必须向行车调度员或段(场)调度员销点。

①请点规定。施工负责人需持施工作业令原件(非作业请点站登记可用施工作业令复

印件或传真件)到车站控制室或段(场)信号楼填写"施工登记簿"请点,经行车调度员或段(场)调度员同意,请点生效后方可开始施工。如遇作业区域同时包含段(场)线路和临近段(场)的正线时,施工负责人到段(场)信号楼值班员处请点,段(场)调度员在审核该项施工作业时,还须通过电话报行车调度员批准,征得同意后,方可允许施工作业人员开始施工。运营期间临时抢修计划的请点规定是:抢修施工负责人接到抢修的命令后直接赶赴车站控制室或段(场)信号楼,车站值班员或段(场)信号楼值班员登录系统,看到经行车调度员或段(场)调度员批准的可以施工的施工登记后,通知抢修施工负责人进入抢修地点抢修。

需要注意的是,施工作业令是施工请点、销点的凭证,已签发作业令的作业方可在车站行车值班员或段(场)信号楼值班员以及行车调度员或段(场)调度员的页面上显示,并可进行请、销点。

②销点规定。所有施工作业都必须按计划规定的时间完成并销点,运营期间的抢修计划在作业完成并且线路出清后应及时通知行车调度员或段(场)调度员销点。作业区域同时包含段(场)线路和正线的施工销点,施工负责人在作业区域出清后,到段(场)信号楼销点,段(场)调度员在办理销点手续时必须报告行车调度员施工结束。一项作业多组作业人员请点的,所有请点都必须进行销点,当请点站数与销点站数相等时,行车调度员才能核销点,行车调度员核销点后该项作业结束。

要特别注意的是,异地销点时,施工负责人(责任人)应在"车站施工登记表"备注栏中注明异地销点的地点和人数。登记进入施工的车站要及时通知异地销点的车站值班员。当施工作业结束后,施工负责人向登记的销点站登记销点,销点站经与施工负责人核对销点的施工内容、施工人数、地点,并向请点站核对无误后,准予销点。请点站负责向行车调度员报告销点。

(4)施工安全防护规定。施工作业的一个重要内容是对施工区域进行安全防护,确保施工作业人员的人身安全。城市轨道交通施工事故很多是由于施工防护的疏漏造成的,因此,施工安全防护必须有严格的规定。

①需停止接触网供电的施工作业,由电力调度员负责停止相关作业区域的供电;需挂接地线的作业,必须由具备操作资格的供电操作人员在作业区域两端挂好接地线,并设置红闪灯防护。在站内线路施工时,由施工负责人在车站两端墙外轨道上设置红闪灯防护;在站间线路施工时,由施工负责人在作业区域外的两端轨道上设置红闪灯防护,如两端车站在靠近作业区域一侧的端墙处看不清红闪灯时,车站负责在靠近作业区域一侧的端墙处站台上设置红闪灯防护。

②站间线路施工前,由请点车站通知作业区域另一端车站值班员施工线路占用情况,施工时两端车站检查是否需车站放置红闪灯防护;施工销点后,销点车站通知另一端车站施工结束,两端车站各自撤除本站设置的红闪灯,车站值班员安排人员到站台不定期检查红闪灯是否按规定摆放及红闪灯状态是否良好。段(场)内的施工防护可参照车站的施工防护规定办理。

③当施工作业人员、工程列车在同一区域作业时,施工负责人与车长根据现场情况协调组织,按施工前进方向使列车在前、人员在后,原则上不得颠倒顺序或列车运行前后都有作业人员。非随车施工人员与列车应有 50 m 以上的安全间隔距离,原则上列车不得后退,如确需动车,应经施工负责人和车长协商同意后才能动车,同时作业人员应在自己现场作业区

来车方向设置红闪灯防护。

④凡进入线路施工的施工作业人员必须按要求穿荧光衣,并根据作业性质及作业要求使用其他安全防护用品。

3. 施工作业组织

(1)入站及站外周界施工作业流程。

①入站施工前,由施工负责人持"施工作业申请表"到施工的车站,车站当班值班站长根据车站运营及安全情况合理安排施工,并在车站的"施工登记簿"上进行登记请点。值班站长了解施工内容后,根据车站具体情况对施工人员进行有针对性的安全教育(如站台施工不得越过黄色安全线,与接触网保持安全距离等),并要求施工现场负责人在"入站施工协议"上签字。施工负责人应向车站出示有效证件证明其身份,并在"施工控制卡"上签认后方可进行作业。如施工可能会对车站内设备使用造成一定影响,施工负责人应在施工前向车站人员讲明。登记后,施工人员与车站人员应进行联系方式的确认,然后车站人员仔细对照批复的施工计划,再根据车站实际情况,确认无安全隐患后,同意施工。

②公司维修部各部室人员入站施工时,必须持公司有效证件(如员工证等)。对于一般进站维修的施工(不涉及危险作业),维修部各部室人员不需要向车务综合室申请,车站值班站长应根据车站情况安排施工,施工人员应在"施工登记簿"上进行登记,并在"施工控制卡"上签认后即可进行作业。

③对于车站内紧急报修的施工项目,在施工单位来进行紧急抢修时,车站人员应与维修部或指挥部确认,值班站长应向施工负责人了解具体施工内容、影响范围等,根据车站具体情况安排施工,无须向车务综合室申请。一般情况下,非乘降车站在白天作业,有乘客乘降的车站在运营结束后施工。

④施工负责人应将施工时间控制在计划时间内,如因特殊情况未能及时完成,必须向车站值班员申请续点,延长施工时间,并在"施工登记簿"上和"施工控制卡"中登记,且车站人员应不定时对施工情况进行巡察,发现异常情况应立即暂停施工。所有入站及站外周界的施工区域,应有隔离设施。对于所有站台施工,涉及的施工人员及工器具、材料不得越过黄色安全线,并与接触网保持安全距离。值班站长应根据车站实际情况,在保证运营和安全的条件下,及时了解工作进度及工作要求,合理地安排施工,并加强巡视。

⑤当日施工结束后,施工单位必须将施工所用的工器具、施工材料、施工后的废料清理干净,如必须将施工工具、材料放在车站未开放的站厅,则由值班站长指定位置。存放的物品必须摆放整齐,且不得有易燃、易爆等危险品。在乘降车站施工的单位必须将临时用电的设备、电线撤离现场。如值班站长在白天巡站时发现有未撤离的临时用电设备、电线,应及时与机电室联系。施工负责人必须会同值班站长对施工项目进行查验,确认状况良好后才可以撤离。

⑥所有站外周界内的施工,应保证车站安全通道的通畅。当日施工结束后,施工单位必须将施工所用的工器具、施工材料、施工后的废料清理干净,保证站外周界内的整洁。

⑦施工负责人负责施工现场的出清工作及恢复设备的正常使用,施工结束后,由施工负责人在"施工登记簿"上销记,归还"施工控制卡"。车站人员确认施工销记内容无误、注销手续符合要求后,方可确定施工正式结束。

(2) 入轨及轨旁施工作业流程。

①施工负责人于施工前持"施工作业申请表"到施工车站,值班站长对照批复的施工计划确认无误后,在车站的"施工登记簿"上进行登记,并在"施工控制卡"上签认,进行联系方式的确认,然后由车站向 OCC 汇报。施工负责人应向车站出示有效证件证明其身份,并在"施工控制卡"上签认后方可进行作业。OCC 根据当时行车及施工情况,决定是否进行此项施工,并给车站一个上线施工许可证号,同意施工。

②值班站长详细了解施工内容后,根据具体施工内容对施工人员开展有针对性的安全教育培训及明确入站施工的相关规定,并在"入站施工协议"上签字。施工中由施工负责人负责现场施工的安全、施工安排等,关于采取的安全措施,由车站值班站长进行检查。对于下路轨的施工作业,值班站长应检查施工单位是否采取安全防护措施(如戴安全帽、穿荧光衣、设专人防护、进行通信测试等)。如施工单位未采取安全措施,值班站长应立即停止施工作业。

③施工负责人应将施工时间控制在计划时间内,如因特殊情况未能按时完成,须通过车站值班员向 OCC 申请续点,并在"施工登记簿"上注明。施工负责人负责施工现场的出清工作及恢复设备的正常使用。施工结束后,由施工负责人在"施工登记簿"上销记,归还"施工控制卡"。车站人员确认施工销记内容无误,注销手续符合要求后,方可确定施工正式结束。车站值班员在施工负责人销记后,向行车调度员汇报施工完毕,行车调度员进行相应的登记销点。下路轨施工在运营电客车回段后开始进行,于运营电客车出段前半小时结束。

④如果进出施工现场的车站不一致(假使施工单位从 A 站入,从 B 站出),作业流程中还应遵守以下规定:

a. 在车站"施工登记簿"上进行登记时,在"备注"一栏中注明即将从哪个车站离开以及何时离开。

b. 施工人员开始作业后,A 站值班员与 B 站值班员联系,B 站值班员记录在 B 站"施工登记簿"上,并在"备注"栏中标明施工从 A 站入。

c. 如施工中出现问题,施工负责人与 A 站值班员联系。

d. 施工结束时,施工人员确认线路出清及设备使用良好,从 B 站办理销记手续。

e. B 站值班员打电话给 A 站值班员说明施工已结束,施工人员已经离开施工现场,并由 A 站向行车调度员报告。

f. 施工负责人必须接受 OCC 或车站人员的任何合理的附加防护要求,车站及 OCC 有权拒绝或停止任何不安全的施工活动。

4. 运营时间内特殊情况的施工规定及注意事项

(1) 施工规定。城市轨道交通系统的施工作业一般均利用运营结束后的非运营时间进行,并必须于次日开站运营前的规定时间内全部结束。

特殊情况下,当正线、辅助线运营时间内发生各类设备故障或事故需封锁区间抢修时,由行车调度员负责组织故障情况下的行车,并根据维修调度员的要求组织处理相关问题。具体规定如下:

①行车调度员向有关站发布封锁区间的命令,需要时通知电力调度员停电。

②维修调度员得到行车调度员的封锁命令号码、范围和时间后,负责封锁区间的控制工

作。维修调度员负责组织封锁区间内的设备抢修工作,并指定一名施工负责人作为现场指挥。

③抢修完毕,施工负责人确认线路出清后报维修调度员,维修调度员在相应报表上签字确认恢复行车时间,将该封锁区间交回行车调度员解封,组织列车运行。

④当车辆在线上的救援工作涉及系统设备时,则由分管的电力调度员、环控调度员或维修调度员向值班主任提供技术支援,包括影响范围、预计处理(开通)所需时间、变更的运行模式(指系统设备)、处理进展情况、达到开通条件时的报告。

⑤维修人员进入隧道前,须先到车控室办理有关手续,行车调度员批准并落实安全防护措施后,方可进入隧道。

(2)注意事项。施工时还应注意以下事项:

①当进入站台或靠近站台的第一个轨道电路区段进行施工时,施工负责人按规定放置红闪灯进行防护;车站使用紧急停车按钮对相关轨道区段进行施工防护,同时行车调度员把列车扣停在前方站,以保证进入轨道人员的安全。

②在运营时间内,若需搭乘客车到区间隧道抢修行车设备时,应经控制中心值班主任批准,由维修调度员组织抢修人员按行车调度员指定的车次上车,司机在故障点前停车,维修人员从驾驶室门下车进入轨道,尽快进入水泵房等安全地带;未经行车调度员同意,在水泵房的维修人员只能在水泵房内作业,严禁进入行车限界,以免影响行车及人身安全。需从区间返回车站时,维修人员使用无线电话通过维修调度员向行车调度员申请,由行车调度员安排列车接应。

③若在运营时间内出现设备故障或由于运营需要下路轨进行紧急施工作业时,则由OCC统一安排,利用行车间隔进行施工。由行车调度员通知在线司机施工具体地点,运行中司机应加强瞭望,注意行车安全。

④巡道是城市轨道交通企业一项非常重要的工作。巡道主要检查轨道各组成部分(钢轨、道岔、扣件及鱼尾板等)及线路状况,发现情况进行相应处理,确保线路次日保持良好的运营状态。如有工程列车开行时,必须要确保施工和巡道工作的安全。

三、占用正线施工作业办理程序

1. 施工登记

(1)运营结束后,施工作业负责人按施工作业计划通告文件,在规定的时间内到达施工区域所属车站,办理施工作业手续。

(2)车站值班员根据施工作业计划通告文件对施工负责人及有关情况进行核查,对符合计划内容的施工作业,通过调度电话向行车值班员提出办理占用正线施工作业许可证的申请。

(3)行车调度员核对施工作业计划通告文件,确认满足条件后向申请站下达占用正线施工作业许可证号码,并在占用"正线施工作业登记簿(施工登记)"中进行登记,如表10-9所示。

表 10-9 占用正线施工作业登记簿（施工登记）

序号	施工内容	车站	施工人数	施工负责人	有效日期	施工作业许可证号码	车站值班员	完成情况	行车调度员	注销时间	备注
1	×××	×××	5	×××	2018-11-1	23	×××		×××	××	

2. 施工作业签认

车站值班员凭占用正线施工作业许可证号码为施工作业负责人办理施工作业许可证。该许可证为施工人员下线路作业的凭证，一式两份，施工负责人持一份，车站持一份。许可证上应注明许可证号码、申请部门、施工作业负责人姓名、施工工程范围、施工作业人数、施工内容、施工作业有效日期、施工作业注销日期、注意事项及是否为异地注销等有关情况，最后要加盖车站印章，经车站值班员与施工负责人双方签名后生效。

施工作业负责人持许可证，带领施工人员进入施工区域进行施工作业。

在施工作业前，施工作业负责人应认真清点施工作业人数和各种施工工具用品的种类及数量。在施工过程中，施工作业负责人全面负责该施工工程区域内的施工作业安全，并在所管辖的区域内做好各项安全防护措施。在施工作业过程中，如不能按计划规定的时间完工或造成行车设备损坏，可能影响行车和运营。发生工伤事故时，施工作业负责人应立即向行车调度员报告。行车调度员接到报告后，应立即向值班主任报告，积极组织、协调处理，尽量减小事故对正常行车工作的影响。必要时，行车调度员可以直接向工程区域内施工负责人做出指示。控制中心有权根据施工负责人的需求，对施工工程区域的安排做出必要的、适当的调整。施工作业因故未能在规定的时间内完成的，施工作业负责人应在规定施工作业结束时间前的 30 min 内向行车调度员申请延长施工，经值班主任审批同意后，行车调度员对申请延长的施工作业按新的施工作业办理。行车调度员首先应对原施工作业手续进行注销，并通知车站行车值班员重新办理施工登记，而后才能延长施工作业时间，由行车调度员做相应登记。如果施工作业时间延长申请因可能影响运营而未得到批准，则施工作业按原计划规定的时间结束并注销。

3. 施工注销

（1）施工作业完毕，施工负责人负责对所维修、维护的运营设备和相关设备设施进行检测，并确保运营设备能正常工作。施工负责人应按作业许可证注明的内容清点进入现场的人数、工器具数量，并清理现场，检查限界，确保不影响行车安全。确认无误后，施工负责人带领施工人员携带所有工器具，全部出清现场，到达指定的注销站站台，向车站值班员申请办理注销手续。

（2）车站值班员核查施工人员及工器具全部出清现场，并核对许可证注明的各项内容无误后，方可向行车调度员申请办理施工注销。

（3）行车调度员接到车站方面的申请后，办理本项作业的注销，并在占用正线施工作业登记簿（施工注销）中注明注销情况，如表 10-10 所示。

表 10-10　占用正线施工作业登记簿(施工注销)

序号	施工内容	车站	施工人数	施工负责人	有效日期	施工作业许可证号码	车站值班员	完成情况	行车调度员	注销时间	备注
1	×××	×××	5	×××	2018-11-1	23	×××	完成	×××	××	

(4) 车站值班员收回占用正线施工作业许可证,并加盖注销章完成注销。注销后,车站值班员应在规定的时间内将收回的作业许可证进行存档,以备查验。

(5) 运营中的抢修施工作业,也以同样的流程办理申请与注销。

(6) 当发生占用正线的抢修施工作业时,抢修作业负责人向有关车站值班员办理作业申请。车站值班员向行车调度员提出申报。行车调度员在批准申请前,首先应对施工区域内接触轨实施停电作业,停电作业完毕后,确认具备作业条件,再向车站值班员下达施工作业许可证号码,其流程同计划施工。

10.2　工程列车的运行组织

一、工程列车

工程列车是指进入正线运行的用于配合施工作业的列车。一般在行车组织规则中会对工程列车的车次号范围做专门的规定。凡上正线运行的工程列车,必须被赋予相应的车次号。

工程列车可以是单独一台内燃机车或其他专用作业车辆,也可以是由几种作业车辆编组而成的列车。城市轨道交通运营企业运用的工程列车主要有轨道车(普通)、钢轨打磨车、轨道起重车、接触网放线车、接触网架线车、平车等。其中,采用接触轨系统的运营企业不需要用到与接触网相关的作业车型。

1. 轨道车

轨道车是一种用于轨道设备维修、大修,在基建作业中使用的内燃机车。其在施工作业过程中可用来牵引装载物料或设备的平车,日常情况下可在段(场)内(特殊情况下也可在正线)用于牵引或推送无动力的电动客车,如图 10-1 所示。

2. 钢轨打磨车

钢轨打磨车是打磨轨道轨头表面不均匀部位用的专业轨道维修车辆,它通常由一辆动力车和若干辆打磨作业车组成,多个磨头可同时作业。它可通过列车控制系统处理不同的钢轨缺陷,采取多种模式对轨道病害实施快速打磨,如图 10-2 所示。

3. 轨道起重车

轨道起重车由自带动力的车体、驾驶室、液压伸缩吊臂及支腿组成,可用于线路施工作业,维修时的起重、装卸、牵引作业和接触网立杆架线作业,并可与其他车辆连挂组成抢修专

图 10-1　轨道车

图 10-2　钢轨打磨车

列，如图 10-3 所示。

4. 接触网放线车

接触网放线车用于接触网导线和承力索的架设，也可用于电气化改造或接触网大修作业时接触网导线和承力索的架设，如图 10-4 所示。

图 10-3　轨道起重车

图 10-4　接触网放线车

5. 接触网架线车

接触网架线车用于电气化接触网的架线、维修、更换等工作，也可用作牵引车，满足接触网各种施工的需要，如图 10-5 所示。

6. 平车

平车是轨道上大量使用的通用车型，无车顶和车厢挡板。这类车自重较小，且无车厢挡板的制约，装卸较方便，必要时可装运超宽、超长的货物。平车主要用于装运大型机械、钢轨等施工物料和设备，如图 10-6 所示。

二、工程列车开行组织方法

1. 工程列车开行依据

工程列车的开行必须按照《城市轨道交通行车组织规则》及相关规定执行。

（1）按"施工行车通告"或日补充计划、临时补修计划的规定和要求执行，发布工程列车开行的调度命令。

（2）临时的特殊情况按行车调度员命令执行。

2. 工程列车的运行速度限制

各城市轨道交通公司关于工程列车的运行速度限制各不相同，大多是根据各自的具体

图 10-5　接触网架线车

图 10-6　平车

情况而确定的。深圳地铁公司工程列车运行速度规定如表 10-11 所示。

表 10-11　深圳地铁公司工程列车运行速度规定

序号	项　目	机　型	推进牵引速度/(km/h)	说　明
1	正线运行	GKOC	35~45	通过车站或侧向过岔
2	段(场)内运行		25	各种机型

天津滨海快速发展有限公司工程列车运行速度规定：工程列车在正线的运行速度为 60 km/h。工程列车在进站、出站、运行至曲线路段前，在站内或区间动车前均须鸣笛示警。如不停在站台处，则经过站台的列车速度不能超过 25 km/h。

3. 工程列车进入工程区域的原则

原则上，在工程列车的工程区域内不再安排其他路轨施工，如因紧急情况，有施工单位需要在工程区域内施工，直接向该工程区域负责人申请施工即可。工程区域负责人与施工负责人联系，根据具体情况安排工程区域内的施工，即工程区域负责人负责工程区域内各单位的协调及安全。如工程列车需经过其他施工区域，由工程列车施工负责人与该工程区域的施工负责人联系，确认具备条件后再通过该施工区域。

4. 工程列车开行指挥的规定

在非运营时间施工作业的过程中，若因工作需要，需临时工程列车配合施工，施工负责人应直接向控制中心行车调度员申请，行车调度员报经值班主任同意后组织工程列车开行。

（1）行车调度员负责工程列车进路监控，与工程列车司机、车长的联络，同各站布置、落实工程列车开行的有关事宜。工程列车段(场)内的行车组织由段(场)信号楼负责。进入正线后，工程列车由司机负责，并按照行车调度员的指挥行车。

（2）行车调度员负责与相关车站办理施工请点登记、审批和销点工作；工程列车自车辆段(场)发车之前，行车调度员必须按施工作业计划的内容和要求，给工程列车赋予车次号。工程列车开车前应发布相关的书面调度命令。

（3）行车调度员在同意工程列车开车前，必须在"线路施工作业登记簿"上确认工程列车运行的前方进路无施工作业，并在 OCC 联锁工作站上确认工程列车运行的前方进路已准备好。

（4）工程列车司机在出车前，应仔细检查轨道平板车和内燃机车的连挂情况，连挂达不到规定要求时，工程列车不允许开行。

(5) 在工程列车出车辆段前,工程列车司机要与行车调度员试验无线电的性能;在工程列车运行中,行车调度员要加强与司机和车长的联系,掌握工程列车运行计划,确认进路。

(6) 行车调度员组织工程列车正线运行时,应尽量避免分段行车;当前方施工作业未按时结束或因特殊情况须组织工程列车分段运行时,应提前一个站扣停工程列车,并使用调度电话通知工程列车司机允许运行的起、止站,受令人必须复诵。

(7) 遇到以下情况时行车调度员应提前通知车站接发工程列车:向司机发布书面调度命令;当行车调度员使用无线电话联系不到司机时,须通过车站拦停工程列车,询问情况;临时需要拦停工程列车。

5. 正线施工组织时间规定

(1) 在正线,当最后一列列车(含客运列车、工程车调试车等)离开作业影响区域两站两区间,且其他施工条件达到后,即可安排施工作业。

(2) 车站提交请点前,必须认真确认该项施工的作业区域、影响区域、供电要求等已经符合条件。如果因故需要延长作业时间,则由施工负责人于批准的结束作业时间前 30 min 向主站口头提出,由车站向行车调度员申请延点,由值班主任批准。一般情况下,延点不得超过 15 min;若延长后的作业结束时间距离作业影响区域实际运营开始时间小于 45 min,则必须按照抢修处理。

(3) 各施工部门、单位原则上必须在批准的作业结束时间内完成施工作业及出清线路。

6. 正线线路封锁、开通规定

(1) 施工作业前,先请点再发布封锁区间命令;施工结束后,先销点再发布线路开通命令。

(2) 行车调度员发布线路封锁命令前,必须确认工程车、调试车在作业区域内的正确地点待令,与施工负责人联系确认运行计划后,使用电子锁定的方式准备一条完整、安全、可以往返运行的进路;行车调度员发布线路开通命令前,必须确认工程车、调试车在作业区域内的正确地点待令。

(3) 线路封锁和开通命令必须同时发给作业区域相关的信号设备集中站。

7. 工程车或调试车出场、回场组织

(1) 施工负责人于尾班车发车前 2 h 通过电话与工程车或调试车司机联系,确认是否跟车运行、物料准备等内容后,司机于尾班车发车前 1 h 与行车调度员联系,确认出场时间、运行路径、运行方式等。

(2) 工程车或调试车出场、回场按行车调度员发布的调度命令规定的方法进行组织。

(3) 工程车或调试车必须严格按照调度命令规定的运行路径、运行方式运行。

(4) 工程车或调试车在进入正线前必须保证无线通信畅通、技术状态良好。

(5) 按照电话闭塞法组织工程车或调试车出场、回场时,运行进路通过信号系统排列,信号系统无法排列进路时可通过人工办理。

(6) 组织施工列车回场时,行车调度员必须与相关车站确认回场路径全部出清。

8. 工程列车的开行流程

工程列车的开行流程如下:

(1) 运营结束后,调试列车开行完毕,行车调度员申办接触轨停电。

(2) 行车调度员根据工程列车的开行计划,向段(场)信号楼、与段(场)接轨的集中站做工程列车发车的预告。

（3）信号楼值班员按照列车开行计划，与接轨站值班员电话办理列车出段的闭塞手续。

（4）车站值班员办理自转换轨至正线的进路，信号楼值班员办理段（场）内的工程列车出段进路。

（5）列车出段（场）。

（6）工程列车进入正线后，在规定的限速下，按照有关信号显示运行至施工区域。

（7）行车调度员指挥列车运行，并向施工区域负责人通知列车运行的情况。

（8）施工作业完成，施工负责人办理施工作业注销手续，工程列车申请回段。

（9）行车调度员通知段（场）及有关车站办理列车回段作业。

（10）列车回段。

（11）运营开始前，行车调度员与段（场）及有关车站确认工程列车回段的情况。

9. 抢修时工程列车的运行组织

（1）维修调度根据现场指挥要求，向行车调度员提出使用工程车的计划，由行车调度员向车场调度发布加开命令。

（2）车场调度按行车调度员的要求，负责组织在 15 min 内把工程车开到车辆段（场）内指定地点。

（3）负责抢修的部门原则上在工程车到达后 10 min 内完成装载设备、物品等工作，并安排跟车人员上车。

（4）行车调度员负责组织工程车运行至封锁区域前，命令相关车站向工程车司机交付封锁区间的命令，按照现场指挥要求指挥工程车进入封锁区域，进入封锁区域指定地点后将工程车指挥权交给现场指挥。

（5）抢修时，封锁区域内行车组织由现场总指挥直接与现场值班站长联系，值班站长确认进路条件并通知司机，封锁区域内动车指令仅由值班站长或行车调度员发出。

（6）工程车使用完毕后，由现场总指挥指挥工程车返回原交接地点并向行车调度员交出指挥权，行车调度员组织列车进入非封锁区域。

（7）抢修结束后，若需要经过非封锁区域进入车站时，抢修人员与行车调度员联系，根据行车调度员的安排出清轨行区，到车站销点。

三、工程列车开行要求

工程列车司机必须经过相应的岗前培训，取得岗位资质并持有上岗证，才能担当工程列车的乘务任务。工程列车的乘务人员至少应由 1 名司机、1 名调车人员组成。

工程列车进入正线上运行前，接触轨必须停电。列车出车前，司机应做好整备工作，检查车辆的连挂情况。连挂达不到要求的，不允许开行。司机还应在出车前及行车过程中密切关注车辆状态，以应对意外情况的发生。列车运行中，司机应加强瞭望，注意进路中道岔的开通方向是否正确。司机驾驶列车应做到运行平稳，不得急停急动。

工程列车无论是在空载状态下，还是在装载有工器具、施工物料的情况下，都不得侵限。对于列车上装载的工器具及物料，应做好加固措施，防止其在列车运行过程中坠落。在列车于区间装卸工器具和物料时，施工负责人应指挥列车停于规定的位置，列车司机不得随意停放、臆测行车，要确保行车和装卸作业的安全。对于工程列车编组中挂有平板车的，一般情况下平板车不得载人运行。车内有关人员应按相关的规定要求站好,不得妨碍司机的瞭望视野。列车在停留时,必须做好防溜措施,并在列车两端放置防护警示标志。此外,如果列车停留在有坡度的线路上时,不得进行摘挂作业。

上线运行的工程列车应满足限界,列车编组内容也应满足有关规定。同时列车必须具备良好的性能,能在紧急情况下实施紧急制动。施工完毕后,工程列车必须在规定的时间内回到所属车辆段(场),保证运营前正线无车占用。当工程列车因故不能按时返回时,施工负责人应立即向控制中心行车调度员报告,并尽量组织列车回段(场)或由行车调度员就近将其安排至临时存车线,避免对运营造成影响。

学习评价

本模块学习完成后,请根据自己的学习所得,结合表 10-12 所列内容进行打分评价。

表 10-12 模块 10 学习评价表

评价内容	评价方式			评价等级
	自 评	小组评议	教师评议	
课前预习本模块相关知识、相关资料				A. 充分 B. 一般 C. 不足
掌握施工相关术语				A. 充分 B. 一般 C. 不足
了解施工计划的分类,申报、审批手续				A. 充分 B. 一般 C. 不足
掌握施工作业组织流程				A. 充分 B. 一般 C. 不足
理解施工作业注意事项				A. 充分 B. 一般 C. 不足
参加教学中的讨论和练习,并积极完成				A. 充分 B. 一般 C. 不足
善于与同学合作				A. 充分 B. 一般 C. 不足
学习态度,完成作业				A. 充分 B. 一般 C. 不足
总评				

思考与练习

(1) 什么是施工?
(2) 简述施工计划的分类。
(3) 施工计划的编制原则有哪些?
(4) 简述占用正线施工作业办理程序。

模块 11 行车事故处理与预防

📚 学习目标

(1) 了解城市轨道交通行车事故的定义和分类。
(2) 熟悉城市轨道交通行车事故的处理原则。
(3) 掌握城市轨道交通行车事故的调查处理原则。
(4) 掌握城市轨道交通行车事故处理流程。
(5) 掌握城市轨道交通行车事故的预防措施。

📚 学习重点

(1) 城市轨道交通行车事故处理原则。
(2) 城市轨道交通行车事故调查处理原则。
(3) 城市轨道交通行车事故处理流程。

11.1 城市轨道交通行车事故的定义及分类

城市轨道交通作为大容量的公共交通工具,直接关系到广大乘客的生命安全,安全运营是运营组织工作的基本原则和首要目标。为此,必须严格按照有关规定行车,不得违规操作,以防事故的发生。

一、城市轨道交通行车事故的定义

在行车工作中,因违反规章制度、劳动纪律或因技术设备不良及其他原因造成人员伤亡、设备损坏,影响正常行车或危及行车安全的,均构成行车事故。

二、城市轨道交通行车事故的分类

按照不同的分类标准,城市轨道交通行车事故可分为不同的类别。

1. 按照事故损失及对运营造成的影响和危害程度分类

按照事故损失及对运营造成的影响和危害程度,城市轨道交通行车事故一般分为特别重大事故、特大事故、重大事故、大事故、险性事故、一般事故和事故苗头 7 类。

(1) 特别重大事故。造成下列后果之一的为特别重大事故:

①死亡 30 人及以上。

②事故直接经济损失在 500 万元及以上。

③造成 100 人及以上的急性中毒。

④其他性质特别严重且产生重大影响的事故。

(2) 特大事故。造成下列后果之一的为特大事故:

①死亡 10 人及以上。

②中断正线(上下行正线之一)行车 240 min 及以上。

③事故直接经济损失在 300 万元及以上。

(3) 重大事故。造成下列后果之一的为重大事故:

①死亡 3 人或死亡、重伤 5 人及以上。

②中断正线(上下行正线之一)行车 180 min 及以上。

③事故直接经济损失在 100 万元及以上。

(4) 大事故。造成下列后果之一的为大事故:

①死亡 1 人或重伤 2 人及以上。

②中断正线(上下行正线之一)行车 120 min 及以上。

③事故直接经济损失在 20 万元及以上。

(5) 险性事故。凡事故性质严重,但未造成损害后果或损害后果不够大事故及以上事故的,造成下列后果之一的为险性事故:

①正线列车冲突。

②正线列车脱轨。

③正线列车分离。

④向占用区段接入或发出列车。
⑤未准备好进路接入或发出列车。
⑥列车运行中擅自撤除车载安全装置。
⑦列车错开车门、运行途中开门或车未停稳就开门产生紧急制动。
⑧列车冒进信号或越过警冲标。
⑨列车夹人开车。
⑩机车、列车溜入区间或站内。
⑪未拿或错拿行车凭证发车。
⑫列车运行中，齿轮箱吊挂装置、空压机、牵引电机等重要部件脱落。
⑬变电、动力供电、接触网系统操作中发生错送电、漏停电。
⑭运营线路积水浸过轨面，影响行车。
⑮运营线路走行轨由轨头到轨底贯通断裂。
⑯正线各类设施、设备、物资等侵入车辆限界。
⑰列车或列车载物超出车辆限界，装载货物脱落。
⑱运营线路几何尺寸四级超限。

(6) 一般事故。凡事故性质及损害后果不够特别重大事故、特大事故、重大事故、大事故及险性事故的为一般事故，包括以下内容：
①非正线列车冲突。
②非正线列车脱轨。
③非正线列车分离。
④应停列车全列越过停车标或在站通过。
⑤挤道岔。
⑥通过的列车在已封闭的车站停车，造成不良后果。
⑦列车运行中车辆部件脱落，危及运营安全。
⑧终端正线行车 30 min 及以上。
⑨错误办理行车凭证发车。
⑩各类因列车、设备、设施异常，造成 1 人重伤的事故。
⑪设施、设备、器材、物品等超出设备限界。
⑫因行车有关人员违反劳动纪律漏乘、出乘迟延而耽误列车运行。
⑬错误办理行车凭证，耽误发车。
⑭漏发、漏传、错发、错传调度命令，耽误发车。
⑮事故直接经济损失在 1 万元及以上。
⑯因错发操作命令或人员误操作造成断路器跳闸，或接触网误停电，造成不良后果。
⑰接地线错挂、漏挂、错撤、忘撤。
⑱运营中车站正常照明、事故照明全部停电。

(7) 事故苗头。凡在地铁运营工作中，因违反规章制度、劳动纪律或其他原因造成设备损坏，影响正常行车或危及行车安全，但事件性质或损害后果达不到事故的为事故苗头；因违章行为性质严重，虽未造成损失，但经安全部门认定为事故苗头的也划为事故苗头。事故苗头主要包括以下内容：

①列车、设备故障,中断正线(上下行正线之一)行车 20 min 及以上。
②列车车门故障无法关闭,且无行车安全措施。
③列车夹物开车。
④通过列车在站停车。
⑤因错办进路造成变更交路或列车错进股道。
⑥运营期间,列车内灯管、广告牌、镜框等松脱。
⑦车站未按规定时间开、关站,造成一定的影响。
⑧运营期间,设备、设施、广告、备品脱落或掉下站台、隧道,造成停车。
⑨正线作业进入隧道施工未登记或未注销。
⑩运营中,车站正常照明全部停电。
⑪运营线上,委托外部施工无安全协议和现场无甲方(或甲方指定的)安全负责人。
⑫设备故障情况下,单个道岔手摇道岔作业时间超过 20 min。
⑬列车带着错误的车次、车号运行,造成不良后果。
⑭调度电话无录音或者未到规定时间录音丢失,未到规定时间中央处理系统数据丢失。
⑮列车、设备、设施人为责任破损,经济损失在 1 000 元及以上。
⑯各类机柜门、检查孔盖未按规定锁闭或设施固定不牢,造成不良后果。
⑰机车、列车主风管破裂,机车、列车撞正挡,机车、列车溜逸。
⑱无证操作计算机联锁区域操作员工作站 LOW 或违章操作安全相关命令。
⑲空调季节,车站环控系统停止运行连续时间超 24 h。
⑳人为失误造成自动消防设施误喷。
㉑因设备、设施突发故障,造成正线列车限速运行。
㉒因设备、设施突发故障,危及车场行车安全。
㉓在遇到灾难、险情时,防灾报警系统(fire alarm system,FAS)未能正常报警。
㉔行车指挥无线通信联络中断或程控交换机中断 30 min 及以上。
㉕正线给水主管、消防主管产生位移、破裂。
㉖因房屋、隧道漏水,影响变电、通信、信号设备正常使用。
㉗运营线路几何尺寸三级超限。

2. 按照事故类别分类

根据事故类别的不同,城市轨道交通行车事故可分为行车事故、设备事故、工伤事故、火灾事故等。

11.2　城市轨道交通行车事故的处理原则

事故的分析、调查、处理是事故发生后的重要环节,目的是及时恢复正常运营,找出事故发生的原因和形成机制,并制定相应的措施、方法与手段,减少和杜绝事故的再次发生。在处理城市轨道交通行车事故时,应遵循以下几个原则:

(1)"高度集中,统一指挥"的原则。各相关部门处理行车事故时必须遵循"高度集中,统一指挥"的原则。

(2) 分级处理的原则。发生行车事故后,各相关部门应采取积极措施,迅速组织救援,尽快恢复列车运营。根据发生事故的隶属关系和事故的等级分类,按照分级管理原则予以处理。

(3) "先救人,后救物;先全面,后局部;先正线,后其他"的原则。坚持"先救人,后救物;先全面,后局部;先正线,后其他"的原则,优先组织人员疏散、伤员抢救,同时兼顾重点设备和环境的防护,将损失降至最低限度。

(4) 就近处理原则。应坚持就近处理的原则,即行车事故发生时,在上一级行车事故处理负责人到达现场前,员工按表 11-1 的规定担任现场临时行车事故处理负责人;在上一级行车事故处理负责人到达现场后,则由上一级行车事故处理负责人担任现场指挥。

表 11-1　行车事故及对应的处理负责人

行车事故发生处所	现场临时行车事故处理负责人
列车上	本列司机
列车在车站	所在站值班站长
车站	所在站值班站长
区间线路上	行车调度员指定的值班站长
车场	车场调度员
运营单位其他场所	现场最近最高职务的员工

(5) 兼顾现场保护原则。员工在行车事故过程中应兼顾现场的保护工作,以利于公安、消防和事件调查部门的现场取证。

11.3　城市轨道交通行车事故的调查处理原则

在进行城市轨道交通行车事故调查处理时,应遵循以下原则:

(1) "四不放过"的原则。四不放过,即事故原因不查清不放过,事故责任者得不到处理不放过,整改措施不落实不放过,事故教训不吸取不放过。必须查处原因,分清责任,吸取教训,制定措施,防止同类事故再次发生。

(2) "先通后复"的原则。发生紧急事故时,要积极采取措施,迅速抢救,尽快恢复运营,尽量减少损失。

(3) 事故类别判定原则。根据事故责任、事故性质、经济损失、延误列车运行时间及造成的不良影响进行综合判定。

(4) 以事实为依据的原则。处理事故要以事实为依据,以有关法规、规章为准绳,认真调查分析,查明原因,分清责任,吸取教训,制定对策。对事故责任者,应根据事故性质和情节予以批评教育、经济处罚、行政处分,直至追究法律责任。事故性质、情节严重的,要按有关规定逐级追究领导责任。对事故分析处理拖延、推脱责任、姑息纵容、隐瞒不报或不如实反映事故情况的,应予以严肃批评教育或纪律处分。

11.4 城市轨道交通行车事故处理流程

城市轨道交通行车事故的处理主要分为事故报告、应急处理、事故调查与跟踪处理和责任判定4个步骤,如图11-1所示。

图11-1 城市轨道交通行车事故的处理步骤

一、事故报告

事故发生后,各相关单位人员应按以下程序要求立即进行报告:

(1) 发生各类事故时,有关人员按图11-2所示的行车事故报告流程的规定报告。

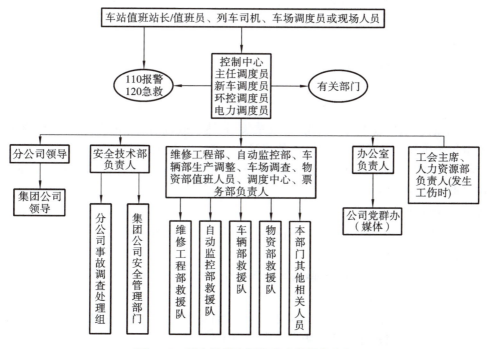

图11-2 城市轨道交通行车事故报告流程

① 如发生在车站,由车站行车值班员或现场人员立即向行车调度员报告。

② 如发生在车辆段,由事发地归属部门生产调度(车务部为车场调度,物资部为值班人员)或现场人员立即向行车调度员报告。

③ 如发生在区间,由司机或现场人员立即向行车调度员报告,或通过车站行车值班员向行车调度员报告。

④ 供电系统发生影响运营的故障,由现场值班人员立即向电力调度员报告,电力调度员接到报告后立即报告主任调度员,并向行车调度员通报。

(2) 按就近处理的原则,发生立即需要外部支援的运营事故(如火灾、爆炸、人员伤亡

等)时:
　　①现场人员有条件时应立即报110、120。
　　②控制中心当值人员接到报告后应立即报110、120。
　　③控制中心接报后视情况通知有关部门。
　　(3) 控制中心所通知的有关部门是指应急指挥中心、交通局、公安局、急救中心等政府组织机构,由主任调度员决定通知范围或执行分公司领导指示。
　　(4) 各生产部门调度负责向部门相关人员进行通报,具体办法由各部门另行制定。
　　(5) 当确认公司职工患有职业病后,该职工所在部门应立即报告安全监察部和人力资源部。由人力资源部向有关行政部门提出工伤认定申请。

二、应急处理

城市轨道交通行车事故的应急处理应按照相关规定进行,同时需要按照抢险指挥组织中的相应层级进行处理。

城市轨道交通行车事故的抢险指挥组织由低向高分为3个层级,即事故处理主任、抢险指挥小组、公司抢险指挥领导小组及现场指挥。

1. 事故处理主任

在抢险指挥小组到达现场前,现场抢险指挥由事故处理主任负责,事故处理主任由以下方法自然产生:

(1) 直接影响到行车组织、客运服务及线路施工的。若事故发生在区间,涉及列车的由司机担任;事故区间临近车站值班站长(或站长)到达事故现场后,由该值班站长(或站长)担任。若事故发生在车站或列车基地,由值班站长(或站长)或车场调度员担任。

(2) 未直接影响到行车组织、客运服务及线路施工的,有关责任部门当班组长或工段长担任现场事故处理主任。

2. 抢险指挥小组

抢险指挥小组到达现场后,现场的抢险指挥由抢险指挥小组组长负责,抢险指挥小组组长及副组长由以下方法自然产生:

(1) 涉及行车安全的事故处理,由客运部安全领导小组成员担任现场指挥小组组长,其他相关部门领导担任现场指挥小组副组长。

(2) 未涉及行车安全的事故处理,由设备所属部门安全领导小组成员担任现场指挥小组组长,其他相关部门领导担任现场指挥小组副组长。

3. 公司抢险指挥领导小组及现场指挥

若初步判定为可造成重大事故、大事故的,由运营分公司抢险指挥领导小组负责现场总指挥,运营分公司抢险指挥领导小组由运营分公司安全委员会主任、副主任及运营分公司其他领导组成。必要时,运营分公司抢险指挥领导小组可以指定现场总指挥。

三、事故调查与跟踪处理

对于不同级别的城市轨道交通行车事故,应采取不同的事故调查与跟踪处理程序。

(1) 对于特别重大事故,须按国家发布的相关规定调查处理。

(2) 对于重大事故、大事故,由运营分公司安全委员会负责组织调查处理。运营分公司领导接到重大事故、大事故的报告后,要立即组成以分公司总经理或副总经理为组长、轨道交通公安分局局长为副组长、安全保卫部和有关部门负责人为组员的事故调查处理小组并迅速赶赴现场,组织指挥有关人员积极抢救伤员,采取一切措施,迅速恢复运营。同时做好以下工作:

①保护、勘查现场,详细检查车辆、线路及其他设备,做好调查记录。绘制现场示意图,摄影录像,如技术设备破损或发生故障,应保存其实物。

②若事故发生地点的线路破坏严重,无法检查线路质量,则应对事故发生地点前后不少于 50 m 的线路进行测量,以作为衡量事故发生地点线路质量的参考依据。

③对事故有关人员分别进行调查,由本人写出书面材料。

④检查有关技术文件的编制、填写情况,必要时将抄件附在调查记录内。

⑤提高警惕,注意是否有人为破坏的迹象。

⑥必要时召开事故调查会。

⑦根据调查结果初步判定事故原因及责任,及时向分公司安全委员会汇报。

(3) 对于险性事故,由安全保卫部负责组织调查处理。

(4) 对于一般事故,由事故发生部门负责调查处理,并将处理情况报告给安全保卫部。涉及两个及以上部门并有争议的一般事故,由安全保卫部负责组织调查处理。

四、责任判定

事故责任判定的原则是"以事实为依据,以规章为准绳"。具体如下:

(1) 运营事故责任按责任程度分为全部责任、主要责任、同等责任、次要责任、一定责任和无责任。按责任关系分为直接责任和间接责任。

(2) 因设备(包括零部件)质量不良造成事故时,根据设备的质量保证期、使用寿命和损坏情况分析事故原因,判定责任单位。判明产品供应者责任的,列出产品供应者责任说明。设备的所属部门或管理部门对因设备原因造成的事故,不认真分析,查不出原因的,定该部门责任事故。

(3) 发生的事故或事故苗头涉及两个以上单位的,如双方推脱辩解,不认真配合调查分析事故,由事故调查小组裁处。

(4) 事故发生部门不认真组织事故调查分析,调查资料不全,列非责任事故依据不足的,定发生部门的责任事故。

(5) 由于承包轨道交通设备的施工、维修而造成的运营事故,定施工维修承包单位的责任事故。凡因货物装载不良造成的事故,定装载部门的责任事故。

(6) 城市轨道交通运营企业外部单位责任事故列为其他事故。

(7) 因设备质量等发生的事故一律统计在该部门的事故中,能确定责任的列为责任事故。如不能确定为城市轨道交通运营企业责任的,列为该部门其他事故。

(8) 凡经过公司批准的技术革新、科研项目进行试验时,在规定的试验期内,被试验的项目发生事故,不列为运营责任事故。但由于违反操作规程而造成的事故及其他人为事故仍列为责任事故。凡已经正式投入使用的各种技术设备,因其发生运营事故,一律列为运营事故。对非责任事故,事故发生单位统计事故件数,但不影响安全成绩。

(9) 各级安全部门负责对运营事故的定性定责,上级安全部门发现下级安全部门对运营事故的定性定责不准确时,有权加以纠正。

11.5 城市轨道交通行车事故预防

事故和灾难是难以从根本上杜绝的,必须高度重视应急预案的制定。"预防为主"是城市轨道交通系统安全正常运营的指导原则。

一、建立完善安全规章,安全生产有章可循

建立完善安全规章制度是抓好运营安全工作的保障。规章制度是管理工作的基础,应建立科学、完善、全面的安全生产管理制度,使安全生产有章可循。在轨道交通开通运营前,应狠抓安全规章制度的建设,用规章制度约束员工的工作行为,为员工提供安全生产指引。在严格执行国家、省、市各项安全法律法规的同时,建立健全《安全生产管理办法》《安全奖惩办法》《行车组织规章》等制度和各类操作规程,涵盖公司的各个专业、运营生产环节,使各专业的安全生产管理都有章可循,促进公司的安全生产工作向规范化、制度化迈进。

目前,国内许多地铁都开展了 ISO[①]9001 质量体系和 OHSMS[②]18000 认证工作,国家也出台了《城市轨道交通运营期间安全评估规范》,这都为规范运营安全生产工作提供了依据和标准。

二、建立三级安全网络,落实安全生产责任制

坚持"安全第一,预防为主"的工作方针,全面贯彻《中华人民共和国安全生产法》,强化制度化、规范化、科学化的安全管理。坚持"管生产必须管安全,各级主要负责人亲自抓安全生产"的原则,有效发挥"纵管到底,横管到边,专管成线,群管成网"的安全管理网络作用,形成"安全工作一级抓一级、一级保一级、一级监督一级"的网络化安全监督管理体系;狠抓安全生产责任制的落实,上至总经理,下至基层员工,逐级签订安全生产目标责任状和社会综合治理目标责任状,将安全生产目标纳入考核内容,明确各层级的安全职责和安全生产目标,有效落实安全生产责任,形成安全生产、人人有责的良好氛围。

三、建立安全检查制度,预防运营事故发生

加强监督检查机制是抓好运营安全工作的关键。安全检查是对安全工作实施有效管理的一项重要内容。学习运用"破窗理论":抓隐患,抓漏洞,漏洞不补必酿大祸。建立班组每周一查、中心每旬一查、专业管理系统每月一查、公司每季一查的制度,采取定期检查与不定期抽查相结合、综合检查与专项抽查相结合的形式,坚持安全检查,以自查自纠为重点,自下而上,查找不足。严抓隐患整改,按照"五个落实",即任务落实、人员落实、经费落实、质量落实、时间落实,按期整改完成;在做好安全检查工作的同时,逐步建立安全隐患管理机制,将安全检查和隐患管理统一起来,并落实到工作制度中,形成健全的检查网络,实施有效监控。

---

① ISO,即国际标准化组织 International Organization for Standardization 的简称。
② OHSMS,即职业健康安全管理体系 Occupation Health and Safety Management System 的简称。

四、建立安全培训制度，营造安全文化氛围

提高员工安全意识和技能是抓好运营安全工作的基础。认真开展安全生产知识培训教育工作，组织各单位负责人和安全生产管理人员参加《中华人民共和国安全生产法》培训，取得安全生产资格证；对新进员工实行"三级"（公司级、中心级、岗位级）安全教育；除国家规定的特殊工种外，规定内部特种作业项目，如计算机联锁区域操作员工作站 LOW 操作证、列车司机证等；制定特种作业人员安全管理办法和特种作业人员培训持证上岗制度；利用安全宣传月、"119 消防日"等活动，在车站、列车等宣传阵地向市民派发安全实用手册，不断提高员工和市民的安全意识。通过广泛开展各类安全生产培训教育活动，提高干部职工的安全文化素质。

五、建立应急救援体系，增强应急处置能力

根据国内外轨道交通运营救援抢险的经验和突发事件的特点，建立健全应急预案体系，针对轨道交通运营线路发生火灾、列车脱轨、列车冲突、大面积停电、爆炸、自然灾害以及因设备故障、客流冲击、恐怖袭击等其他异常原因造成的影响运营的非常情况，制定相应的应急预案。在国家和地方发生紧急事件、疫病传播情况时，制定相应的应急预案。另外，还要针对部分预案，经政府组织相关部门、专家进行评审，报市政府。

组织员工对各种预案进行学习，按计划进行演练，演练的方式包括培训式、桌面式、突发式，在演练的过程中，每个安全点都应安排评估人员把关，使演练活动有序、安全地进行。定期实战演练可以及时暴露预案的缺陷，发现救援设备是否足够、运营设备是否完好、员工是否熟悉各种规章，改善各部门间的协调作战能力，增强员工的熟练程度和信心，提高员工的安全意识。通过演练，可以检验规章、设备和预案，提高员工的业务技能，增强员工对事故事件的应急处理能力。

六、建立事故处理机制，落实责任追究制度

建立健全事故处理机制，按照"四不放过"原则和"安全奖惩办法"，定因、定性、定责，严格惩处，通过教育和处罚使员工吸取教训，提高认识，增强岗位意识、责任意识和纪律意识。将"降低故障事件率"作为一项长效工作机制，开展地铁事故案例研究，学习一流的安全运营管理方法，博采众长，取长补短，用"投石头原理"预防员工思想麻痹，不断"在平静的水面上荡起水花"，让每个员工认识到任何时候都不要把安全生产形势估计得过好，要始终保持一种危机感和忧患感。同时转变观念，对发生的事故由此及彼、由表及里地进行分析，透过现象看本质，从领导层、管理层的角度剖析深层次的原因。在加强管理上下功夫，研究制定有针对性的措施，解决安全工作中的问题，变被动管理为主动管理，变事后惩处为事前预防，不断提高事故分析处理能力。

七、建立警地联动机制，共保地铁平安

目前，国内地铁都建立了相应的公安部门，地铁运营单位要加强与地铁公安的合作，充分依靠公安的力量保障地铁的安全秩序，建立《警地联动工作实施办法》，明确联动例会制度、工作联系机制及联动应急机制。通过双方精诚合作，共保地铁平安。

学习评价

学习完本模块后,请根据自己的学习所得,结合表 11-2 进行打分评价。

表 11-2　模块 11 学习评价表

评价内容	评价方式			评价等级
	自评	小组评议	教师评议	
课前预习本模块相关知识、相关资料				A. 充分 B. 一般 C. 不足
了解城市轨道交通行车事故的定义和分类				A. 充分 B. 一般 C. 不足
熟悉城市轨道交通行车事故的处理原则				A. 充分 B. 一般 C. 不足
掌握城市轨道交通行车事故的调查处理原则				A. 充分 B. 一般 C. 不足
掌握城市轨道交通行车事故的处理流程				A. 充分 B. 一般 C. 不足
掌握城市轨道交通行车事故的预防措施				A. 充分 B. 一般 C. 不足
参加教学中的讨论和练习,并积极完成相关任务				A. 充分 B. 一般 C. 不足
善于与同学合作				A. 充分 B. 一般 C. 不足
学习态度,完成作业情况				A. 充分 B. 一般 C. 不足
总评				

思考与练习

(1) 简述城市轨道交通行车事故的概念。
(2) 城市轨道交通行车事故分为哪几类?
(3) 在进行城市轨道交通行车事故调查处理时,应遵循哪些原则?
(4) 简述城市轨道交通行车事故处理流程。

参 考 文 献

[1] 牛红霞. 城市轨道交通概论[M]. 2版. 北京:化学工业出版社,2016.
[2] 李俊辉,郭英明. 城市轨道交通行车组织[M]. 成都:西南交通大学出版社,2015.
[3] 于存涛,汤明清. 城市轨道交通行车组织[M]. 北京:北京交通大学出版社,2015.
[4] 李志成,李宇辉. 城市轨道交通行车组织[M]. 合肥:中国科学技术大学出版社,2014.
[5] 赵海静,纪娜. 城市轨道交通行车组织[M]. 北京:机械工业出版社,2014.
[6] 余振,欧志新. 城市轨道交通概论[M]. 成都:西南交通大学出版社,2014.
[7] 裴瑞江. 城市轨道交通客运服务[M]. 北京:机械工业出版社,2014.
[8] 史小薇,刘炜. 城市轨道交通行车组织[M]. 重庆:重庆大学出版社,2013.
[9] 何霖. 城市轨道交通运营筹备与组织[M]. 2版. 北京:中国劳动社会保障出版社,2013.